# Crises sociales et droits fondamentaux de la personne humaine

5-7, rue de l'Ecole polytechnique, 75005 Paris

http://www.librairieharmattan.com
diffusion.harmattan@wanadoo.fr
harmattan1@wanadoo.fr

ISBN : 978-2-296-10481-5
EAN : 9782296104815

Sous la direction de Gilles Lebreton

# Crises sociales et droits fondamentaux de la personne humaine

L'Harmattan

# Ouverture

## 2005-2006 : une période de crises sociales

Dans le précédent ouvrage du GREDFIC, portant sur les années 2003 et 2004, Antonino Troianiello avait estimé que les droits fondamentaux de la personne humaine tendaient à être « éclipsés par la question sociale »[1]. Cette analyse a été cruellement confirmée par les années 2005 et 2006, dont l'actualité a été dominée en France par trois crises spectaculaires.

La première est survenue le 29 mai 2005, lorsque le peuple français a rejeté par référendum le projet de traité établissant une Constitution pour l'Europe. Ce rejet a en effet ouvert une crise politique européenne d'une gravité sans précédent, en remettant clairement en cause le principe même d'une grande Europe ouverte à la mondialisation libérale. À cet égard, il n'est pas sérieux de nier la réalité de cette remise en cause en prétendant que le peuple n'aurait pas compris le projet ou qu'il aurait entendu répondre à autre chose que la question posée. Le nombre et la qualité des débats qui ont précédé le vote partout en France, et dont nous pouvons attester du succès pour y avoir personnellement participé à plusieurs reprises, ne laissent en effet aucun doute : le peuple a compris et il s'est prononcé en toute connaissance de cause. Ce constat est évidemment difficile à admettre par les partis qui, dans leur grande majorité, avaient appelé à voter « oui ». Il montre que la crise politique n'est pas seulement européenne mais aussi franco-française, la majorité des citoyens n'adhérant plus au projet de société de leurs représentants.

Cette fracture politique traduit l'ampleur des souffrances et des inquiétudes que ressentent des pans entiers de la société française, y compris ces fameuses « classes moyennes » qui ont longtemps constitué le soutien du régime et le moteur de la croissance[2]. Les symptômes en sont désormais bien connus : précarité, chômage, insécurité, perte du pouvoir d'achat, panne de l'ascenseur social, remise en cause des valeurs républicaines les plus sacrées. Le référendum de 2005 est de ce point de vue l'expression d'une volonté politique : volonté de voir l'État tenter de reprendre les choses en mains au lieu de s'abandonner au jeu aveugle du marché, ou d'encourager le repliement de

---

[1] A. Troianiello, « Les droits fondamentaux éclipsés par la question sociale », dans *Valeurs républicaines et droits fondamentaux de la personne humaine en 2003 et 2004* (dir. G. Lebreton), L'Harmattan 2006 p.5.

[2] Cf. L. Chauvel, *Classes moyennes à la dérive*, éd. du Seuil, 2006.

l'individu sur sa famille[3] ou sur une « communauté » à l'américaine. Face à ces préoccupations, la protection des droits fondamentaux a forcément été reléguée au second plan, malgré son indéniable intérêt et en dépit des efforts de l'Union européenne, via sa « Charte des droits fondamentaux » insérée dans le projet de Constitution, d'en faire un cache-misère sociale.

La deuxième crise a éclaté à l'automne 2005, quand des émeutes urbaines ont contraint le gouvernement à décréter l'état d'urgence, et le Parlement à le prolonger pendant deux mois. Bien que ces événements soient survenus dans des banlieues à fort taux de population d'origine étrangère, ils n'ont pas consisté à dresser des communautés ethniques les unes contre les autres, contrairement à ce qu'on a pu constater par la passé dans les États de tradition communautariste comme les États-Unis ou le Royaume-Uni. Les jeunes qui les ont fomentés ont plutôt voulu manifester leur révolte contre l'exclusion sociale dont ils se sentent victimes, exclusion symbolisée par les propos malheureux du ministre de l'Intérieur qui a mis le feu aux poudres en traitant certains d'entre eux de « racaille ». C'est ce qui explique que les violences aient été exclusivement dirigées contre des biens et non contre des personnes, et plus particulièrement contre des biens publics. Le président de la République Jacques Chirac l'a d'ailleurs compris puisqu'il a rapidement calmé les révoltés en les assurant qu'ils étaient tous des « enfants de la République ».

Cette prise de conscience ne l'a toutefois pas empêché de provoquer la troisième crise, en mars et avril 2006, en faisant voter par le Parlement un projet de loi portant création du « contrat première embauche ». Destiné aux jeunes, qu'il précarisait en prévoyant une période d'essai de deux ans pendant laquelle ils pouvaient être librement licenciés, le CPE a en effet immédiatement suscité l'opposition des syndicats, qui ont organisé d'importantes manifestations. Il a d'autre part et surtout provoqué le blocage de la plupart des universités par des étudiants protestataires, suscitant ainsi le conflit étudiant le plus fort depuis mai 1968[4]. Tant et si bien que le président de la République a finalement dû capituler en procédant à une curieuse « promulgation-suspension » de la loi contestée[5], faisant du CPE un contrat mort-né. Comme le 29 mai 2005, mais par d'autres voies, la société française a ainsi exprimé son attente de solutions compatibles avec les valeurs républicaines, et non pas inspirées par le libéralisme le plus dur.

---

[3] Cf. L. Ferry, *Familles, je vous aime*, XO éd. 2007. Cet auteur cède lui-même à cette tentation de repliement sur la famille, faute d'envisager des remèdes politiques radicaux à une crise qu'il a contribué (quand il était ministre) à entretenir.

[4] Pour un témoignage sur ce que furent ces événements, cf. notre note, « Le référé conservatoire face aux événements de mars 2006 », sur ord. TA Rouen 6/4/2006 Lebreton *D* 2006.2224.

[5] Cf. J-É. Gicquel, « La promulgation-suspension de la loi », *RDP* 2006.568.

C'est donc dans un climat social tendu, marqué par ces trois grandes crises, que les droits fondamentaux de la personne humaine ont, presque clandestinement, vécu leur vie juridique en 2005 et en 2006, tantôt suscitant l'espoir, tantôt reflétant l'ampleur du malaise social. Les communications qui suivent s'efforcent de présenter le bilan de leurs évolutions sur ces deux années agitées[6], et d'apporter des aliments à la réflexion sur leur signification profonde. Sans céder au pessimisme, leurs auteurs espèrent ainsi donner des raisons de croire en la possibilité, comme le dit si bien Jacques Bouveresse, d'un réenchantement de la politique et d'une résurrection de la démocratie.

Gilles Lebreton

---

[6] Avec une légère échappée sur le premier trimestre 2007 en ce qui concerne A. Troianiello.

# Le Conseil constitutionnel face aux crises sociales de 2005 et 2006

par Gilles Lebreton,
professeur à l'Université du Havre

« Le respect de la Constitution est non un risque mais un devoir ». Ce bref communiqué de Pierre Mazeaud, diffusé par l'Agence France Presse en 2005, restera le fait marquant de l'activité du Conseil constitutionnel en 2005 et 2006. D'abord parce qu'il constitue un rappel à l'ordre inédit, s'adressant à un ministre de la Justice qui avait curieusement invité les parlementaires à ne pas saisir le Conseil pour éviter de courir le risque de le voir affirmer l'inconstitutionnalité de la rétroactivité du port du bracelet électronique par les délinquants sexuels récidivistes. Ensuite parce que parmi la quarantaine de décisions rendues par le Conseil en 2005 et 2006, aucune ne mérite d'attirer les projecteurs. Par comparaison, trois grandes décisions avaient marqué l'année 2004 en achevant la constitutionnalisation du droit pénal, en posant le principe de l'absence de contrôle de constitutionnalité des lois qui se bornent à transposer des directives communautaires, et en affirmant la suprématie de la Constitution française sur l'ex-future Constitution européenne[1].

Ce constat confirme l'exactitude de l'analyse d'Antonino Troianiello, qui avait observé dans un précédent ouvrage du GREDFIC que les droits fondamentaux étaient en passe d'être « éclipsés par la question sociale »[2]. Éclipsés, ils l'ont effectivement été devant l'ampleur des crises sociales survenues en 2005 et 2006. Malgré le rappel à l'ordre de Pierre Mazeaud, le président du groupe socialiste de l'Assemblée nationale a en effet invité ses troupes – avec succès – à ne pas saisir le Conseil de la loi du 8 novembre 2005 prorogeant l'état d'urgence. Deux membres du Conseil ont même enfreint la Constitution, qu'ils sont pourtant chargés de faire respecter, en participant activement et publiquement à la campagne référendaire de mai 2005 en faveur du « oui » à la Constitution européenne, en violation de leur obligation de neutralité politique : l'un, Valéry Giscard d'Estaing, sans aucune mise en congé officielle du Conseil ; l'autre, Simone Veil, avec une mise en congé provisoire acceptée par le Conseil en contradiction avec le décret du 13

---

[1] Cf. respectivement CC n°492 DC du 2/3/2004 Perben 2 ; CC n°496 DC du 10/6/2004 Économie numérique ; et CC n°505 DC du 19/11/2004 Constitution pour l'Europe.

[2] A. Troianiello, « Les droits fondamentaux éclipsés par la question sociale », dans *Valeurs républicaines et droits fondamentaux de la personne humaine en 2003 et 2004* (dir. G. Lebreton), L'Harmattan 2006 p.5.

novembre 1958, qui réserve cette possibilité aux membres qui veulent solliciter un mandat électif[3].

La crise de banlieues et la crise européenne ont donc eu des répercussions sur le Conseil constitutionnel. Mais de façon plus profonde, le malaise social diffus lié à la mondialisation libérale a influencé sa jurisprudence en le poussant à diminuer la protection de certains droits fondamentaux (I) et à constater l'existence d'une crise de l'identité française (II).

## I – DES DROITS FONDAMENTAUX REVISITÉS À L'AUNE DE LA MONDIALISATION

Les phénomènes mondiaux que sont le triomphe du libéralisme (A) et le souci de lutter contre le terrorisme et l'insécurité (B) ont affecté la protection constitutionnelle de certains droits fondamentaux en 2005 et 2006.

### A) Le triomphe du libéralisme

Le libéralisme, c'est une évidence, aime la liberté contractuelle et le droit de propriété. Dans deux décisions de 2006, le Conseil en a pris acte en ouvrant aux personnes publiques, et en particulier aux collectivités territoriales, le bénéfice de la « liberté contractuelle »[4], puis en insérant dans le droit de propriété « les droits de propriété intellectuelle et notamment le droit d'auteur et les droits voisins »[5]. La première nouveauté est une transposition pure et simple d'une solution déjà admise par le Conseil d'État[6], et s'attire les mêmes critiques qu'elle : la « liberté » est un pouvoir d'autodétermination au service de son propre accomplissement ; elle ne devrait donc concerner que les personnes privées, et non les personnes publiques qui ne visent pas (jusqu'à preuve du contraire) leur propre accomplissement mais un intérêt général qui les dépasse ; il ne faudrait donc pas raisonner, à l'égard de ces dernières, en termes de liberté, mais à l'aune de l'intérêt général dont elles ont la charge, et qui implique non pas un alignement de leur situation sur celle des personnes privées, mais des prérogatives et des sujétions de puissance publique. Quant à

---

[3] *Contra* : D. Rousseau, « Jurisprudence constitutionnelle 2005 », *RDP* 2006.246, qui estime que ce texte « exprime un souci de concilier l'appartenance au Conseil et la possibilité pour ses membres de participer publiquement à des moments forts de la vie de leur pays qui ne rend pas complètement incongru d'en étendre le bénéfice aux campagnes électorales qui accompagnent les référendums ».

[4] CC n°543 DC du 30/11/2006 Secteur de l'énergie.

[5] CC n°540 DC du 27/7/2006 Droit d'auteur.

[6] CÉ Sect. 28/1/1998 Soc. Borg Warner *AJDA* 1998.287.

la deuxième nouveauté, elle risque d'entraver la circulation de la culture, notamment par voie numérique, en subordonnant celle-ci à une « indemnisation » des titulaires du droit de propriété intellectuelle.

Mais ce sont les droits sociaux qui pâtissent évidemment le plus du triomphe du libéralisme. Dans une décision de 2005, le Conseil reconnaît certes le droit au reclassement des salariés licenciés dans le cadre d'un plan social annulé par la justice comme un droit à valeur constitutionnelle découlant « directement du droit de chacun d'obtenir un emploi » ; mais il renonce à lui assurer une protection efficace en estimant que le caractère non limitatif (prouvé par l'utilisation de l'adverbe « notamment ») de la liste des cas dans lesquels le reclassement peut être écarté ne lui porte pas une atteinte disproportionnée[7]. Ce que le Conseil nomme significativement « la liberté d'entreprendre à laquelle la réintégration de salariés licenciés est susceptible de porter atteinte » sort ainsi victorieux de sa lutte contre le droit au reclassement. Dans une décision de 2006, le Conseil capitule encore plus nettement devant les exigences du libéralisme en estimant que le « contrat première embauche » (CPE) ne porte atteinte ni au principe d'égalité ni au droit à l'emploi[8]. Il s'agissait pourtant d'un nouveau type de contrat de travail qui dérogeait profondément aux garanties habituelles accordées par le Code du travail : contrat à durée indéterminée réservé aux jeunes de moins de vingt-cinq ans, il était en effet assorti d'une période de consolidation de deux ans pendant laquelle l'employeur pouvait, à tout moment et sans motif, licencier son bénéficiaire. Ces nouveautés sont finalement apparues si choquantes que des manifestations de protestation et des blocages d'universités en ont eu raison. Le Conseil n'en est pas sorti grandi : ce qu'il n'a pas osé faire, la rue l'a fait à sa place...

## B) La lutte contre le terrorisme et l'insécurité

Le triomphe du libéralisme a favorisé l'émergence de laissés-pour-compte en tout genre, dont certains ont basculé dans la violence, voire dans le terrorisme. C'est ce qui explique qu'il soit accompagné, surtout depuis 2001, de la volonté de plus en plus omniprésente de lutter contre le terrorisme et l'insécurité. En 2005 et 2006, le Conseil constitutionnel a pris acte de cette volonté sans chercher à la contrarier.

Dans une décision de 2005, il valide par exemple l'introduction des juges de proximité au sein des tribunaux correctionnels[9]. Il accepte ainsi que

---

[7] CC n°509 DC du 13/1/2005 Reclassement.

[8] CC n°535 DC du 30/3/2006 Égalité des chances.

[9] CC n°510 DC du 20/1/2005 Juridiction de proximité.

des juges non professionnels, et qui ne bénéficient pas de la légitimité démocratique des jurés de cours d'assises tirés au sort, participent au prononcé de peines privatives de liberté. Dans une décision de 2002, il n'avait pourtant admis « que soient dévolues à la juridiction de proximité des compétences en matière pénale » qu'à la condition que ne lui soit « pas confié le pouvoir de prononcer des mesures privatives de liberté »[10]. Il faut croire que trois ans plus tard, compte tenu du climat d'insécurité ressenti par l'opinion publique, nécessité fait loi. Encore en 2005, il qualifie le port du bracelet électronique de « modalité d'exécution de la peine » plutôt que de « peine », afin d'éviter de censurer – en application du principe de non-rétroactivité des peines – le caractère rétroactif que lui a donné le législateur[11]. Cette solution dangereuse tend à transformer le Conseil, selon l'expression de Dominique Rousseau, en un « gardien de l'ordre » plutôt qu'en un protecteur des droits fondamentaux[12], et incitera le législateur en 2008 à tenter de mettre en place, à l'usage des délinquants sexuels récidivistes ayant purgé leur peine, une « rétention de sûreté » à caractère rétroactif[13].

Dans deux décisions de 2006, le Conseil valide également, au nom de l'efficacité de la lutte contre l'insécurité, le pouvoir de « transaction pénale » confié aux maires[14], ainsi que le pouvoir de la police administrative de se faire communiquer des numéros d'abonnement ou de connexion à Internet susceptibles d'être utilisés par des réseaux terroristes[15], privilège réservé jusque-là à la police judiciaire.

Finalement, seule une décision de 2005 dénote dans cette symphonie sécuritaire, en estimant que l'adhésion à deux textes internationaux prescrivant l'abolition de la peine de mort – le protocole n°13 de la CESDH et le deuxième protocole facultatif du pacte de l'ONU relatif aux droits civils et politiques – n'est pas contraire à la Constitution[16]. Le Conseil subordonne toutefois la constitutionnalité de cette adhésion à la réserve que celle-ci ne soit pas « irrévocable ». Mais il s'agit là davantage de protéger sur le plan théorique les « conditions essentielles d'exercice de la souveraineté nationale », que de préparer un retour effectif de la peine de mort. Quoi qu'il en soit, il est finalement jugé que la ratification du protocole de l'ONU nécessite une

---

[10] CC n°459 DC du 22/8/2002 Juridiction de proximité.

[11] CC n° 527 DC du 8/12/2005 Bracelet électronique.

[12] D. Rousseau, « Jurisprudence constitutionnelle 2006-2007 », *RDP* 2007.1159.

[13] Projet sur la constitutionnalité (et la conventionnalité) duquel la commission des lois du Sénat nous a auditionné le 16/1/2008.

[14] CC n°535 DC du 30/3/2006 Transaction pénale.

[15] CC n°532 DC du 19/1/2006 Lutte contre le terrorisme.

[16] CC n°524-525 DC du 13/10/2005 Abolition de la peine de mort.CC n°512 DC du 21/4/2005 Avenir de l'école.

révision préalable de la Constitution dans la mesure où, contrairement au protocole de la CESDH, il exclut toute dénonciation » y compris dans le cas où un danger exceptionnel menace l'existence de la Nation ».

## II – L'AVEU D'UNE CRISE D'IDENTITÉ

Cernée par les exigences du libéralisme triomphant et de la lutte contre l'insécurité, la loi peine à remplir sa fonction d'expression de la volonté générale. Pour tenter de l'aider à redorer son blason, le Conseil décide, depuis 2005[17], de censurer ce que Pierre Mazeaud appelle les « neutrons législatifs », c'est-à-dire les articles de loi manifestement dépourvus de toute portée normative. On peut s'étonner de voir le Conseil s'arroger un tel pouvoir de tutelle, qui contribue certainement davantage à abaisser encore un peu plus la loi qu'à rehausser son prestige. D'ailleurs on ne voit pas pourquoi la loi devrait se borner à édicter des normes : des déclarations de principe sont parfois d'un grand intérêt pour les citoyens, notamment pour éclairer le fil conducteur de dispositions techniques apparemment sans liens entre elles. De toutes façons, il faudra bien autre chose que ce remède homéopathique pour guérir la crise d'identité dont la nation semble souffrir tant vis-à-vis de Bruxelles (A) qu'à l'égard des étrangers (B).

### A) Face à Bruxelles : « l'identité constitutionnelle de la France »

L'« intégration » européenne n'en finit pas « de troubler la quiétude de l'ordre normatif national »[18]. Elle pose notamment le redoutable problème de savoir dans quelle mesure le Conseil constitutionnel peut contrôler la constitutionnalité des lois qui se bornent à transposer des directives communautaires en droit national. Un contrôle systématique de ces lois reviendrait en effet à permettre au Conseil de s'ériger en juge des directives à la place de la CJCE ; mais l'absence de tout contrôle équivaudrait à reconnaître la supériorité du droit communautaire sur la Constitution. À mi-chemin de ces deux écueils, une célèbre décision de 2004 pose donc le principe du non-contrôle de ces lois, assorti de l'exception de leur contrôle lorsqu'elles prétendent transposer des directives incompatibles avec des « dispositions expresses de la Constitution »[19].

---

[17] CC n°512 DC du 21/4/2005 Avenir de l'école.

[18] H. Oberdorff, « Ordre et désordre normatifs dans l'Union européenne », *RDP* 2006.113.

[19] CC n°496 DC du 10/6/2004 Économie numérique.

Ainsi délimitée, l'exception semblait toutefois inapte à protéger les valeurs et les règles françaises les plus fondamentales ; car si certaines, comme par exemple la laïcité, sont expressément énoncées par la Constitution, d'autres, comme par exemple le refus du communautarisme, n'y sont pas clairement inscrites. C'est pourquoi le Conseil a entrepris de la redéfinir. Dès 2004, il a remplacé « dispositions expresses de la Constitution » par « dispositions spécifiques »[20], ce qui d'un côté a certes réduit la portée de l'exception en signifiant « que seule une disposition constitutionnelle française qui ne se retrouverait pas dans le bloc des droits fondamentaux pourrait justifier la mise en œuvre d'un contrôle de constitutionnalité »[21], mais de l'autre l'a élargie en protégeant toutes les règles et valeurs françaises spécifiques, même non expressément énoncées par la Constitution. Malgré ses mérites, la nouvelle formulation souffrait toutefois d'une certaine imprécision. C'est pourquoi le Conseil a finalement adopté en 2006 une nouvelle formulation plus claire. Désormais, affirme-t-il, « la transposition d'une directive ne saurait aller à l'encontre d'une règle ou d'un principe inhérent à l'identité constitutionnelle de la France »[22].

Reste évidemment à savoir ce que recouvre exactement cette belle expression d' « identité constitutionnelle de la France ». Une décision de 2006 a d'ores et déjà décidé que les services publics « à la française », inscrits au neuvième alinéa du préambule de 1946, ne figuraient pas parmi les principes qui lui sont « inhérents »[23]. Il faut donc en chercher le contenu parmi des principes encore plus spécifiques de la singularité française. La laïcité et le refus du communautarisme, qui n'ont pas vraiment d'équivalents dans la plupart des autres États européens, nous semblent les deux exemples les plus indiscutables de ces mystérieux principes inhérents à l'identité constitutionnelle de la France, dont la raison d'être, significative d'une crise d'identité nationale, est de constituer le noyau dur de la résistance à l'unification communautaire.

## B) Face aux étrangers : « l'identité nationale »

L'inquiétude suscitée par l'insécurité et par la mondialisation libérale engendre la tentation de faire des étrangers les boucs-émissaires des malheurs supportés par la nation. Cédant en partie (et heureusement sans sombrer dans la violence) à cette tentation, la France est alors amenée à réaffirmer son

---

[20] CC n°498 DC du 29/7/2004 Bioéthique.

[21] D. Rousseau, *op. cit.* p.1141.

[22] CC n°540 DC du 27/7/2006 Droit d'auteur.

[23] CC n°543 DC du 30/11/2006 Secteur de l'énergie.

« identité nationale ». C'est ce qu'elle a fait de façon spectaculaire en créant, au sein du gouvernement Fillon issu des élections législatives de 2007, et conformément à la promesse électorale du nouveau président de la République Nicolas Sarkozy, un ministère « de l'Immigration, de l'Identité nationale et du Codéveloppement ».

Bien avant 2007, des signes de cette réaffirmation de l'identité nationale française face aux étrangers étaient déjà perceptibles. On en trouve des traces dans certaines décisions du Conseil constitutionnel rendues en 2006. L'une reconnaît par exemple le caractère règlementaire de l'article 4 de la loi du 23 février 2005, qui cédait au culte de la grandeur nationale passée en proclamant que « les programmes scolaires reconnaissent en particulier le rôle positif de la présence française outre-mer, notamment en Afrique du Nord »[24]. La solution est logique dans la mesure où la définition du contenu des programmes scolaires ne relève pas du domaine de la loi ; mais elle est surtout opportune en permettant au gouvernement d'abroger l'article litigieux sans que les parlementaires aient à se déjuger. D'autres décisions plus controversées révèlent en revanche un « glissement sécuritaire »[25] du législateur et du Conseil en consacrant le durcissement des conditions du regroupement familial des étrangers en France[26], et en renforçant le contrôle de la validité des mariages entre Français et étrangers ainsi que des mariages contractés hors de France[27]. Le souci de protéger l'identité nationale contre l'immigration de peuplement conduit ainsi le Conseil à cautionner, dans le sillage du Parlement, des atteintes considérables au droit de mener une vie familiale normale et à la liberté du mariage.

*

* *

Lors de ses vœux du 3 janvier 2007, Pierre Mazeaud, qui s'apprêtait à quitter ses fonctions de président du Conseil constitutionnel, a fait le bilan de ses trois années de présidence. Il y a clairement identifié les crises sociales qui ont constitué la toile de fond de son action, et constaté l'impuissance des pouvoirs publics à y faire face : « Face à un monde dont l'imprévisibilité paraît menaçante, et dont l'évolution semble remettre en cause non seulement les

---

[24] CC n°203 L du 31/1/2006.
[25] D. Rousseau, *op. cit.* p.1160.
[26] CC n°539 DC du 20/7/2006 Immigration.
[27] CC n°542 DC du 9/11/2006 Contrôle des mariages.

acquis sociaux mais jusqu'aux données fondamentales de notre environnement climatique, humain, biologique et technologique, la demande de prise en charge prend un tour éperdu ». À défaut de pouvoir proposer une solution efficace à court terme, il suggère en définitive de s'inspirer de ce qu'a été selon lui l'action du Conseil sous son mandat, c'est-à-dire « de poursuivre dans la voie d'une politique jurisprudentielle ferme, cohérente, indifférente aux tumultes du moment et pénétrée de l'idéal républicain du bien commun ». Mais il prévient aussi – et on peut finalement être d'accord sur ce point avec lui – qu'il n'y aura pas de salut sans restauration « de l'idée républicaine du citoyen responsable, participatif, investi d'obligations autant que de droits, intéressé pour le meilleur et pour le pire au sort et aux réalisations de la Cité, acceptant enfin, sans faire de tri, l'héritage national »[28].

[28] P. Mazeaux, vœux du 3/1/2007 p.15-16 et 24, site internet du Conseil constitutionnel.

# La République ou la VI$^e$ République ? Autour des projets d'Arnaud Montebourg

par Jacques Bouveresse,
professeur à l'Université de Rouen

Depuis sa promulgation en 1958, la constitution française a été réformée une vingtaine de fois, et souvent sur des points importants : songeons à l'élection du président de la République au suffrage universel, adoptée en 1962 par référendum ; ou encore à l'établissement du quinquennat, décidé en l'an 2000 suivant la même procédure. L'évocation d'une VI$^{e}$ République pose cependant des questions d'une tout autre ampleur. Dans notre imaginaire collectif, la constitution est le socle sur lequel s'élève l'édifice de la vie publique et privée. Sa rédaction est un moment fort, sa promulgation un instant solennel : l'une et l'autre marquent assez la volonté de rompre avec ce qui précède, de trancher le nœud des difficultés, de rebâtir à neuf, quitte à employer des matériaux déjà utilisés. C'est ainsi que le général de Gaulle a procédé en 1958. L'heure était grave. L'est-elle aujourd'hui, au point qu'il faille, comme jadis, envisager un changement de constitution ? Et le recours à des moyens constitutionnels peut-il fournir la solution ou l'une des solutions appropriées à la situation ? Pour répondre à de telles interrogations, encore faut-il cerner la nature de la crise que le pays traverse ; établir un bon diagnostic est à l'évidence le préalable indispensable au traitement correct de la maladie du corps social, y compris et d'abord par les remèdes tirés du droit constitutionnel.

La gravité de la crise actuelle ne tient probablement ni à l'aspect trop voyant du groupe des privilégiés, ni à la présence, en lisière de la société, d'exclus nombreux et encombrants. Le propos paraîtra inconvenant, mais il est certain que nos États s'accommodent aisément de pareilles situations, au point d'en faire parfois une norme de fonctionnement. Non, ce qui inquiète vraiment, parce que le phénomène menace la capacité même du système politique à se reproduire, c'est le désarroi du groupe central des Français, de ces classes moyennes au sens large, inquiètes pour leur avenir et celui de leurs enfants. Ce bloc, pétri de certitudes et de bons sentiments, était cimenté par le travail, la propriété, la famille, la responsabilité, la prévoyance, la vertu au sens de 1789, l'espérance d'une promotion généralisée. Voilà qu'il se fissure, qu'il se désagrège sous les coups d'une mondialisation qui ébranle l'État-nation, externalise la décision, appauvrit le monde « riche », et s'attaque à ces catégories sociales au niveau de vie élevé, dont l'entretien est maintenant jugé trop coûteux.

Si ce diagnostic se révélait exact, et si la dynamique de cette dramatique évolution se confirmait, il est sûr que nos institutions n'y résisteraient pas : la Ve République serait vite engloutie avec l'État lui-même ; l'histoire prendrait un autre tour, l'idée et le besoin d'une VIe République surgiraient d'eux-mêmes. Dans l'état actuel des choses, en dépit de la gravité d'une crise que personne ne cherche à minimiser, la plupart des auteurs ne sentent pas dans l'opinion un besoin de nouvelles solutions constitutionnelles. Benoît Jeanneau note, par exemple, que « l'opinion ne paraît pas souhaiter qu'on apporte de profonds changements aux institutions actuelles telles qu'elles résultent du texte fondateur de 1958 et de son complément de 1962... Et c'est là que réside la grande différence avec les IIIe et IVe Républiques tout au long desquelles la majorité de la population est restée persuadée des faiblesses et même des méfaits d'un régime d'assemblée très décrié. »[1] François Burdeau se montre très sceptique sur les chances d'engendrement rapide d'une VIe République : un effondrement, selon lui, n'est guère plausible, ni une révolution, et encore moins une action des autorités actuelles, désireuses de faire naître une République appelée à lui succéder[2]. Presque tous les publicistes en sont d'accord : pour des problèmes qui ne relèvent pas de l'ingénierie constitutionnelle – et la crise que traverse notre pays est de ceux-là –, nul besoin de bouleversements : le présidentialisme majoritaire a créé un système qui fonctionne. L'opinion de Georges Vedel est tranchée[3] ; celle de Frédéric Rouvillois ne l'est pas moins[4] ; et Patrick Fraisseix observe en outre qu'il n'y a pas de bonne ou de mauvaise constitution[5] ; celle de 1958 a montré sa capacité d'évolution ; on est ainsi passé du parlementarisme absolu au parlementarisme rationalisé, et de la conception rousseauiste de la loi à un contrôle de constitutionnalité rayonnant. La révision constitutionnelle devient un procédé banal de gouvernement ; la débat cependant est paisible, et les citoyens à peu près indifférents.

On a beau faire valoir qu'une nouvelle constitution ne résoudra pas les difficultés sociales ; qu'une VIe République, dans le contexte actuel, sera aussi efficace, ou à peu près, qu'un emplâtre sur une jambe de bois : le fait est que la classe politique s'agite et que les réformateurs à longue ou courte vue

---

1 « Les anachronismes constitutionnels français », *Mélanges Philippe Ardant*, LGDJ, 1999, p. 205.

2 « Comment naissent les Républiques ? », *Revue du droit public, La VIe République*, numéro spécial, 1-2, 2002, p.138.

3 *Le Monde*, 31 octobre 1997.

4 « La VIe République et le mythe du régime présidentiel », *Revue du droit public*, *op. cit.*, p. 156.

5 « La Constitution de 1958 du 4 octobre 1958 et ses révisions », *Revue du droit public*, *op. cit.*, p. 458.

proposent leurs services. La convention pour une VI$^{e}$ République, réunie par le député socialiste Arnaud Montebourg en décembre 2001[6], a suscité une abondante littérature. La *Revue du droit public* a consacré à ce sujet en 2002 un remarquable numéro spécial[7]. Depuis lors, le serpent de mer fait de régulières apparitions. Nous nous contenterons ici d'examiner les propositions de Bastien François et d'Arnaud Montebourg, formulées dans un livre paru à la fin de l'année 2005[8], qui a retenu et focalisé l'attention des observateurs. Mais on sait bien que le débat n'en restera pas là : l'élection présidentielle de mai 2007 risque d'ouvrir la boîte de Pandore des changements constitutionnels : se contentera-t-on d'un simple toilettage de l'actuelle constitution, ou s'engagera-t-on dans la voie de modifications radicales, sur lesquelles personne actuellement ne s'accorde, et qui marqueraient l'entrée dans une VI$^{e}$ République ?

Bastien François et Arnaud Montebourg le claironnent d'emblée : il s'agit de rien moins que de réconcilier les Français avec la démocratie. Car affirment-ils, notre pays « n'est plus tout à fait une démocratie »[9], ce gouvernement « du peuple, par le peuple, pour le peuple » exalté par l'article 2 de la constitution de 1958. La démocratie vit une longue agonie : en 1997, le président de la République, désavoué par les électeurs qu'il avait convoqués, n'a pas démissionné ; il n'y a plus de lieux de compromis et le Parlement, chambre d'enregistrement, n'est plus qu'un assemblage de « marionnettes disciplinées qui ont bien appris leur rôle de godillots »[10]. Nous sommes entrés dans un temps d'impuissance politique où l'action publique a été désarmée par la toute-puissance du marché[11].

Telle est donc la thèse de nos deux auteurs. Peu soucieux de se contredire, ils en viennent très vite, après avoir déploré l'impuissance du politique, à vilipender la « dictature » d'un monarque, relayé par des corps intermédiaires technocratiques[12]. Leur projet, néanmoins, est clair : il faut, nous disent-ils, refonder la démocratie.

---

[6] Sur cette convention, voir *Le Monde*, 8/12/2001.

[7] Voir *supra*, note 2.

[8] *La Constitution de la 6$^{e}$ République. Réconcilier les français avec la démocratie*, O. Jacob, septembre 2005.

[9] *Ibid.*, p.10.

[10] *Ibid.*, p.13.

[11] *Ibid.*, p.16.

[12] *Ibid.*, p.23.

## I – UNE BIEN TIMIDE REFONDATION

Y a-t-il, dans le projet que nous présentent Bastien François et Arnaud Montebourg, des éléments et des avancées de nature démocratique, et quels sont-ils ? On ne doit pas ici entrer dans le débat général sur les mérites comparés du régime parlementaire et du régime présidentiel ou semi-présidentiel. Rapportés à l'exigence de la démocratie, chacun de ces régimes, sur un point ou sur un autre, s'en rapproche ou s'en éloigne. En définitive la démocratie peut se couler dans ces différents modèles ; et la pratique politique risque tout aussi bien de l'expulser des institutions les mieux combinées.

Arnaud Montebourg a toujours indiqué sa préférence pour un régime parlementaire. Or il se résigne, du bout de la plume, au maintien dans son projet de VIe République, du principe de l'élection du président de la République au suffrage universel. Mais ses raisons sont purement circonstantielles : elles tiennent à l'attachement des Français à cette règle, comme en témoigne le fort taux de participation de 85 % au scrutin de mai 2007. Mais son texte initial de 2001 était calqué sur le modèle constitutionnel socialiste, celui d'un Daniel Mayer ou d'un Pierre Joxe, modèle hérité du monisme façon IIIe République postulant l'effacement du président de la République face au Parlement, et par conséquent le sacrifice de l'élection du président au suffrage universel, qualifiée de « sainte huile, action supérieure, essence divine », avec ses effets induits, personnalisation du pouvoir, abus d'autorité, irresponsabilité, corruption généralisée. Et Montebourg avait suggéré un président élu par les deux assemblées réunies en congrès, et un Parlement fixant lui-même son ordre du jour, élisant les membres de la Cour constitutionnelle, investissant un gouvernement responsable devant lui, chargé d'exercer la totalité du pouvoir exécutif sous le contrôle des représentants de la nation. Retour donc aux pratiques de la IIIe et de la IVe République que seule la pression hostile de l'opinion publique obligera Montebourg à tempérer quelques années plus tard[13].

Le renouveau parlementaire suppose une démocratisation du Sénat dont le mode actuel de recrutement porte atteinte au principe de l'égalité des Français devant le vote, ceux des zones rurales comptant beaucoup plus que ceux des zones urbaines. Nos auteurs préconisent que les sénateurs soient élus pour six ans, dans un cadre régional, à la proportionnelle intégrale, afin de donner la parole aux minorités territoriales et politiques. Face à l'Assemblée nationale, intégralement élue au scrutin majoritaire à deux tours, et qui incarne

---

[13] Sur l'élection du président de la République au suffrage universel, voir : *ibid.*, p. 28-29 ; Arnaud Montebourg, entretien…, *op. cit.*, p. 89-90 ; et du même auteur, *La machine à trahir*, Denoël, 2000, p. 203-204.

la décision, le Sénat formerait une « chambre des opinions » : le débat démocratique en sera plus riche et plus vivant[14]. Du moins nous l'assure-t-on. Reste que le bicamérisme relève davantage du libéralisme que de la démocratie. Quant à la proportionnelle, elle laisse les partis choisir les têtes de liste, donc les élus : les électeurs sont marginalisés.

Pas question de renoncer aux instruments du parlementarisme rationalisé, qui permettent l'action et en garantissent l'efficacité[15]. Pour l'élection des députés le scrutin majoritaire s'impose, c'est la force de la V$^{e}$ République[16]. Le vote bloqué est conservé, car le gouvernement a besoin de majorités[17]. En revanche l'article 49-3 est discuté : tantôt, on explique qu'il doit être supprimé, puisqu'il est tombé en désuétude[18] ; et tantôt on envisage de le réserver pour l'adoption des lois de finances, à l'exclusion de tout autre usage[19]. Si l'objectif n'est pas de paralyser les pouvoirs publics, quelques réformes s'imposent : il faut donner un statut à l'opposition, augmenter les pouvoirs d'enquête et de contrôle du Parlement sur l'administration[20].

Le projet de Bastien François et d'Arnaud Montebourg retient deux mécanismes démocratiques, inspirés des magistratures antiques, et plus particulièrement athéniennes qui, comme on sait, étaient courtes, non renouvelables, spécialisées et non cumulables. Comment, d'abord, accélérer la rotation des mandats publics ? On pourrait abréger la durée des mandats trop longs. Le projet préfère limiter les possibilités de se représenter. Ainsi le président de la République est élu pour sept ans ; au terme de sa fonction, il quitte obligatoirement le pouvoir. Les membres du Conseil constitutionnel n'effectuent qu'un seul mandat de neuf ans : pas question, là non plus, d'un éventuel renouvellement. Enfin les députés et les sénateurs ne peuvent exercer plus de trois mandats consécutifs dans les mêmes responsabilités[21]. On a souhaité assurer la rotation des représentants de la nation, limiter les effets d'une « professionnalisation » qui coupe les parlementaires du pays réel, favoriser, ce faisant, l'accès d'un plus grand nombre de citoyens aux mandats électifs nationaux.

---

[14] *Ibid.*, p. 32-33.
[15] Arnaud Montebourg, entretien avec Xavier Robert, Revue du droit public, op. cit., p. 87.
[16] *Ibid.*, p. 89.
[17] *Ibid.*, p. 89.
[18] *Ibid.*, p. 88.
[19] Arnaud Montebourg et Bastien François, *op. cit.*, p. 35.
[20] Arnaud Montebourg, entretien..., *op. cit.*, p. 87-88.
[21] Sur ces différents points, voir Arnaud Montebourg et Bastien François, *op. cit.*, p. 64, 79 et 152.

Le non-cumul des mandats est une autre leçon tirée des exemples de l'Antiquité. Montebourg et François prévoient en ce sens que le mandat parlementaire est incompatible avec l'exercice de tout autre mandat ou fonction électif[22]. Or, presque tous les députés détiennent un autre mandat local, la vie politique impliquant la constitution de fiefs électoraux et d'une forme d'assurance-chômage au profit des professionnels de la politique. Mais le projet fait valoir que le mandat unique des parlementaires séparera clairement les fonctions représentatives nationales et les fonctions représentatives locales ; qu'il offrira de ce fait la garantie d'une séparation des deux sphères d'activité. En contrepartie du mandat unique, Arnaud Montebourg réclame un renforcement du statut de l'élu. Il n'est pas près d'être entendu. Si de rares hommes politiques, à la tête desquels se placent Charles Pasqua, se montrent favorables au non-cumul, dans l'ensemble, la volonté politique fait largement défaut : la réforme a d'ailleurs été repoussée par le Sénat à deux reprises, en 1985 et en 2000.

Autre préoccupation de nos publicistes : démocratiser le Conseil constitutionnel qui, à l'occasion d'un changement de République, deviendrait une « Cour constitutionnelle »[23]. L'actuel mode de nomination de ses membres est discrétionnaire et pose problème. Il conduit à la politisation excessive du conseil dont le fonctionnement est opaque. Que faire ? En premier lieu, procéder à l'élection des membres de la nouvelle cour par les députés, avec la contrainte d'une majorité des deux tiers. Comme il est très rare qu'une formation politique réunisse une majorité des deux tiers des voix au Parlement, ce système donnera l'assurance qu'aucun courant politique ne parviendra à imposer de force ses candidats : des tractations et des transactions seront nécessaires. À cette condition, Arnaud Montebourg est partisan de l'exception d'inconstitutionnalité : les citoyens, sur la base d'un préjudice que leur ferait subir un texte de loi, pourraient saisir la Cour, à l'occasion d'un litige portant sur l'application de cette loi, en invoquant cette exception. Pourquoi, dans le même ordre d'idées, ne pas accepter la publication des « opinions dissidentes », en les annexant au texte de la décision constitutionnelle ? Certains commentateurs, Jacques Robert ou Bruno Genevois critiquent cette option : le secret du délibéré, garant de l'indépendance des juges, serait mis à mal, et l'autorité des décisions en souffrirait ; les oppositions internes risqueraient de se cristalliser. Le projet écarte ces objections en invoquant d'autres arguments : celui de décisions solidement motivées, très argumentées et détaillées, dans la mesure où, face aux opinions dissidentes, un raisonnement rigoureux est indispensable ; celui aussi d'un débat plus ouvert, plus large,

---

22 *Ibid.*, p. 78-79.

23 *Ibid.*, p. 149 à 156 ; Arnaud Montebourg, entretien..., *op. cit.*, p. 85-86.

entre positions majoritaires et minoritaires, qui permettrait de redécouvrir la dimension fondamentalement politique des questions constitutionnelles.

Le souci de la démocratie conduit Bastien François et Arnaud Montebourg à s'interroger, plus largement, sur le « gouvernement des juges » dont on nous explique qu'il est l'expression de la volonté d'une opinion publique qui réclame des contre-pouvoirs, des barrages face à l'administration toute puissante et à l'irresponsabilité des élus[24]. Encore convient-il de mieux associer les citoyens au fonctionnement de la justice, en organisant leur participation à certaines formations collégiales de jugement, notamment en matière correctionnelle. Plutôt que de créer une nouvelle catégorie de juges aux compétences limitées, à l'instar des juges de proximité, la VIe République telle que la conçoit le projet, fait le choix d'un échevinage étendu[25]. Remarquant que les cours d'assises, les conseils de prud'hommes et les tribunaux de commerce accueillent déjà des citoyens dans leur composition, nos auteurs suggèrent d'étendre ces exceptions afin que les tribunaux prononcent effectivement leurs jugements au nom du peuple français et par son intervention directe et effective. Ainsi le citoyen sera placé au cœur du système judiciaire. Ajoutons que le Conseil supérieur de la justice[26] est démocratisé. Aux sept magistrats élus par leurs pairs s'ajoutent désormais, en nombre égal, des personnalités qualifiées, des non magistrats, élus sur proposition du président de la République, qui préside le Conseil. Quatre de ces personnalités sont élues par l'Assemblée nationale, et les trois autres par le Sénat.

Au terme de ce premier inventaire, la perplexité du lecteur est grande : est-on vraiment en présence d'un projet visant à « refonder » la démocratie, comme le proclament ses auteurs ? Les avancées du texte sont si modestes qu'on en vient à se demander si les intentions réelles des rédacteurs ne sont pas tout à l'inverse des ambitions proclamées.

## II – LA DÉMOCRATIE MUSELÉE

Le référendum, la Cour constitutionnelle, l'Europe : sur ces trois questions stratégiques, le projet marque une nette préférence pour le libéralisme élitiste, au détriment des valeurs démocratiques. Une classe dirigeante, armée de son idéologie et de son programme se dévoile et, à l'évidence, n'entend pas être dérangée dans ses entreprises. Le projet Montebourg lui fournit les moyens de se légitimer, de s'installer, de gouverner en fonction de ses seules préférences, de rendre indiscutables ses décisions.

---

[24] Arnaud Montebourg, entretien..., *op. cit.*, p. 83.
[25] Arnaud Montebourg et Bastien François, *op. cit.*, p. 158 à 163.
[26] *Ibid.*, p. 166.

La démocratie directe et le référendum n'ont pas les faveurs du député de Saône-et-Loire. Certes l'article 37 de son projet de VI$^{e}$ République organise, comme en 1958, un référendum législatif. Mais les conditions de sa mise en œuvre sont particulièrement restrictives. D'abord, cette consultation ne peut porter que sur l'organisation des pouvoirs publics, sur des réformes relatives à la politique économique et sociale de la nation ou aux services publics qui y concourent, ou encore sur la ratification d'un traité international : les citoyens ne sauraient donc être invités, à l'exemple de ce qui se pratique en Suisse, à rendre leur arbitrage sur de grands sujets de société qui requièrent l'intervention du législateur. Puis c'est le premier ministre, et non le président de la République qui soumet au référendum le projet ou la proposition de loi. Il est vrai que l'initiative en est aussi ouverte au président de la République et à l'opposition, ici dans des conditions restrictives : une proposition conjointe d'un tiers des membres de l'Assemblée nationale et du Sénat, ce qui est une nouveauté ; cependant la décision relève du chef du gouvernement et de lui seul. Autre précaution, la plus significative : dans le mois qui suit la publication au *Journal officiel*, la Cour constitutionnelle est saisie du projet ou de la proposition de loi. Si elle déclare que le projet ou la proposition comporte une disposition contraire à la constitution ou aux engagements internationaux de la France, le référendum ne peut être organisé.

Par là, il est bien clair qu'au-dessus des institutions parlementaires, il y a les membres de la Cour constitutionnelle ; et l'allusion aux « engagements internationaux » de la France souligne que ces personnalités sont en place pour tout cadenasser, empêcher à jamais que l'intégration de notre pays dans l'espace supra-national européen puisse être remise en cause par la contestation démocratique. Les auteurs du projet ne s'en cachent pas : les « verrous » ainsi posés éviteront, nous disent-ils, des référendums anticonstitutionnels, attentatoires à nos principes fondamentaux ou à nos engagements internationaux et européens[27]. Le filtre du premier ministre, seul maître du référendum, n'est donc pas jugé suffisant : pour improbable que soit cette hypothèse, il n'est pas complètement absurde d'imaginer un chef de gouvernement pris dans un tourbillon politique et en venant, un jour, à proposer par référendum, la rupture des traités européens. Là est le nœud de l'affaire : la Cour constitutionnelle a précisément pour mission de briser dans l'œuf d'éventuelles et fâcheuses tentatives. Reste une interrogation : Arnaud Montebourg qui, rappelons-le, avait appelé à voter « non » en 2005 au projet de constitution européenne s'est-il rendu compte de la portée de cet article 37 ? Ou s'est-il laissé circonvenir par le professeur Bastien François et toute une équipe de constitutionnalistes ?

---

[27] *Ibid.*, p. 101.

Le droit de pétition, mentionné dans le même article 37, on n'en finirait pas de l'entourer d'adjectifs malsonnants : grotesque, caricatural, dérisoire... Le projet l'ouvre au dixième des électeurs inscrits sur les listes électorales. Comme la France compte environ quarante millions d'électeurs, la pétition, pour être recevable, devra être signée par quatre millions de citoyens. Un mécanisme comparable avait été créé par la constitution européenne, la commission de Bruxelles se réservant le droit de donner aux pétitions la suite qui lui convient, donc de les jeter le cas échéant au panier ; en mesurant le propos, on estimera que c'est là se moquer des gens : les voici obligés de réunir des millions de signatures en vue d'un résultat inaccessible, tandis que les groupes de pression et autres lobbys sont installés à proximité de bureaux qui leur sont largement ouverts. Le projet Montebourg – François ne se contente pas, lui non plus, d'une montagne de signatures. La Cour constitutionnelle contrôle la régularité des signatures et se prononce, ici encore, sur la conformité à la constitution et aux engagements internationaux de la France. Nos auteurs font preuve d'un humour sans doute involontaire, lorsqu'ils présentent ce droit de pétition, actionné par au moins quatre millions d'électeurs, comme une « initiative référendaire citoyenne »[28].

La Cour constitutionnelle occupant, dans le projet qui nous retient ici, des positions stratégiques, notamment en matière de référendum, on comprend mal les pages de critiques virulentes consacrées par Montebourg et François à une institution fort semblable, le Conseil constitutionnel[29]. De chien de garde du pouvoir exécutif chargé en 1958 de brider la Parlement, d'empêcher le législateur de déborder du domaine restreint que lui accordait la constitution, le Conseil se serait transformé en protecteur des droits fondamentaux des citoyens, en garant de l'État de droit. Cette mue aurait été payée d'un coût exorbitant : le Conseil, devenu, de fait, un législateur, se serait octroyé le pouvoir souverain de substituer son opinion à celle du Parlement. Ce qui, remarque-t-on, est pour le moins problématique. Alors faut-il, sous prétexte que le Conseil constitutionnel défend nos libertés, lui offrir le pouvoir constituant, qui appartient au peuple et à ses représentants ? Les observations préliminaires de nos deux publicistes semblent appeler une réponse négative. Mais ils changent brusquement d'argument et de direction et affirment maintenant, paraphrasant le professeur Rousseau, que le contrôle de constitutionnalité est devenu « un standard de la démocratie »[30]. Mais une réforme s'impose pour éviter l'arbitraire antiparlementaire du Conseil, qui s'est intronisé en véritable troisième chambre[31].

---

[28] *Ibid.*, p. 100-101.
[29] *Ibid.*, p. 145 à 148.
[30] *Ibid.*, p. 148.
[31] *Ibid.*, p. 149.

Il est donc suggéré de supprimer le contrôle *a priori* du Conseil, car ce n'est pas au moment de sa conception qu'une loi peut éventuellement porter atteinte aux droits fondamentaux des citoyens[32]. Ce contrôle *a priori* n'est supprimé que dans « la plupart des cas » : il est maintenu en matière de pétitions et surtout de référendums, là où le moindre relâchement de la vigilance des élites dirigeantes, ici animées par le Conseil, pourrait être fatal à la « construction européenne ». Pour le reste, la saisine du Conseil n'intervient plus qu'*a posteriori*, au moment où la loi s'applique à des cas concrets. Et cette saisine est désormais ouverte à tous les justiciables, autorisés à contester la constitutionnalité d'une loi dont ils subissent en principe les effets : un juge sera donc amené à poser au Conseil une question préjudicielle sur le recours d'un justiciable. Cette solution, déjà envisagée en 1990, avait à l'époque été repoussée par les sénateurs[33]. Inconvénients : le Conseil risque de s'étouffer sous les recours ; et s'il survit, son arbitrage et son intervention s'étendront cette fois aux moindres recoins de la loi. Le remède, en définitive, paraît être pire que le mal, le contrôle *a priori*. La multiplicité des recours fournira en effet au Conseil la possibilité d'interpréter, et donc d'écrire à nouveau et à sa guise, les articles, tous les articles de lois qui lui déplaisent ou lui paraissent insuffisantes.

La Cour constitutionnelle veille au respect des engagements européens de la France, que la démocratie ne saurait remettre en question. En sens inverse, l'Europe est un moyen de mettre au pas la démocratie par l'externalisation systématique de la décision, placée hors de prise ou hors d'atteinte des citoyens ; elle est comme une barrière dressée entre la souveraineté proclamée du peuple, et la possibilité pour le *démos* de faire valoir effectivement sa volonté. Elle a donc, pour les auteurs de ce projet de VI^e^ République, exactement la même fonction et les mêmes mérites que la Cour constitutionnelle. Aussi est-il proclamé que cette VI^e^ République est « résolument européenne »[34] ; aussi fait-on l'éloge de M. Giscard d'Estaing, dont la tâche est de créer les Etats-Unis d'Europe ; aussi déplore-t-on l'absence d'une direction politique fédérale, alors que nous disposons déjà d'un dollar qui s'appelle l'euro[35]. La constitution de 1958, pourtant postérieure au traité de Rome, n'accordait pas une place spécifique à la question européenne. Il fallut attendre 1992, le traité de Maastricht et une décision du Conseil constitutionnel pour qu'on se résignât à insérer dans la constitution, un nouveau titre, le titre XV intitulé : « Des Communautés européennes et de l'Union européenne ». Symboliquement, ce nouveau titre arrivait en fin de constitution. Rien de pareil

---

[32] *Ibid.*
[33] *Ibid.*, p. 150.
[34] *Ibid.*, p. 53 et 143.
[35] *Ibid.*, p. 91.

ici. Le projet de VIe République inscrit, dès le deuxième article, le principe de la participation de la France à l'Union européenne, et celui d'un transfert général de souveraineté et de compétences, tel qu'il est ou sera organisé, soit sous la forme de traités ratifiés par la France, soit sous la forme d'une constitution européenne, et sans référence à une contrainte de réciprocité[36].

Le projet de nos deux auteurs en tire ailleurs les conséquences ; par exemple à l'article 4, s'agissant du droit de vote des citoyens de l'Union européenne, ou encore à l'article 75 qui reconnaît l'existence d'un droit européen s'appliquant sur le territoire national et la possibilité pour les citoyens français (et européens) de se prévaloir de ce droit européen devant les juridictions nationales. Progrès incontestable, à en croire Montebourg et François, puisque la constitution de la Ve République ne dit rien du droit européen « dérivé » (des traités), qui est pourtant, dans le cas des « règlements européens », d'applicabilité immédiate sur le territoire français, et qui l'emporte sur la norme française de même nature. D'où cet article 75 du projet, qui répare cet « oubli » en distinguant le droit européen des autres normes de droit international[37].

L'esprit dans lequel le projet de VIe République est rédigé est étranger, voire franchement hostile aux préoccupations de la démocratie. Une caste politique se réclame du libéralisme pour médiatiser la volonté générale, l'encadrer dans un système purement représentatif contrôlé par les chefs de ces nouveaux corps intermédiaires, les partis politiques. Les effets, qui pourraient être fâcheux, de consultations directes du peuple – d'ailleurs très hypothétiques – sont désamorcés par avance : la Cour constitutionnelle est postée en sentinelle avancée des classes dirigeantes. À quoi bon, sinon dans une fonction dissimulatrice, rétablir un Parlement doté d'importantes prérogatives, dès lors que dans le même temps cette Europe à laquelle on se rallie d'enthousiasme et qu'on nous présente comme notre seul avenir, s'applique à siphonner les derniers pouvoirs des législateurs et des gouvernements nationaux ? Et finalement, pourquoi changer de constitution ? En attendant la disparition organisée de la France dans un ensemble fédéral, ou même dans un État européen centralisé sur le modèle jacobin, ne serait-il pas plus sage, plus convenable et plus simple d'user jusqu'à la corde la vieille constitution de 1958, moyennant quelques rafistolages supplémentaires ? À moins que les électeurs ne soient en train de réinventer, de réenchanter la politique au travers du « non » de 2005, de la forte participation électorale de 2007. Si cette interprétation venait à se révéler exacte, la démocratie, ressuscitée d'entre les morts, déroulerait les bandelettes qui l'enserrent, soulèverait la pierre du

[36] *Ibid.*, p. 52-53.
[37] *Ibid.*, p. 53 et p. 140.

tombeau ; les citoyens, d'un même élan, se proposeraient de replacer la politique au-dessus de l'économie, de substituer le langage de la volonté à l'acceptation de la fatalité. Alors, mais alors seulement, la nécessité d'un nouveau pacte collectif, d'une nouvelle constitution se ferait sentir avec une évidence irrépressible. Nous n'en sommes pas là, et les solutions d'Arnaud Montebourg et de Bastien François tournent d'ailleurs le dos au besoin de démocratie qui commence à se faire jour partout.

# La reconnaissance constitutionnelle d'une citoyenneté héréditaire en Nouvelle-Calédonie

(À propos du gel du corps électoral
issu de la révision de l'article 77 de la Constitution)

par Antonino Troianiello,
maître de conférences à l'Université du Havre

*« Sous couvert d'une citoyenneté de la Nouvelle-Calédonie, citoyenneté de conséquence, de circonstance ou de convenance qui est le paravent des turpitudes, voilà donc une atteinte scandaleuse et aggravée, par l'État lui-même, à l'universalité du suffrage que la paix civile tente de justifier, que l'éloignement géographique permet de dissimuler et que la conjoncture électorale conduit à accepter. »*

Olivier Gohin, « Quand la République marche sur la tête. Le gel de l'électorat restreint en Nouvelle-Calédonie », AJDA, 16 avril 2007, p. 800.

La capacité d'indignation sélective d'une partie de nos élites révèle certainement une crise morale. Ceux là mêmes par exemple qui s'indignent que les étrangers installés sur notre territoire ne puissent participer aux élections locales n'ont pas manifesté le moindre soupçon de sollicitude alors même que certains compatriotes viennent d'être privés du droit de vote par le constituant. Cette déchéance résulte de la révision de l'article 77 par le Congrès à Versailles le 19 février 2007. Ce dernier a adopté un projet de loi constitutionnelle voté en termes identiques par les deux chambres et comportant un article unique relatif à la définition du corps électoral pouvant participer aux élections des assemblées délibérantes de la Nouvelle-Calédonie et des provinces.

Cette restriction du corps électoral prolonge l'accord de Nouméa signé le 5 mai 1998, étrange norme juridique signée par l'État français, les représentants des indépendantistes kanaks et des anti-indépendantistes caldoches, publiée au Journal officiel du 27 mai 1998, sous la rubrique décrets, arrêtés, circulaires, textes généraux, du premier ministre. On se rappelle que pour échapper à l'inexorable sanction du contrôle de constitutionnalité, le gouvernement de l'époque avait décidé de faire approuver cet accord par la voie référendaire.

La révision constitutionnelle du 20 juillet 1998 a prolongé cet accord en prévoyant notamment un titre XIII intitulé « Dispositions transitoires relatives à la Nouvelle-Calédonie » où figurent deux articles : le premier, l'article 76 fixe les modalités d'approbation de l'accord de Nouméa avant la fin de l'année 1998 par « les populations » de Nouvelle-Calédonie. Le second, l'article 77, prévoit l'adoption d'une loi organique afin de déterminer la mise en œuvre des accords de Matignon, notamment « les règles relatives à la citoyenneté, au régime électoral .... ».

Intervenue le 19 mars 1999, cette loi organique prévoit une restriction du corps électoral pour les scrutins en vue d'une part, de l'accession à la pleine souveraineté et les élections au Congrès et, d'autre part, aux assemblées des Provinces. En entamant le principe de l'indivisibilité de la citoyenneté le constituant avait déjà sacrifié l'un des sacro-saints principes républicains sur l'autel de la paix sociale. On a ainsi abouti à la reconnaissance constitutionnelle d'une citoyenneté néo-calédonienne infra-nationale dont l'un des attributs est la participation exclusive à certains scrutins.

Une étape supplémentaire est franchie avec la loi constitutionnelle n° 2007-237 du 23 février 2007 modifiant l'article 77 de la Constitution. Cette fois, l'entreprise de démantèlement de la conception républicaine de la citoyenneté en Nouvelle-Calédonie s'amplifie au nom d'une prétendue « parole donnée par l'État » dont on ne retrouve nulle trace dans les textes. Balayant la décision du Conseil constitutionnel du 15 mars 1999, par une révision qui s'apparente à un « lit de justice»[1], le pouvoir constituant dérivé gèle le corps électoral aux seuls Français résidant en Nouvelle-Calédonie avant 1998 et à leurs descendants. Il assure de la sorte la promotion constitutionnelle d'une citoyenneté infra-nationale héréditaire.

## I – LA RESTRICTION DU CORPS ÉLECTORAL, COROLLAIRE DE LA « CITOYENNETÉ NEO-CALÉDONIENNE »

L'accord de Nouméa dispose que « Le corps électoral pour les élections aux assemblées locales propres à la Nouvelle-Calédonie sera restreint

---

[1] Selon l'expression de Michel Verpeaux, « La révision de l'article 77 de la Constitution ou la cristallisation néo-calédonienne », *La semaine juridique*, éd. G, n° 10, 7/3/2007, p.4.

aux personnes établies depuis une certaine durée » et ajoute qu' « au terme d'une période de vingt années, le transfert à la Nouvelle-Calédonie des compétences régaliennes, l'accès à un statut international de pleine responsabilité et l'organisation de la citoyenneté en nationalité seront proposés au vote des populations intéressées. » Dans les deux cas, bien que la population visée soit peu déterminable, l'idée sous-jacente est indiscutablement celle d'une limitation du corps électoral pouvant participer aux scrutins engageant l'avenir de la Nouvelle-Calédonie, limitation sous-tendue par l'idée de citoyenneté néo-calédonienne.

## A) La notion de « populations intéressées »

L'expression « populations intéressées » évoque indiscutablement le 3e alinéa de l'article 53 de la Constitution aux termes duquel, «Nulle cession, nul échange, nulle adjonction de territoire n'est valable sans le consentement des populations intéressées ». Sous réserve de conditions qui ont été précisées par le Conseil constitutionnel, il est loisible d'utiliser cette disposition à laquelle on eut recours dans le cadre de processus de décolonisation - notamment la consultation relative à l'autodétermination des Comores - afin de consulter les populations ultramarines. La jurisprudence constitutionnelle a donc précisé certains éléments (notamment l'exigence de clarté et de loyauté) du régime juridique de la consultation des populations d'une partie du territoire français, lors du contrôle de la loi organisant une consultation à Mayotte et de la loi d'orientation pour l'outre-mer (décisions 2000-428 DC du 4 mai 2000 et 2000-435-DC du 7 décembre 2000). Toutefois, les précisions données par le juge de la rue de Montpensier sont loin d'éclairer tous les aspects du régime juridique de ces consultations. En particulier, la jurisprudence constitutionnelle n'indique pas les critères permettant de déterminer le corps électoral concerné, ou pour le dire autrement, la « population intéressée ».

Ainsi, aucune norme de rang constitutionnel ne définit de manière systématique la notion de « population intéressée ». À l'occasion des diverses mises en œuvre de l'article 53 de la Constitution, à Djibouti en 1967 et 1975, aux Comores en 1965, le corps électoral excluait les personnes ayant moins de 3 ans de résidence par référence à la durée réglementaire de séjour des fonctionnaires. Comme le souligne François Garde, dans la pratique, les personnes qui ont été exclues du scrutin d'autodétermination de Djibouti et des Comores ne l'ont pas vécu comme une atteinte à leur capacité électorale ou à leur citoyenneté[2]. Lors de la consultation référendaire du 9 novembre 1988 relative à la Nouvelle-Calédonie, la durée de résidence requise pour participer

[2] F. Garde, *Les institutions de la Nouvelle-Calédonie*, L'Harmattan, 2004, p. 284.

au vote passait de 3 à 10 ans. Cette durée de 10 ans n'était pas contestable car elle trouvait son fondement dans l'article 76 nouveau de la Constitution issu de la révision du 6 juillet 1988 issue de l'accord de Nouméa et de l'article 2 de la loi du 9 novembre 1988 portant dispositions statutaires et préparatoires à l'autodétermination de la Nouvelle-Calédonie adoptée par référendum.

Sur le plan juridique, les modalités particulières de restriction du corps électoral mises en place dans la perspective de l'autodétermination de la Nouvelle-Calédonie sont autonomes par rapport à la procédure de l'article 53. Cela tient au fait que la restriction du corps électoral est l'une des composantes de la citoyenneté néo-calédonienne.

## B) La citoyenneté néo-calédonienne

La citoyenneté néo-calédonienne est au cœur de l'accord de Nouméa qui dispose : « L'un des principes de l'accord politique est la reconnaissance d'une citoyenneté de la Nouvelle-Calédonie. Celle-ci se traduit par une communauté de destin choisie et s'organiserait, après la fin de la période d'application de l'accord, en nationalité, s'il en était décidé ainsi. Pour cette période, la notion de citoyenneté fonde les restrictions apportées au corps électoral pour les élections et institutions du Pays et pour la consultation finale. Elle sera aussi une référence pour la mise au point des dispositions qui seront définies pour préserver l'emploi local. La loi constitutionnelle le permettra. ».
De fait, l'article 77 issu de la révision du 6 juillet 1988, dispose qu'une loi organique détermine, pour assurer l'évolution de la Nouvelle-Calédonie dans le respect des orientations de l'accord et selon les modalités nécessaires à sa mise en œuvre, « les règles relatives à la citoyenneté, au régime électoral, à l'emploi et au statut civil coutumier. » Intervenue le 19 mars 1999, cette loi organique dispose dans son article 4 que la citoyenneté néo-calédonienne est réservée aux personnes de nationalité française remplissant les conditions de l'article 188 (lequel a trait aux électeurs pouvant participer aux élections au Congrès et aux assemblées de Provinces). Autrement dit, la loi organique réserve la qualité de citoyens néo-calédoniens aux personnes inscrites « remplissant les conditions pour être inscrites sur les listes électorales de la Nouvelle-Calédonie établies en vue de la consultation du 8 novembre 1998 » et les « personnes inscrites sur le tableau annexe et domiciliées depuis dix ans en Nouvelle-Calédonie à la date de l'élection au Congrès et aux assemblées de Provinces. »

Parce qu'elle est une « proto-nationalité » néo-calédonienne[3], la citoyenneté néo-calédonienne réserve à ses détenteurs des droits dont sont exclus les autres Français. Outre le droit de vote à certains scrutins, les citoyens néo-calédoniens peuvent bénéficier d'un droit préférentiel en matière d'accès à l'emploi et ce, dans les secteurs public et privé. On peut certes être choqué par une telle rupture d'égalité entre citoyens français. Pourtant, il paraît nécessaire, pour ne pas dire légitime, de réserver les scrutins engageant l'avenir institutionnel du Pays aux seules «populations intéressées ». De même, dans une certaine mesure, la protection de l'emploi local peut se justifier. En revanche ce qui paraît choquant, c'est l'institution d'une citoyenneté fermée, impénétrable aux horsains, et ce quelle que soit leur durée de résidence et leur degré d'implication dans la vie du pays. C'est précisément à cette situation inique qu'aboutit la révision de l'article 77 de la Constitution.

## II – L'AFFIRMATION CONSTITUTIONNELLE D'UNE CONCEPTION HÉRÉDITAIRE DE LA CITOYENNETÉ

Si la démarche consistant à déterminer un corps électoral restreint n'est pas discutable en tant que telle, il n'en va pas de même du choix des critères à partir desquels on « cible » la population intéressée. Dans le cas qui nous occupe, ce choix paraît très critiquable car il restreint la citoyenneté électorale néo-calédonienne aux seuls résidents arrivés avant 1998 ainsi qu'à leurs descendants. Ce choix porte une atteinte au principe d'égalité d'une gravité inouïe, comme l'indiquait le Conseil constitutionnel dans une décision n° 99-410 du 15 mars 1999. C'est pourtant à cette citoyenneté close et fondée sur le droit du sang, qu'aboutit la révision de l'article 77 de la Constitution.

### A) La décision du Conseil constitutionnel du 15 mars 1999 ou le refus d'un « gel » du corps électoral néo-calédonien

La restriction du corps électoral prévue par les accords de Nouméa pour les élections aux assemblées des Provinces et au Congrès de la Nouvelle-Calédonie, recelait une ambiguïté : le point de départ de la durée de résidence de 10 ans requise n'était pas précisé, si bien qu'il y avait lieu de préciser s'il s'agissait d'une condition de résidence figée à la date de l'année 1998 ou bien s'il s'agissait de dix années de résidence à compter de chaque scrutin.

[3] On notera au passage que cette citoyenneté vient d'ailleurs se superposer au statut personnel permettant de déroger au statut civil de droit commun et reconnu à la population Kanak par l'article 75 de la Constitution.

Dans sa décision n° 99-410 DC du 15 mars 1999, le Conseil constitutionnel a estimé que la rédaction de l'accord de Nouméa conduisait à considérer que le tableau annexe devait être évolutif et qu'il avait vocation à accueillir toutes les personnes arrivées après 1988. Ainsi, auraient été en mesure de voter à partir de 2009, les personnes arrivées en 1999, c'est-à-dire pour les scrutins locaux, les personnes arrivées en 1999, et en 2014, celles qui étaient arrivées au plus tard en 2004, c'est-à-dire après la signature de l'accord de Nouméa. Le corps électoral devenait « glissant », selon l'interprétation du Conseil constitutionnel.

Alors qu'il examine la constitutionnalité des articles 188 et 189, relatifs au corps électoral restreint appelé à désigner les membres du Congrès et des assemblées de Provinces, le Conseil constitutionnel retient qu'il résulte de leurs termes mêmes que, quelle que soit la date de son installation en Nouvelle-Calédonie, même postérieure à 1998, un Français qui, à la date de l'élection au Congrès et aux assemblées de Provinces, est inscrit sur le tableau annexe et justifie de dix années de résidence en Nouvelle-Calédonie est appelé à élire les membres de ces assemblées et doit être admis à la citoyenneté de la Nouvelle-Calédonie.

Sur cette définition du « corps électoral restreint », seule conforme à la volonté du constituant éclairée par les travaux préparatoires de la révision constitutionnelle de juillet 1998, le Conseil ne pouvait faire prévaloir l'interprétation excluant du corps électoral restreint les personnes inscrites au tableau annexe après 1998. En effet, en raison de son ampleur, l'atteinte portée au principe d'égalité par l'exclusion des nationaux installés après 1998 et justifiant de dix années de résidence continue n'aurait pu trouver de fondement constitutionnel que dans des stipulations expresses de l'accord de Nouméa faisant définitivement obstacle à la participation à l'élection des assemblées de Provinces et du Congrès des nationaux français installés en Nouvelle-Calédonie après le 8 novembre 1998.

## B) La consécration d'une citoyenneté fondée sur le droit du sang

Réclamée par le FLNKS, une disposition visant à contrecarrer l'interprétation dite de « l'électorat glissant » retenue par le Conseil constitutionnel, avait une première fois avorté en 1999, alors qu'elle devait être approuvée par le Congrès en même temps que le projet de loi relatif à la Polynésie française et qu'une réforme du Conseil de la magistrature. C'est finalement la loi constitutionnelle n° 2007-237 du 23 février 2007 qui a imposé la notion de « corps électoral gelé » auparavant invalidée par le Conseil constitutionnel qui avait interprété l'accord de Nouméa dans le sens d'un « corps électoral glissant ». Il ressort de cette révision de l'article 77 que seules

les personnes ayant pu participer au scrutin de 1998 et leurs descendants pourront prendre part aux scrutins intéressant l'avenir du pays à court terme (élections au Congrès et aux assemblées de Provinces) ou à long terme (scrutin d'autodétermination). En réservant le droit de vote à la seule population installée avant 1998 ainsi qu'à ses seuls descendants, l'article 77 n'institue rien moins qu'une citoyenneté fondée sur le « droit du sang ».

Fermée à tout corps étranger, la citoyenneté néo-calédonienne cesse ainsi d'être républicaine. Il en résulte des situations pour le moins choquantes. Ainsi, un enfant né d'un parent néo-calédonien jouit de ce simple fait d'un droit de vote qui peut être dénié à l'un de ses parents au motif que ce dernier ne remplissait pas les conditions pour participer à la consultation du 8 novembre 1998. De plus, et de l'aveu même du ministre de l'outre-mer lors de la présentation du projet de révision constitutionnelle : « Avec un corps électoral « glissant », déjà accepté par les opposants à ce projet et qui est la norme aujourd'hui, pour les élections de 2009 environ 7000 électeurs ne pourront pas participer aux élections du Congrès et des assemblées de Provinces. Avec le corps électoral « gelé », c'est environ 700 électeurs de plus, inscrits à partir de 1999, qui seront écartés du droit de vote. »[4] Autrement dit, sans que les autorités en charge de l'outre-mer ne semblent s'en émouvoir outre-mesure, plusieurs centaines d'électeurs se trouvent déchus d'un droit dont ils jouissaient jusqu'alors.

En vérité, derrière sa formulation abstruse, la loi constitutionnelle n° 2007-237 du 23 février 2007 fait sienne une conception non républicaine de la citoyenneté. De sorte que cette révision va au rebours du processus d'universalisation du suffrage qui, à l'exception de la parenthèse de Vichy, n'a jamais cessé de s'amplifier. En fait, cédant aux exigences des partis politiques indépendantistes, l'État français a fait sienne une conception de la citoyenneté que l'on peut qualifier de tribale, c'est-à-dire exclusivement déterminée par les liens du sang. Comment a-t-on pu en arriver là ? L'explication, sans doute complexe, réside sans doute dans l'analyse de Pascal Bruckner selon laquelle « À force de vouloir se repentir jusqu'à l'avilissement de la faute du colonialisme, faute d'un autre temps dont les acteurs sont enterrés et que les vivants n'ont pas connu directement, notre classe politique abdique sa responsabilité de défendre la justice ici et maintenant. »[5]

---

[4] F. Baroin, Ass. nat., 2$^{e}$ séance du 13/12/2006.

[5] P. Bruckner, *La tyrannie de la pénitence. Essai sur le masochisme occidental*, Grasset, 2006.

*
* *

L'État répugne d'autant moins à faire preuve de lâcheté que, les yeux rivés sur les banlieues, la population métropolitaine se sent généralement peu concernée par l'outre-mer. On ne s'étonnera donc pas, hélas, du consensus politique ayant entouré en métropole le gel du corps électoral néo-calédonien, alors même que celui-ci est très loin de faire consensus localement.

Que le constituant vienne à promouvoir sans état d'âme une conception consanguine de la citoyenneté qui se situe aux antipodes de nos valeurs les plus fondamentales et du reste parfaitement étrangère aux accords de Nouméa, témoigne d'une faillite morale au plus haut niveau de l'État.

Il est vrai que dans une France repentante et hantée par son passé colonial, « éviter la violence » tient lieu d'impératif catégorique permettant de légitimer les pires reniements. C'est sur ce mot d'ordre, puis sur l'invocation d'une prétendue « parole de l'État », que ce dernier justifie à bon compte la mise sous le boisseau des valeurs qu'il est réputé incarner, comme si les populations ultramarines n'en étaient finalement pas dignes. Mais peut-être renonçons-nous tout simplement à transmettre ce en quoi nous ne croyons plus vraiment ...

## Annexes

Titre XIII de la Constitution - Dispositions transitoires relatives à la Nouvelle-Calédonie

Art. 76. - Les populations de la Nouvelle-Calédonie sont appelées à se prononcer avant le 31 décembre 1998 sur les dispositions de l'accord signé à Nouméa le 5 mai 1998 et publié le 27 mai 1998 au Journal officiel de la République française.
Sont admises à participer au scrutin les personnes remplissant les conditions fixées à l'article 2 de la loi n° 88-1028 du 9 novembre 1988.
Les mesures nécessaires à l'organisation du scrutin sont prises par décret en Conseil d'État délibéré en conseil des ministres.
Art. 77. - Après approbation de l'accord lors de la consultation prévue à l'article 76, la loi organique, prise après avis de l'assemblée délibérante de la Nouvelle-

Calédonie, détermine, pour assurer l'évolution de la Nouvelle-Calédonie dans le respect des orientations définies par cet accord et selon les modalités nécessaires à sa mise en œuvre :
- les compétences de l'Etat qui seront transférées, de façon définitive, aux institutions de la Nouvelle-Calédonie, l'échelonnement et les modalités de ces transferts, ainsi que la répartition des charges résultant de ceux-ci ;
- les règles d'organisation et de fonctionnement des institutions de la Nouvelle-Calédonie et notamment les conditions dans lesquelles certaines catégories d'actes de l'assemblée délibérante de la Nouvelle-Calédonie pourront être soumises avant publication au contrôle du Conseil constitutionnel ;
- les règles relatives à la citoyenneté, au régime électoral, à l'emploi et au statut civil coutumier ;
- les conditions et les délais dans lesquels les populations intéressées de la Nouvelle-Calédonie seront amenées à se prononcer sur l'accession à la pleine souveraineté.
Les autres mesures nécessaires à la mise en œuvre de l'accord mentionné à l'article 76 sont définies par la loi.
Pour la définition du corps électoral appelé à élire les membres des assemblées délibérantes de la Nouvelle-Calédonie et des provinces, le tableau auquel se réfèrent l'accord mentionné à l'article 76 et les articles 188 et 189 de la loi organique no 99-209 du 19 mars 1999 relative à la Nouvelle-Calédonie est le tableau dressé à l'occasion du scrutin prévu audit article 76 et comprenant les personnes non admises à y participer.

Dispositions de la loi organique n° 99-209 du 19 mars 1999 relatives à la Nouvelle Calédonie

Article 188 (Élections au Congrès et aux assemblées de Provinces)
I – Le congrès et les assemblées de province sont élus par un corps électoral composé des électeurs satisfaisant à l'une des conditions suivantes :
a) Remplir les conditions pour être inscrits sur les listes électorales de la Nouvelle-Calédonie établies en vue de la consultation du 8 novembre 1998 ;
b) Être inscrits sur le tableau annexe et domiciliés depuis dix ans en Nouvelle-Calédonie à la date de l'élection au congrès et aux assemblées de province ;
c) Avoir atteint l'âge de la majorité après le 31 octobre 1998 et soit justifier de dix ans de domicile en Nouvelle-Calédonie en 1998, soit avoir eu un de leurs parents remplissant les conditions pour être électeur au scrutin du 8 novembre 1998, soit avoir un de leurs parents inscrit au tableau annexe et justifier d'une durée de domicile de dix ans en Nouvelle-Calédonie à la date de l'élection.
II – Les périodes passées en dehors de la Nouvelle-Calédonie pour accomplir le service national, pour suivre des études ou une formation ou pour des raisons

familiales, professionnelles ou médicales ne sont pas, pour les personnes qui y étaient antérieurement domiciliées, interruptives du délai pris en considération pour apprécier la condition de domicile.

Article 218 (consultation pour l'accession à la pleine souveraineté)

Sont admis à participer à la consultation les électeurs inscrits sur la liste électorale à la date de celle-ci et qui remplissent l'une des conditions suivantes :

a) Avoir été admis à participer à la consultation du 8 novembre 1998 ;

b) N'étant pas inscrits sur la liste électorale pour la consultation du 8 novembre 1998, remplir néanmoins la condition de domicile requise pour être électeur à cette consultation ;

c) N'ayant pas pu être inscrits sur la liste électorale de la consultation du 8 novembre 1998 en raison du non-respect de la condition de domicile, justifier que leur absence était due à des raisons familiales, professionnelles ou médicales ;

d) Avoir eu le statut civil coutumier ou, nés en Nouvelle-Calédonie, y avoir eu le centre de leurs intérêts matériels et moraux ;

e) Avoir l'un de leurs parents né en Nouvelle-Calédonie et y avoir le centre de leurs intérêts matériels et moraux ;

f) Pouvoir justifier d'une durée de vingt ans de domicile continu en Nouvelle-Calédonie à la date de la consultation et au plus tard au 31 décembre 2014

g) Être nés avant le 1er janvier 1989 et avoir eu son domicile en Nouvelle-Calédonie de 1988 à 1998 ;

h) Être nés à compter du 1er janvier 1989 et avoir atteint l'âge de la majorité à la date de la consultation et avoir eu un de leurs parents qui satisfaisait aux conditions pour participer à la consultation du 8 novembre 1998.

Les périodes passées en dehors de la Nouvelle-Calédonie pour accomplir le service national, pour suivre des études ou une formation ou pour des raisons familiales, professionnelles ou médicales ne sont pas, pour les personnes qui y étaient antérieurement domiciliées, interruptives du délai pris en considération pour apprécier la condition de domicile.

# Les discriminations positives :
# Moyens de résorption de la crise sociale ?

par Édouard Dubout,
maître de conférences à l'Université Paris XI

*« Sans valeurs morales, l'égalité n'a pas de signification »*

P. Westen, « The Empty Idea of Equality », *HLR*, spéc. p. 547.

*Peut-on rompre l'égalité au nom de l'égalité ?* C'est à ce dilemme en apparence insoluble que renvoie l'idée de discrimination positive. Le recours à ce mécanisme se justifie néanmoins par le constat de discriminations « systémiques », c'est-à-dire le fait pour un système d'organisation social d'engendrer de manière endémique l'exclusion de certains de ses membres. Avancées comme un moyen possible de résorber la « crise sociale » actuelle, les discriminations positives sont l'objet de profondes controverses. Ce débat comprend une question de forme et une question de fond.

Quant à la forme, l'expression de discrimination « positive » est un non-sens juridique. En effet, soit une mesure constitue une discrimination et elle est donc nécessairement arbitraire, soit elle n'est pas arbitraire et dans ce cas il ne s'agit pas d'une discrimination. Contrairement à son instigatrice qu'est l'*affirmative action* américaine[1], la discrimination positive est une *contradictio in terminis*, c'est-à-dire une formule oxymorique reposant sur l'association de deux termes antinomiques[2]. Cette technique linguistique à vocation initialement esthétique, voire poétique, semble néanmoins de plus en plus en vogue dans le langage juridique[3]. Ces approximations terminologiques n'en

---

[1] Voy. G. Calvès, *L'« affirmative action » dans la jurisprudence de la Cour Suprême des États-Unis*, Paris, LGDJ, 1998, 300 p

[2] J-L. Autin, « Les discriminations compensatoires entre principe d'égalité et droit à la différence – une contradiction de normes ? », *in* P. de Dekker et J-Y. Faberon (dir.), *L'état pluriculturel et les droits aux différences*, Bruxelles, Bruylant, 2003, pp. 107-118

[3] Notamment dans celui du droit international à travers la notion de « droit d'ingérence », ou du droit communautaire qui n'hésite plus à employer des expressions telles que la « Fédération d'États-Nations », ou encore celle de « traité établissant une Constitution ».

sont pas moins volontaires. On aurait tort de croire qu'elles sont le fruit de l'incompétence de leurs auteurs. Elles visent précisément à désigner une réalité difficilement catégorisable dans la logique juridique traditionnelle. Elles aboutissent donc à remettre en cause les catégories jusqu'alors établies. Telle est également la difficulté que soulève la discrimination positive. Faut-il dès lors changer de vocable ? Certains le pensent en préconisant le recours à des notions voisines telles que celle d'« inégalité compensatrice » utilisée en droit international, ou de « discrimination compensatoire » en droit des collectivités territoriales, voire celle, par analogie à la terminologie anglo-saxonne, d'« action positive » notamment consacrée en droit communautaire, ou plus généralement de discrimination « à rebours » en théorie du droit[4]. Toutefois, derrière ces variations de façade, le problème reste entier. C'est pourquoi, plutôt que de minimiser la controverse, le mérite de l'expression de « discrimination positive » est précisément de marquer une limite de l'analyse traditionnelle de l'égalité. En effet, la terminologie entend signifier qu'*une même mesure pourra être jugée discriminatoire dans un certain système égalitaire, alors qu'elle ne le sera plus dans un autre.* Telle est la profonde ambivalence de ce mécanisme qui pose la question de l'opportunité d'y recourir.

Quant au fond, c'est la validité même de la discrimination positive qui focalise la discussion juridique. Des auteurs, pleins de bon sens, ont pu noter que la discrimination positive reste avant tout une discrimination[5]. Positive pour les uns, elle est nécessairement négative pour les autres et en définitive rien ne la différencierait d'une discrimination classique. L'on ne pourrait donc concevoir la validité juridique de ce mécanisme par essence discriminatoire. Sous l'angle politique, la discrimination positive soulève la question d'un choix de système d'organisation sociale. Fondée sur une idée de priorité donnée à des groupes sociaux défavorisés, elle oppose ainsi les partisans d'un certain communautarisme contre les défenseurs de l'universalisme[6]. L'ancrage de ce dernier modèle en France fait que la discrimination positive y est généralement perçue comme contraire aux valeurs essentielles de la

---

[4] O. Beaud, « L'"affirmative action" aux États-Unis : une discrimination à rebours", *RIDC*, 1984, pp. 503-521 ; R. Dworkin, *Prendre les droits au sérieux*, Paris, PUF, 1995, spéc. chap. IX, « Les discriminations à rebours », pp. 326-347.

[5] A-M. Le Pourhiet, « Discriminations positives ou injustices ? », *RFDA*, mai-juin 1998, spéc. p. 520 : « La discrimination est, en effet, un concept à double face, en ce sens qu'elle est toujours positive pour celui qui en bénéficie et négative pour celui qu'elle exclut ».

[6] J. Chevallier, « Réflexions sur la notion de discrimination positive », *in Libertés, justice, tolérance – Mélanges en hommage au Doyen G. Cohen-Jonathan*, Bruylant, Bruxelles, 2004, spéc. p. 415.

République[7]. À cet égard, la décision du Conseil constitutionnel du 15 juin 1999 relative à la ratification de la *Charte des langues régionales ou minoritaires*, en interprétant l'article 1er de la Constitution de 1958 comme interdisant la reconnaissance de droits particuliers au profit des groupes, procède d'une lecture particulièrement stricte du principe d'indivisibilité et d'unicité[8]. Sous l'angle juridique, la discrimination positive impose de s'interroger sur la signification du principe d'égalité, notion dont le doyen Vedel disait qu'« au fond jamais personne n'en a donné de définition assurée »[9]. La discrimination positive souligne alors l'existence de plusieurs conceptions possibles de l'égalité : soit une égalité formelle (ou égalité des droits) consistant en un principe d'*uniformité* de traitement, soit une égalité substantielle (ou égalité des chances) conférant une *équivalence* de traitement, soit enfin une égalité réelle (ou égalité des résultats) garantissant une *jouissance* identique des biens et ressources sociales. L'opposition de ces différentes conceptions de l'égalité risque d'ailleurs de devenir le terrain privilégié de la confrontation des différents systèmes juridiques européens : le droit constitutionnel national, le droit communautaire et le droit conventionnel des droits de l'homme ne partageant pas la même vision de cette notion polysémique qu'est l'égalité[10]. Le récent renvoi du Conseil d'État à la Cour de justice des Communautés européennes dans l'arrêt *Arcelor Atlantique* du 8 février 2007 en est l'illustration[11]. En dernière analyse, la position du juge sera probablement la plus inconfortable. La sensibilité et la difficulté des arbitrages qu'appelle la discrimination positive pourraient légitimer de sa part une certaine prudence ou *self restraint*, accusé sinon qu'il serait d'un activisme judiciaire déplacé en se prononçant en faveur, voire même en défaveur, des discriminations positives.

Les discriminations positives sont donc la manifestation de la complexité du droit *de* et *à* l'égalité. Or, nul ne contestera que l'égalité, conjuguée à la liberté avec laquelle elle entretient des liens étroits, constitue le

---

[7] D. Schnapper, *La démocratie providentielle – Essai sur l'égalité contemporaine*, Paris, Gallimard, 2002, spéc. p. 67.

[8] CC, 15 juin 1999, *Charte des langues régionales ou minoritaires* déc. n° 99-412, Rec. p. 71 : « Considérant que ces principes fondamentaux s'opposent à ce que soient reconnus des droits collectifs à quelque groupe que ce soit, défini par une communauté d'origine, de culture, de langue ou de croyance ».

[9] G. Vedel, « L'égalité », *in* C-A. Colliard et a. (dir.), *La Déclaration des droits de l'homme et du citoyen de 1789 – Ses origines, sa pérennité*, Paris, La Documentation française, 1990, spéc. p. 172.

[10] V. Martenet, *Géométrie de l'égalité*, Bruxelles/Paris/Zurich, Bruylant/LGDJ/Schulthess, 2003, spéc. pp. 360-387.

[11] CE, Ass. 8 février 2007, *Arcelor Atlantique et autres*, req. n° 287110.

cœur du pacte social[12]. C'est pourquoi, les discriminations positives peuvent apparaître comme un moyen de résorption de la crise sociale. Afin de savoir si les discriminations positives constituent un mécanisme juridiquement concevable et praticable de lutte contre les inégalités, il est d'abord nécessaire de les identifier (§ I) avant de voir s'il est possible de les justifier (§ II).

## I – L'IDENTIFICATION DES DISCRIMINATIONS POSITIVES

Il est généralement considéré que les discriminations positives tendent à protéger une égalité « des chances » entre les personnes ou les groupes (A). S'inscrivant en faux contre cette position, il sera démontré que les discriminations positives doivent être considérées comme des mesures imposant une égalité « des résultats » entre ces personnes ou ces groupes (B).

### A) La distinction avec l'égalité des chances

1. L'égalité des chances est une égalité dans l'*accès* à une richesse ou un bien. Elle ne garantit pas la jouissance effective de ce bien mais permet de s'assurer que chacun a les mêmes possibilités d'y parvenir. En effet, comme l'écrit le Professeur Y. Poirmeur, « l'idée de chance renvoie donc à la fois à un objet valorisé, dont l'obtention est considérée comme un bonheur, et au caractère incertain, hasardeux et aléatoire de son obtention »[13]. En ce sens, l'égalité des chances est une demande d'égalité de départ (*Startgerechtigkeit*)[14] qui tend à favoriser *ex ante*, mais non à garantir *ex post*, l'obtention d'une richesse sociale. Ce qui est garanti, c'est la possibilité d'un égal *accès* aux biens sociaux. En d'autres termes, cette égalité dite « substantielle », protège une *équivalence de moyens* dans l'obtention d'un bien social valorisé. Elle se distingue toutefois de l'égalité dite « formelle » qui consisterait en une uniformité de moyens, c'est-à-dire à traiter tout le monde de la même manière. L'égalité des chances appelle donc la différenciation pour tenir compte des particularités individuelles ou catégorielles, mais uniquement afin de s'assurer que la compétition sociale n'est pas faussée dès le départ. En prenant l'exemple d'une course d'athlétisme, l'égalité des chances consiste à ne pas placer tous les concurrents sur la même ligne de départ ou à supprimer certains obstacles

---

[12] P. Bouretz, « Egalité et liberté : A la recherche des fondements du lien social », *Droits*, 1988, n° 8, pp. 71-82.

[13] Y. Poirmeur, « Le double jeu de la notion d'égalité des chances », *in* G. Koubi et G. J. Guglielmi (dir.), *L'égalité des chances*, Paris, La Découverte, 2000, spéc. p. 93.

[14] F. Von Hayek, *Droit, législation et liberté*, vol. II, *op. cit.*, spéc. p. 101.

pour ceux qui seraient défavorisés par leur maintien[15]. Juridiquement, la protection de l'égalité des chances se traduit donc par l'obligation de traiter différemment les personnes se trouvant dans des situations différentes. C'est ce que la Cour de justice des Communautés européennes qualifie de discrimination « matérielle » en jugeant que *« la discrimination peut être [...] due à l'application de règles différentes à des situations comparables, ou à l'application de la même règle à des situations différentes »*[16]. Il s'agit là d'une application en termes de discrimination de la notion d'égalité des chances qui suppose qu'à situations identiques un traitement identique soit appliqué, et qu'à situations différentes un traitement différent soit appliqué.

2. S'agit-il ici de discriminations « positives » ? Nous ne le pensons pas. Cette conception de la discrimination matérielle ou égalité des « chances » appelle certes la différenciation juridique, mais elle n'est finalement que la continuation juste et logique d'une vision traditionnelle de l'égalité. Aristote, déjà, la défendait en écrivant que la *juste* égalité consiste à « traiter semblablement les choses qui sont semblables, mais aussi à traiter des choses dissemblables de manière dissemblable en proportion de leur dissemblance »[17]. Kelsen ne prétendait pas autre chose en soulignant pour sa part que « le principe selon lequel un traitement égal doit être appliqué à des hommes égaux, ne peut valoir qu'en relation avec le principe selon lequel un traitement différent doit être appliqué à des hommes inégaux »[18]. C'est ce qui explique qu'en droit allemand, le principe d'égalité comprend aussi bien une interdiction de différenciation des situations semblables (*Differenzierungverbote*), qu'une exigence de différenciation des situations dissemblables (*Differenzierunggebote*)[19]. Tardivement, la Cour européenne des droits de l'homme s'est ralliée à cette conception bidimensionnelle de l'égalité, conçue comme une égalité des chances dans l'arrêt 6 avril 2000 *Thlimmenos c/ Grèce*[20]. Toutefois, en droit français, l'analyse est faussée par le fait que les

---

[15] En ce sens les conclusions de l'avocat général Tesauro du 6 avril 1995 sous l'arrêt CJCE, 17 octobre 1995, *E. Kalanke c/ Freie Hansestadt Bremen*, aff. C 450/93, *Rec.*, p. I-3053, *passim*, spéc. points 13 à 15.

[16] Voir par exemple, CJCE, 14 février 1995, *Finanzamt Köln-Altstadt c/ R. Schumacker*, aff. C 279/93, *Rec.*, p. I-225, point 30. Nous soulignons. Voir également, pour une première application de la notion, CJCE, 17 juillet 1963, *Italie c/ Commission*, aff. 13/63, *Rec.* p. 335, spéc. point 4 *a)*.

[17] Aristote, *Éthique à Nicomaque*, Paris, Flammarion, 1992, V, III, spéc. p. 142.

[18] H. Kelsen, « Justice et droit naturel », *in* Annales de philosophie politique vol. 3, *Le droit naturel*, Paris, PUF, 1959, spéc. p. 51.

[19] Voir TCK, 23 octobre 1951, *Bverfg*, vol. 1, p. 52, et C. Starck, « Gleichheit als Maß des Rechtes Probleme der Anwendung des Gleichheitssatzes », *in* Travaux du centre de philosophie du droit de l'Université Libre de Bruxelles *L'Égalité*, vol. VIII, Bruxelles, Bruylant, 1982, spéc. pp. 571-572.

[20] Cour EDH, 6 avril 2000, *Thlimmenos c/ Grèce*, req. n° 3469/97, *Rec.*, 2000-IV, spéc. point 44.

juridictions nationales s'en tiennent à une conception essentiellement formelle et non substantielle de l'égalité. Plus précisément, la prise en compte des différences n'est pas une obligation pour les autorités publiques mais une simple *possibilité*. À cet égard, le Conseil d'État estime de manière récurrente que le principe d'égalité n'implique pas que *« des situations différentes doivent être soumises à des régimes différents »*[21]. La différenciation juridique en fonction des différences de fait n'étant pas une composante nécessaire de l'égalité, elle est alors perçue comme une exception. Cela explique que la plupart des auteurs assimilent les notions d'égalité des chances et de « discrimination positive ». Or, plus rigoureusement et à la lumière de ces brèves explications, il faut la comprendre comme une égalité de résultats, qui est toute autre.

## B) L'assimilation à l'égalité des résultats

1. L'égalité des résultats est une égalité dans la *jouissance* d'une richesse ou d'un bien, et non plus dans les moyens d'y accéder. Le moment de sa protection change : l'égalité ne s'évalue plus *avant* la compétition sociale (égalité de « départ »), mais *après* celle-ci (égalité à « l'arrivée »). L'égalité n'est alors plus formelle, ni même substantielle, mais « réelle ». L'égalité est recherchée dans les faits et non plus seulement dans le droit. Le philosophe J. Habermas la décrit de la manière suivante en insistant sur le moment de son évaluation : « l'égalité de traitement factuelle se mesure aux conséquences sociales observables qu'entraînent les réglementations juridiques pour les personnes concernées, tandis que l'égalité de droit a trait à leur compétence à décider librement, dans le cadre des lois, au nom de leurs préférences »[22]. Pour reprendre la métaphore de la course d'athlétisme, tout se passe comme si certains compétiteurs étaient qualifiés d'office sans même concourir. Étant réelle, l'égalité des résultats est alors une égalité de représentation. Elle suppose que les différents groupes sociaux soient également représentés dans le bénéfice effectif des biens et richesses de la société. Si tel n'est pas le cas, une représentation égalitaire sera imposée par le droit. Il s'agit là d'une différence fondamentale avec l'égalité des chances. Prenons l'exemple des personnes handicapées. L'égalité des chances impose de tenir compte de leurs différences afin de leur garantir des moyens équivalents d'obtenir un emploi. Il s'agira notamment d'imposer des rampes d'accès ou des aménagements adaptés sans lesquels la personne se trouve dans l'impossibilité totale de postuler à un emploi. En revanche, l'égalité des résultats impose qu'un certain nombre de

---

[21] CE, 28 mars 1997, *Société Baxter*, *RFDA*, 1997, n° 3, p. 450 ; confirmé par CE, 13 mars 2002, *Union fédérale des consommateurs*, *RFDA*, juillet-août 2003, p. 785.

[22] J. Habermas, *Droit et démocratie – Entre faits et normes*, Paris, Gallimard, 1997, spéc. p. 443

personnes handicapées soient embauchées afin que celles-ci soient suffisamment représentées dans l'entreprise, ce qui est notablement différent. Le traitement est ainsi proprement préférentiel, car il aboutit à assurer à certains la jouissance de biens sociaux valorisés dont sont privés les autres.

2. On l'aura compris, c'est en ce sens seulement qu'il est préconisé d'entendre la notion de discrimination positive, en tant que mesure imposant une égalité de résultats. La discrimination positive *stricto sensu* devrait donc être entendue comme *une réglementation juridique temporaire donnant priorité aux membres d'un groupe structurellement défavorisé au détriment des autres afin de rétablir une égalité de résultats dans le bénéfice effectif de certains droits ou avantages déterminés*. L'égalité des chances devant être considérée comme une composante inhérente à la notion même d'égalité traditionnelle, l'expression de discrimination positive doit être réservée aux mesures qui rompent, au moins en apparence, cette égalité afin d'imposer directement un résultat dans la jouissance d'un bien social valorisé. De telles mesures, identifiées strictement, sont alors facilement dénombrables. Nous n'en voyons que deux formes principales. D'une part, les quotas qui constituent l'archétype de la discrimination positive. En effet, le quota a clairement pour ambition d'imposer un résultat égalitaire afin d'enrayer un phénomène récurrent de discrimination constaté à l'égard de certaines personnes ou groupes. Ce sera le cas en France des quotas professionnels en faveur des personnes handicapées[23] ou encore de l'exigence de parité en matière électorale[24]. D'autre part, les voies de recrutement séparé peuvent également être considérées comme des mesures de discrimination positive au sens strict, car elles relèvent de la même logique et aboutissent à la même finalité que les quotas qui est de réserver un certain nombre de places à des personnes ou groupes préalablement identifiés. Là encore c'est l'obtention d'un résultat égalitaire qui est imposée. En France, l'exemple le plus connu à cet égard est la mise en place en faveur des élèves des ZEP d'un recrutement séparé à Sciences po[25]. L'on peut également y ajouter les voies d'accès réservées à la population « locale » dans la fonction publique en Nouvelle-Calédonie[26]. De telles mesures restent exceptionnelles car elles seront jugées inconstitutionnelles. C'est ainsi que la loi sur le statut de la Nouvelle-Calédonie

---

[23] Article L 323-1 du code du travail qui pose une obligation d'emploi de 6 % de personnes handicapées dans les entreprises de plus de vingt salariés.

[24] Article L 260 bis du Code électoral.

[25] Article L 621-3 du Code de l'éducation, qui permet au Conseil de direction de l'IEP de Paris d'instituer une « procédure de sélection supplémentaire » en vue d'assurer un « recrutement diversifié ».

[26] Voy. notamment l'article 24 de la loi organique n° 99-209 portant statut de la Nouvelle-Calédonie du 19 mars 1999, *JO* n° 69 (et rectificatif au JO n° 89).

et celle sur la parité ont nécessité une révision préalable de la Constitution[27]. De même, la validité de la loi autorisant la mise en place d'une voie d'accès supplémentaire à Science po et par conséquent celle de la délibération créant cette voie d'accès ont été subordonnées à une réserve d'interprétation du Conseil constitutionnel au respect de critères « objectifs » de différenciation[28]. Quant à la loi relative aux personnes handicapées elle n'a pas été déférée au Conseil constitutionnel. La discrimination positive est donc alors une égalité des résultats dans la jouissance de biens sociaux valorisés. La seule difficulté, mais qui reste secondaire, sera uniquement de déterminer ce qui doit être considéré comme un bien social valorisé pouvant faire l'objet d'une discrimination positive[29].

---

[27] S'agissant de la Nouvelle-Calédonie, la révision constitutionnelle a été opérée par la loi constitutionnelle du 20 juillet 1998 (n° 98-610) ; et la décision du CC, 15 mars 1999, *Loi organique relative à la Nouvelle-Calédonie*, déc. n° 99-410 DC, *RJC*, I-812. S'agissant de la parité, la révision a été opérée par la loi constitutionnelle n° 99-569 du 8 juillet 1999, *JO*, p. 10175. Le juge constitutionnel a donc accepté la validité des quotas par sexe, CC, 30 mai 2000, *Quotas par sexe III*, déc. n° 00-429 DC, *Rec.* 84 ; mais il a donné une interprétation restrictive de l'autorisation législative de recourir aux quotas en faveur des femmes en estimant qu'elle ne s'appliquait qu'aux mandats et fonctions électives de nature politique, voir CC, 19 juin 2001, *Loi organique relative au statut des magistrats*, déc. n° 2001-445 DC, *Rec.* 6 ; *AIJC*, 2001, vol. XII, p. 625.

[28] CC, 11 juillet 2001, *Loi portant diverses dispositions d'ordre social, éducatif et culturel*, déc. n° 2001-450 DC, *Rec.*, p. 42, spéc. point 33 ; et CAA de Paris, 6 novembre 2003, *Union nationale interuniversitaire c/ IEP*, req. n° 02PA02821, *AJDA*, 16 février 2004, p. 343, note A. Legrand, « Discrimination positive et accès à Sciences-Po », pp. 344-347. La faculté de procéder à un recrutement séparé ouverte au conseil d'administration de Sciences-Po par l'article 14-1 de la loi du 17 juillet 2001 (n° 2001-624) a ainsi été jugée conforme dans son principe à la réserve d'interprétation du Conseil constitutionnel relative à l'égal accès à l'instruction, voir CC, 11 juillet 2001, *Loi portant diverses dispositions d'ordre social, éducatif et culturel*, déc. n° 2001-450 DC, *Rec.* 82, spéc. point 33. Seule l'imprécision des critères d'identification des établissements bénéficiaires de ce régime de recrutement préférentiel a entraîné l'annulation de la décision.

[29] La difficulté est réelle. Certains soutiennent que les biens sociaux qui font l'objet de la discrimination positive sont ceux dont le nombre est nécessairement limité, voy. B. Renauld, « Les discriminations positives – Plus ou moins d'égalité ? », *RTDH*, 1997, vol. 31, spéc. p. 430. Toutefois, la jurisprudence est plus hésitante, comme le montre par exemple l'arrêt *Badeck* de la Cour de justice dans lequel des quotas d'accès à la formation professionnelle sont considérés comme protégeant une égalité des chances et non des résultats, car la formation est elle-même un moyen d'accès à l'emploi et ne garantit pas l'obtention de celui-ci, CJCE, 28 mars 2000, *G. Badeck et autres c/ Hessiche Ministerpräsident*, aff. C 158/97, *Rec.*, p. I-1875, spéc. point 52 à 55. Voy. également à propos de quotas de places de crèches réservés aux femmes seules, CJCE, 19 mars 2002, *H. Lommers c/ Minister van Landbouw and Naturbeheer en Visserij*, aff. C 476/99, *Rec.*, p. I-2891, spéc. point 38 : *« une mesure telle que celle en cause au principal, qui s'inscrit dans le concept restreint d'égalité des chances dans la mesure où ce ne sont pas des postes de travail qui sont réservés aux femmes, mais le bénéfice de certaines conditions de travail destinées à faciliter la poursuite et la progression de leur carrière professionnelle, relève, en principe, de celles qui se proposent d'éliminer les causes des moindres chances d'accès au*

Identifiées strictement, les discriminations positives sont particulièrement problématiques en ce qu'elles imposent un résultat en fonction de critères subjectifs prédéterminés. En ce sens, elles apparaissent directement contraires à l'égalité. Les possibilités de les justifier semblent donc limitées.

## II – LA JUSTIFICATION DES DISCRIMINATIONS POSITIVES

Condamner automatiquement les discriminations positives comme contraires à l'égalité, serait oublier qu'elles visent précisément à rétablir l'égalité *dans les faits*. Le résultat qu'elles imposent est alors l'ultime et unique moyen de résorber un processus systémique qui engendre la discrimination, principalement sous la forme de préjugés selon lesquels certaines personnes seraient moins capables que d'autres en raison de leurs caractéristiques. Quels sont alors les arguments permettant de légitimer ces mesures ? Il apparaît que deux principaux discours de justification de la discrimination positive peuvent être avancés. Le premier fonde les discriminations positives sur la protection de l'équité sociale (A). Le second les fonde sur la représentation de la diversité sociale (B). Tous deux présentent néanmoins certaines difficultés pratiques importantes.

### A) La justification fondée sur l'équité sociale

1. La notion d'équité sociale n'est pas une simple construction philosophique. Elle est également, bien qu'indirectement, une notion profondément juridique. Pourquoi cela ? Tout simplement, parce que la protection de l'égalité ne peut s'en passer. Plus précisément le principe juridique d'égalité tel qu'il est traditionnellement défini comme imposant de traiter de la même manière les situations semblables, voire de traiter différemment les situations dissemblables est un principe tautologique. C'est un concept creux, ou une « coquille vide » selon l'expression du professeur P. Westen[30], car il ne dit pas ce qui doit être traité identiquement ou différemment. Comme le note le professeur H.L. Hart, s'il est certain qu'un meurtrier roux doit être traité de la même manière qu'un meurtrier brun, il semble tout aussi juste de traiter différemment un meurtrier aliéné mental et un meurtrier sain d'esprit[31]. Dans les deux cas la juste égalité est respectée, mais

---

*travail et de carrière accordées aux femmes et qui ont pour but d'améliorer leurs possibilités de concourir sur le marché du travail et de poursuivre une carrière sur un pied d'égalité avec les hommes ».*

[30] P. Westen, « The Empty Idea of Equality », *HLR*, 1982, vol. 95, n° 3, spéc. p.547.

[31] H.L.A. Hart, *Le concept de droit*, traduction par M. Van de Kerchove, Bruxelles, Publications des facultés universitaires de Saint Louis, 1976, spéc. pp. 193-194.

dans une hypothèse elle requiert un traitement identique et dans l'autre un traitement différent. L'égalité nécessite donc le choix de critères de juste différenciation. Comme le souligne le doyen Vedel « l'égalité ne pouvant s'entendre que "toutes choses égales d'ailleurs", quelles sont ces choses dont il est légitime de tenir compte pour autoriser des traitements différenciés ? »[32]. C'est ici qu'intervient nécessairement un principe d'équité sociale, c'est-à-dire une vision commune de ce que doit être la justice sociale. Or, il est traditionnellement considéré comme juste dans nos sociétés occidentales actuelles de donner plus à ceux qui le méritent le plus. Il sera donc perçu comme conforme à l'égalité de différencier la distribution de richesses sociales selon les *mérites* des membres. Mais cette conception de l'équité sociale n'est pas la seule envisageable. Il peut également être soutenu qu'il est juste de donner plus à ceux qui en ont le plus besoin. Il sera alors jugé conforme à l'égalité de différencier la distribution des richesses sociales en fonction des *besoins* des membres. Alors que les discriminations positives seront jugées contraires à l'égalité dans le premier système de justice sociale, elles pourront être jugées conformes à l'égalité dans le second. Or y a-t-il une supériorité d'un modèle de justice sur l'autre ? Assurément non, ils sont tous deux juridiquement parfaitement valables (à égalité !), le choix en faveur de l'un ou l'autre se faisant alors politiquement. Pour une partie des tenants de l'utilitarisme actuel, une protection sociale accrue et différenciée en faveur des plus défavorisés se justifie si elle contribue à maximiser « le plus grand bonheur du plus grand nombre » selon la formule de F. Hutcheson[33]. La discrimination positive est alors utile non seulement pour les personnes défavorisées, mais également pour les autres car elle assainit en quelque sorte le fonctionnement social en le rendant plus conforme aux aspirations de chacun. Approfondissant ces analyses, J. Rawls estime que le principe de différenciation dans la distribution finale des biens et des droits sociaux ne se justifie qu'à titre *subsidiaire*, après celui d'égalité stricte et celui d'égalité des chances de départ, au nom d'une justice sociale équitable et d'un bien-être collectif. C'est cette forme de justice que chacun voudrait pour lui si on lui posait la question *in abstracto*, indépendamment de sa position sociale réelle (derrière ce que l'auteur appelle « un voile d'ignorance »)[34].C'est pourquoi, selon l'auteur, le recours à des « inégalités » instituées par le droit est justifiable, car « la conception générale de la justice n'impose aucune

---

[32] G. Vedel, « Préface », *in* P. Delvolvé, *Le principe d'égalité devant les charges publiques*, Paris, LGDJ, 1969, spéc. p. XIII.

[33] Formule citée par A. Euzéby, « Protection sociale et justice sociale : quelques points de repères », *Dr. soc.*, 2002, n° 9/10, spéc. p. 813

[34] J. Rawls, *Théorie de la Justice*, Paris, Le Seuil, 1997, spéc. p. 31.

restriction quant aux formes d'inégalités permises »[35]. En pratique donc, davantage qu'une opposition des différents modèles d'équité sociale, c'est une conciliation de ces modèles qu'il s'agira d'opérer.

2. La conciliation est-elle possible ? Une réponse affirmative est là aussi envisageable, comme l'illustre notamment la jurisprudence de la Cour de justice des Communautés européennes. Dans un premier temps, la Cour de Luxembourg dans l'arrêt *Kalanke* du 17 octobre 1995 a estimé contraire à l'égalité une mesure d'embauche prioritaire *absolue* et *inconditionnelle* des femmes à hauteur de 50 % des emplois disponibles afin de compenser leurs difficultés d'accès à un secteur professionnel[36]. Le quota en cause était alors « rigide » : seul le critère du sexe était pris en compte dans l'obtention du poste. Toutefois, dans un second temps, la Cour de justice dans un arrêt *Marshall* du 11 novembre 1997 a estimé cette fois conforme à l'égalité une mesure prioritaire *relative* et *conditionnelle* des femmes prévoyant également de leur réserver 50 % des postes dans un secteur déterminé[37]. La différence essentielle entre les deux types de mesures est que la seconde était un quota dit « souple », c'est-à-dire subordonné à une double condition dont notamment celle que la priorité ne serait donnée aux femmes aux dépens des hommes qu'à compétences équivalentes. En termes de modèles d'équité sociale, il s'agit bien là d'une conciliation des modèles d'égalité selon les besoins des membres (embaucher en priorité des femmes qui en ont davantage besoin), et d'égalité selon les mérites (à condition que les compétences soient équivalentes ce qui suppose que les plus méritants ne soient pas désavantagés). Ce faisant la Cour de justice s'inspire de la jurisprudence *Bakke* de la Cour suprême américaine de 1978 s'agissant des quotas d'entrée des personnes d'origine afro-américaine à l'université[38]. L'égalité n'est donc pas une, mais multiple car susceptible d'être sous-tendue par différentes conceptions de l'équité sociale qui se répercutent dans le contrôle de son respect. Mais, on le pressent, la

---

[35] *Ibid.*, spéc. p. 94. Soulignant cependant la caractère subsidiaire et temporaire du recours à l'inégalité, l'auteur écrit à la page 184 que « le refus des libertés égales pour tous n'est défendable que lorsque cela est essentiel pour changer les conditions de la civilisation afin que, le moment venu, tous puissent enfin jouir de ces libertés ».

[36] CJCE, 17 octobre 1995, *E. Kalanke c/ Freie Hansestadt Bremen*, aff. C 450/93, *Rec.*, p. I-3069

[37] CJCE, 11 novembre 1997, *H. Marshall c/ Land Nordrhein-Westfallen*, aff. C 409/95, *Rec.*, p. I-6365.

[38] *Regents of the University of California v/ A. Bakke*, [1978], 438 US 265. Voir notamment l'opinion du juge Powell qui estimait légitime le but poursuivi par la mesure de discrimination positive établissant un quota en faveur des afro-américains à l'entrée à l'université (16 %), mais qui a jugé disproportionnée cette mesure en ce qu'elle ne prenait pas en compte les qualifications des candidats. Pour des remarques intéressantes sur cet arrêt, voir O. De Schutter, « Egalité et différence : le débat sur la discrimination positive aux États-Unis », *RTDH*, 1991, spéc. pp. 550-554.

détermination d'un modèle clair d'équité sociale comme préalable nécessaire au contrôle de l'égalité n'est pas chose aisée. Le risque est donc un certain arbitraire de ce même contrôle face à la difficulté de définir un modèle d'équité sociale. C'est pourquoi, un autre discours de justification de la discrimination positive a été avancé en se fondant sur le respect de la diversité sociale.

## B) La justification fondée sur la diversité sociale

1. La justification des discriminations positives en tant que manifestation d'une exigence d'équité sociale fondée sur les besoins des individus s'analyse dans une logique de compensation. Il s'agit de compenser certains désavantages, certains besoins, eux-mêmes résultant d'un système structurellement discriminatoire à l'égard de certaines personnes ou certains groupes qui se trouvent invariablement exclus. Toutefois, il reste très difficile, notamment pour un juriste, de dire avec précision qui a fait preuve de davantage de « mérites » ou qui a le plus de « besoins » à compenser. Les notions de mérite et de besoin sont en effet éminemment subjectives. Faut-il prendre en compte justement le fonctionnement de la société dans l'évaluation des « mérites » ? En estimant par exemple que l'obtention d'un diplôme est plus « méritoire » pour une personne handicapée ou provenant d'une classe sociale inférieure ? Cela pourrait être légitime. En revanche, faut-il prendre en compte le goût dispendieux de certains dans l'évaluation de leurs « besoins » ? Cela au contraire semblerait déplacé. Finalement, comme le relève A. Sen[39], l'évaluation des mérites et des besoins est nécessairement *individuelle* ce qui pose un certain problème s'agissant des discriminations positives qui sont un mécanisme par essence *catégoriel*. Bref, si la référence à des modèles d'équité sociale permet de légitimer en théorie les discriminations positives, le maniement pratique de ces modèles n'est pas satisfaisant pour le juriste en raison de son imprécision. C'est pourquoi, il a été également proposé de justifier le recours aux discriminations positives en fondant leur légitimité dans le souci de préserver la « diversité » sociale. Il s'agit alors d'une égalité non plus de compensation mais de *représentation*. L'égalité serait dans ce schéma un moyen de protéger le pluralisme social. C'est l'idée émise dans l'affaire *Bakke* par le juge L. Powell qui justifie de la sorte son acceptation de principe des quotas souples en matière de recrutement dans les universités américaines[40]. Il serait inopportun de revenir ici sur ce concept de pluralisme

---

[39] L'égalité se pense alors en termes de « capabilité », c'est-à-dire en quelque sorte la faculté pour un individu donné de parvenir à réaliser ses aspirations au sein d'un système social, voy. A. Sen, *Repenser l'inégalité*, Paris, Seuil, 1992, spéc. p. 12, et pp. 65-69.

[40] Voir l'opinion du juge L. Powell qui s'imposa *de facto* comme arbitre dans la décision *Regents of the University of California v/ A. Bakke*, [1978], *op. cit.*, spéc. p. 359 et s. En l'espèce, le juge

ethnique et intellectuel, largement propre aux États-Unis, en tant que mode de justification de l'*affirmative action*[41]. Ce qui est certain, c'est que ce nouveau fondement du recours à la discrimination positive permet de surpasser nombre des difficultés posées par le discours de la compensation en ayant recours à un critère davantage objectif de mise en œuvre de la discriminations positive, à savoir celui du décalage entre le pourcentage de personnes appartenant à un groupe dans la population totale et sa représentation dans la jouissance d'un bien social valorisé. L'idée est par exemple de dire que comme les femmes représentent environ 50 % de la population, il serait juste et égalitaire qu'elles occupent environ le même pourcentage dans la vie politique. De la même manière que si les personnes handicapées représentent 6 % de la population active, il est légitime qu'ils soient également 6 % dans les entreprises et la fonction publique. Dans ce schéma, le seul déséquilibre de représentation suffit à justifier le recours à la discrimination positive. C'est aussi de cette logique de reflet de la diversité sociale que relève l'article L 612-3 du Code de l'éducation prévoyant une possibilité d'instituer une voie d'accès à Science po Paris en vue « d'assurer un recrutement *diversifié* ». Toutefois, là encore les difficultés pratiques surgissent.

2. La justification des discriminations positives comme moyen de représentation de la diversité sociale pose tout d'abord la question épineuse du recours aux données statistiques comme moyen nécessaire, et même d'ailleurs suffisant, de protection de l'égalité. C'est sur le fondement de ces données que seront légitimées des mesures de discriminations positives visant à remédier à un déséquilibre entre la situation antérieure à la compétition sociale et la situation postérieure à celle-ci (par exemple avant et après un entretien d'embauche). Outre le fait que cela réduit l'égalité à un constat statistique, la question de la disponibilité et de la récolte de ces données statistiques pose problème. Si l'on conçoit que pour les femmes et les personnes handicapées, l'évaluation de leur représentation soit aisée, en revanche s'agissant des minorités dites maladroitement « non-visibles » (personnes homosexuelles, minorités religieuses notamment) elle devient impossible. La protection de l'égalité par la statistique nécessiterait alors une atteinte à la vie privée. En

---

rejette le quota « rigide » ou absolu dont la validité était contestée par le requérant, tout en acceptant la validité des quotas « souples » ou conditionnels. Alors que le quota rigide fonde une priorité absolue pour les bénéficiaires de la discrimination positive, le quota souple crée une priorité conditionnelle (à compétences égales notamment) en faveur des bénéficiaires. Cette distinction semble implicitement reprise par la Cour de justice, notamment dans l'affaire CJCE. 11 novembre 1997, *H. Marshall c/ Land Nordrhein-Westfallen*, aff. C 409/95, *Rec.*, p. I.-6383. Lire *supra*, 1ère Partie, Titre Second, Chapitre I, Section 2.

[41] D. Sabbagh, *L'égalité par le droit – Les paradoxes de la discrimination positive aux États-Unis*, Paris, Economica, 2003 spéc. pp. 226-251.

outre, s'agissant même des minorités dites « visibles » (personnes de couleur, personnes âgées par exemple) leur définition préalable et leur recensement se heurtent à des obstacles importants[42]. Qu'est-ce qu'une personne d'origine raciale ou ethnique différente ? Qu'est-ce qu'une personne « âgée » ? Comment les répertorier ? Enfin et surtout, l'égalisation par la diversité sociale peut s'apparenter à une quête sans fin. En ce que nous sommes à la fois tous semblables en tant qu'êtres humains mais aussi tous différents en tant qu'individualités, il est illusoire de prétendre garantir la diversité sociale et humaine dans tous les secteurs de l'activité humaine (politique, professionnelle, éducation, loisirs, etc...). En revanche, l'on ne saurait nier que l'absence de diversité suffisante dans la jouissance des biens sociaux valorisés reste un indice non négligeable du caractère structurellement discriminatoire d'un système social.

En conclusion, il ne faut certainement pas voir dans les discriminations positives une solution miracle à l'exclusion de certains groupes sociaux. Au cercle « vicieux » de la discrimination négative ne répond donc pas le cercle « vertueux » de la discrimination positive. Cependant, il ne faut pas rejeter en bloc ce mécanisme qui peut se prévaloir de justifications théoriques solides, malgré des difficultés pratiques de mise en œuvre non négligeables. Gardons à l'esprit que si la discrimination « positive » a pu être pensée, c'est bien parce que la discrimination « négative » tend à se perpétuer. Conçue strictement comme une égalité des résultats, la discrimination positive révèle les lacunes de l'égalité des chances dans un système social donné. Force est alors de constater que la protection de l'équivalence des moyens ne suffit pas à garantir la libre compétition sociale et que certains mécanismes correcteurs peuvent être nécessaires. Le prix à payer est alors la rupture temporaire de l'égalité des chances afin de mieux la restaurer. Il doit s'agir d'une décision communément acceptée car inhérente au pacte social qui a pour fonction la gestion et la redistribution des richesses d'une société. Comme le souligne H. Arendt, « nous ne naissons pas égaux ; nous devenons égaux en tant que membres d'un groupe, en vertu de notre décision de nous garantir mutuellement des droits »[43] Si le droit peut remplir un objectif d'égalisation des conditions, encore faut-il que les membres de la société le lui assignent clairement.

---

[42] Voy. notamment O. De Schutter, *Discriminations et marché du travail – Liberté et égalité dans les rapports d'emploi*, Bruxelles, P. Lang, 2001, spéc. p. 100.

[43] H. Arendt, *Les origines du totalitarisme*, 2ème partie, *L'impérialisme*, traduction par P. Bouretz, Paris, Gallimard, 2002, spéc. p. 605.

# La crise de la Justice

par Bernard Bouloc,
professeur à l'Université de Paris I

Dès qu'il y a un événement qui sort de l'ordinaire ou du convenu, on a tendance à parler de crise. On parle aussi de la crise de l'adolescence, de la crise du logement, de la crise de l'emploi... Tout naturellement, on en vient à parler de crise de la Justice, notamment après la triste affaire d'Outreau.

Est-ce vraiment une manifestation de la crise que traverserait la Justice ? Ce n'est pas certain, car il y a de temps à autres des dysfonctionnements de la Justice. À certains moments, il est arrivé même que l'on ait condamné à tort. Tel était le cas dans l'affaire Dreyfus, dont on a fêté, il y a un an, le centenaire de la réhabilitation. On sait que des documents faux ont été imputés au capitaine Dreyfus qui de ce fait a été condamné. Il a fallu ensuite procéder par la voie de la révision pour aboutir à l'innocence. Et sans Émile Zola, il n'est pas certain que ce dénouement aurait pu intervenir.

Dans l'affaire d'Outreau, c'est la Justice elle-même qui, au terme de la procédure d'audience normale, au premier degré pour les uns et au deuxième degré pour d'autres, a reconnu l'innocence. Peut-on, alors, parler de crise ? Ce n'est pas sûr du tout.

En revanche, ce qui peut être constaté, c'est que dans cette affaire, il y a eu une légèreté de la Justice, pour au moins le maintien en détention avant tout jugement. Car, parfois la mise en détention initiale peut s'avérer nécessaire pour effectuer sereinement les premières recherches, sans craindre des perturbations. S'agissant d'affaires de mœurs, on peut redouter la subornation de témoins, ou l'établissement d'alibis sans fondement, et un contrôle judiciaire même établi strictement, avec interdiction de fréquenter certaines personnes ne sera pas efficace. N'est-il pas difficile d'empêcher certaines personnes de se rencontrer dans le milieu familial ? Et les personnes chargées du contrôle judiciaire ne sont pas derrière les personnes mises en examen, vingt-quatre heures sur vingt-quatre. Ce qu'il faut éviter en pareil cas, c'est d'utiliser le téléphone, car même sans écoute judiciaire, il est possible sur réquisition des différents opérateurs téléphoniques de savoir si tel numéro de téléphone a appelé tel autre numéro de téléphone.

Par ailleurs, il faut bien reconnaître que la juridiction d'instruction de deuxième degré, la chambre de l'instruction n'a pas joué son rôle de contrôle et de modérateur des ardeurs d'un jeune juge d'instruction, peut-être influencé par un procureur expérimenté. En outre, l'affaire d'Outreau a montré les limites de l'expertise, non pas tant de l'expertise technique que de l'expertise psychologique, si l'on demande à un technicien de dire si les propos tenus par telle personne sont ou non crédibles. À part celui qui peut sonder les cœurs et les pensées, et ce rétroactivement, personne humainement ne peut donner de certitude en ce domaine. Enfin, au moment de la clôture de la procédure d'instruction, pour apprécier l'existence de charges suffisantes, le ou les magistrats ont-ils vraiment cherché à écarter les préjugés, ont-ils douté et finalement décidé d'après leur intime conviction ?

Par cet exemple que tout le monde a encore en mémoire, on voit que la Justice n'est pas vraiment en cause et que ce sont les lois ou les magistrats que l'on peut critiquer. Les lois, parce que malgré de multiples réformes de nos codes, des doutes peuvent être émis sur leur valeur ou leur nécessité. N'ont-elles pas parfois été inspirées par un fait divers et votées sans étude d'impact ? À moins que ce ne soit un point de vue sectaire ou confiant dans des principes issus d'une autre culture qui a conduit à telle réglementation.

Que ce soit au nom du mondialisme, des droits de l'Homme ou de l'esprit britannique, les exemples ne sont guère pertinents. En effet, la Justice britannique n'est pas exempte de tous défauts, au regard de la Cour européenne des droits de l'Homme de Strasbourg. Et cette Europe, en vertu d'un principe d'égalité des armes, a mis à mal certaines de nos institutions, comme le rôle du parquet général de la Cour de cassation. Par ailleurs, avant de nous dire que nos délais de procédure sont déraisonnables, la Cour de Strasbourg devrait donner l'exemple plutôt que de nous donner des leçons.

Outre les textes, il faut aussi évoquer les femmes et les hommes qui rendent la Justice. Certains – et c'est le plus grand nombre – la rendent bien, mais d'autres exercent cette activité avec un bagage juridique un peu léger, ou qui s'est émoussé, ou bien, avec une volonté de sauvegarder quelques apparences.

Dans une affaire qui a donné lieu à un renvoi de quarante-deux femmes devant le tribunal correctionnel de Paris, un juge aurait antidaté une ordonnance de soit-communiqué. La nullité a été demandée à la chambre de l'instruction, qui ne l'a pas admise, car le procureur pouvait quand il le voulait examiner les pièces du dossier, de sorte que cette pièce n'avait pas à être annulée, car elle était inutile. Certaines personnes mises en examen ont engagé une action pour faux. Mais après une décision de la Cour d'appel de Reims et un arrêt de la Cour de cassation, la Cour d'appel de Nancy, le 18 novembre 2004 (*JCP* 2005 II. 10158 note Y. Mayaud ; G. Bolard, « De la responsabilité pénale du juge », *JCP* 2005 I. 190) a finalement fait application de l'art. 6-1 C.P.P., selon lequel, en cas d'infraction commise par un magistrat à l'occasion d'une procédure, la plainte n'est recevable que si préalablement l'acte critiqué a été annulé. Or, dans l'affaire en cause, la chambre de l'instruction de la Cour d'appel de Paris n'avait pas annulé l'acte, car à ses yeux il n'était pas nécessaire, et donc il était inexistant. On voit donc qu'il y a là un problème.

Dans l'affaire d'Outreau, le ministre de la Justice a décidé de soumettre leur cas au Conseil Supérieur de la magistrature, mais les réponses données ne sont pas connues.

Ces exemples montrent que la question de la responsabilité des magistrats fait débat. Certes, il ne faut pas qu'un juge soit exposé à la colère du justiciable qui a perdu son procès, mais une irresponsabilité de droit ou de fait n'est guère supportable en cas de manquement au respect de la loi ou aux devoirs d'un magistrat. On comprend, en tout cas, que l'on puisse parler de crise de la Justice.

Ceci étant posé, si l'on veut porter un remède à une crise, encore faut-il connaître les raisons du malaise. On ne peut, en effet, chercher à guérir que si l'on connaît la maladie, son régime et ses causes. *Felix qui potuit causam rerum cognoscere*, disait Ovide.

Il faut donc chercher à découvrir quelques causes, avant de proposer quelques solutions.

## I – SUR LES CAUSES DU MALAISE

Les causes de la crise sont certainement nombreuses. Sans prétendre les avoir toutes recensées, il me semble qu'elles peuvent provenir des lois, du recours incessant au juge et aux personnes.

### A) Les lois sont, aujourd'hui, nombreuses et même variables

Nombreuses, parce que les pouvoirs publics et même parfois les citoyens, veulent faire trancher par la loi ce qui pourrait donner lieu à un accord, à une transaction ou à l'une des missions traditionnelles de l'État. Ainsi, il y a de nombreuses lois concernant le consommateur et sa sécurité ; il y a le droit au logement, toute la réglementation des baux... Mais à force de légiférer, secteur par secteur, il peut survenir des télescopages. En pareil cas, quel texte doit l'emporter ? Le plus récent sur le plus ancien, ou le plus spécifique sur le texte le plus général ? Or le législateur reste discret, et les lois ne comportent pas toujours de dispositions transitoires. Il existe donc un certain flou du droit.

Afin de permettre aux juges de ne pas être trop perdus, le législateur quasi contemporain a institué la technique des avis de la Cour de cassation, valable en matière civile et plus récemment en matière pénale. Il s'agit là d'une solution boiteuse pour plusieurs raisons. La première tient à ce que la Cour de cassation est interrogée sur une question abstraite, alors que le juge a une situation bien concrète à trancher. De ce fait, les enjeux et les circonstances ne sont peut-être pas connus, et l'avis pourra être d'une application difficile. La deuxième raison est que le juge doit appliquer la loi et non pas la faire ou l'aménager. Cette dernière mission incombe au législateur lui-même ; ayant édicté le texte un peu obscur, il lui appartient de le rendre clair et facilement applicable par les citoyens et les juges. À une certaine époque, a été appliqué le référé législatif par lequel le législateur donnait le sens réel à un texte qu'il avait élaboré. Cette méthode est certainement la bonne. Mais, elle peut difficilement s'appliquer au XXI$^{e}$ siècle dans le cas de la France, avec 65 millions d'habitants et un Parlement au programme si chargé qu'il est obligé de déléguer au gouvernement le pouvoir de légiférer – par voie d'ordonnances.

Il convient d'ailleurs d'observer qu'en plus des lois et ayant une valeur supérieure à nos textes, se trouvent les normes communautaires, comme les directives, les décisions-cadre et tous autres traités internationaux d'application directe. Certaines de ces normes contraignent à modifier le droit interne, d'autres donnent lieu à des transpositions difficilement compréhensibles. Bref, les plaideurs, les citoyens et les juges sont un peu perdus au milieu de toutes ces normes. Parfois, d'ailleurs, il arrive que ces normes soient secrétées par des autorités administratives autonomes, comme l'autorité des marchés financiers dont le règlement est impressionnant, ou le haut conseil du commissariat aux comptes (H3C).

En outre, en dehors de ces normes foisonnantes, rassemblées dans de multiples codes atteints d'obésité, apparaissent des problèmes nouveaux posés par l'évolution de la société, comme le mariage de deux homosexuels, les mères porteuses, le préjudice subi par un enfant du fait de sa naissance, alors qu'il aurait pu ne pas naître... Les juges saisis de telles questions et dans l'insuffisance des lois, tranchent parfois en essayant de s'entourer d'avis donnés par des tiers, membres de comités d'éthique ou d'organisations savantes, l'avis de l'*amicus curiae* !

## B) Le recours fréquent au juge

Une autre cause de la crise ou du malaise tient au recours fréquent au juge imposé par la loi. Celle-ci crée parfois des situations conflictuelles de sorte que le seul moyen de trouver une issue résulte d'une intervention judiciaire. Dans le droit de la famille, on dit parfois que l'on se trouve dans un ménage à trois : le mari, la femme et le juge. Sans doute a-t-on cherché à simplifier certaines situations comme le divorce par consentement mutuel. Mais tout n'est pas simple quand même. Et quand il y a intervention du juge, celui-ci est souvent un juge unique ; or le juge n'est jamais totalement neutre, il peut avantager la femme s'il est une femme ou le mari s'il est un homme. Peut-être faudrait-il restaurer la parité, mais il n'est pas sûr qu'une décision puisse intervenir.

Dans le secteur de la responsabilité civile, la loi Badinter du 5 juillet 1985 sur les accidents d'automobile, redoutée par les avocats craignant de voir disparaître une bonne partie du contentieux, finalement a développé un contentieux sur la notion de véhicule terrestre à moteur. Bref, au lieu de simplifier le droit, la loi rend nécessaire le recours au juge.

Dans la vie des affaires, on s'efforce parfois de contourner la législation en s'adressant au juge et en lui demandant d'évincer la norme interne en raison d'un principe supérieur, comme la libre prestation de services ou l'interdiction des monopoles. Ainsi, en matière de jeux d'argent, des entreprises ont tenté d'écarter le monopole de la Française des Jeux en allant devant la Cour de Justice des communautés européennes. Mais la Française des Jeux riposte en se prévalant des dispositions sanctionnant certaines pratiques de jeux. Les juges internes vont se trouver en présence de difficultés pour lesquelles ils n'ont pas été préparés. Ils vont réfléchir, prendre leur temps et finalement trancher par une décision qui ne satisfera pas l'un des plaideurs, lequel va exercer toutes les voies de recours possibles. Finalement, ces contentieux délicats vont encombrer les juridictions, lesquelles ne répondront pas dans un délai raisonnable. Du fait de l'attente trop longue, le justiciable dira que la Justice fonctionne mal.

### C) La troisième cause de la crise peut être trouvée dans les acteurs : juges et auxiliaires de justice.

Une difficulté se présente et la personne va trouver un avocat, en ayant eu soin de le sélectionner soit par une relation, soit par la réputation, soit par le ouï-dire. Du fait de la sélection, il apparaîtra comme le spécialiste, capable de dénouer la situation inextricable du plaideur. Ce spécialiste suggérera une assignation en référé, ou une action à bref délai. Le citoyen moyen ne comprendra pas toujours ce qui lui sera expliqué, ce d'autant que le spécialiste ne pourra pas fournir une date précise à laquelle le jugement sera rendu. Le citoyen sera un peu perdu et décontenancé, ce d'autant qu'il lui faudra trouver des indices ou des éléments de preuve que l'avocat mettra en œuvre.

En outre, le langage juridique lui paraîtra étrange, car pour lui une commission rogatoire consistera dans la réunion d'un groupe de personnes. Bref, le langage de la justice apparaîtra incompréhensible. Des efforts ont été accomplis, il y a quelques années pour éliminer le latin. Mais l'on pourrait donner une éducation au droit, par exemple juste avant le passage dans le cycle secondaire (sur le chèque, le droit de la consommation, par exemple). Car, il est clair que l'on ne peut réduire le langage juridique au parler du rappeur ou de l'adepte du verlan. Le droit est une science et également un art. Il doit donc conserver un vocabulaire propre.

Il est vrai que du fait des médias, journaux et émissions de télévision diffusent des débats de sociétés. Mais, si certains journalistes ont complété leur formation par des éléments de droit, ou sollicitent des professeurs réputés, d'autres diffusent leur savoir approximatif.

Ce sont aussi les magistrats qui restent dans un certain immobilisme. Sans doute, a-t-on obligé les plaideurs ou leurs représentants à formuler des conclusions récapitulatives. Mais au lieu de simplifier le travail, on constate un certain alourdissement. Par ailleurs, les juges répondent à ces arguments, mais leur style est un peu compliqué, encore que devant de nombreuses juridictions, le style direct est mis en œuvre. Il demeure que souvent la motivation demeure légère, et il arrive même, notamment devant la Cour de cassation, que certaines questions soient occultées, les juges du fond ayant répondu pertinemment à l'argumentation soulevée.

Le droit ne cessant de changer (droit de la famille, successions, sûretés, en attendant la réforme du droit des obligations...), les juges ont du mal à suivre les évolutions. Sans doute, ils sont tenus à une formation complémentaire après leur sortie de l'école, mais il n'y a pas des sessions de formation selon les types d'activité qui leur sont confiées, et lors de ces sessions, il n'y a pas de contrôle des connaissances.

De plus, pour pallier la pénurie face au nombre croissant des affaires, nombre de procédures sont confiées à des juges uniques. Certes, pour les référés, ce sont les présidents ou les vice-présidents qui statuent, et il y a de remarquables présidents. Mais, de nombreuses affaires sont rendues, tant en matière civile qu'en matière pénale, par des juges uniques. Le législateur a même confié certaines tâches, autrefois tranchées par le juge d'instance, à des greffiers en chef (cas des certificats de nationalité). En matière pénale, il y a les adjoints et les assistants spécialisés, par exemple auprès des pôles financiers. La loi, certes, ne leur permet pas de prendre des décisions, mais les orientations qu'ils auront données au dossier ne pourront pas être remises en cause. Il y a là des risques de difficultés.

Et puis l'on pourrait se demander si les deux fonctions de juge et de procureur ne devraient pas être distinguées, car aujourd'hui un ancien juge d'instruction peut être procureur, et un ancien procureur peut être conseiller à la chambre criminelle de la Cour de cassation, voire la présider. Poursuivre, c'est avec l'ordre de la police, rassembler des preuves, ou utiliser les preuves légalement obtenues tandis que juger, c'est apprécier ces preuves et décider s'il y a ou non culpabilité, puis mesurer la sanction d'après la gravité de l'acte et la personnalité de l'agent. Bref, il faut avoir du jugement et ne pas hésiter à se mettre en doute. À certaines fonctions, on ne devrait pas trouver des personnes ayant exercé très longtemps une autre fonction.

L'accumulation de ces différentes causes aboutit à cette crise de la Justice. Est-ce à dire que tout soit à changer et qu'il faut procéder à une révolution ? Peut-être pas, car on peut procéder par voie d'évolution, ainsi qu'on va le faire en recherchant les solutions.

## II – SUR LES SOLUTIONS

Certaines solutions ont déjà été mises en place récemment. D'autres viennent d'être décidées et n'ont pu développer leurs résultats.

### A) Les solutions déjà mises en place

Les solutions mises en place au cours de ces dernières années ont consisté dans la création d'une nouvelle juridiction et dans le développement des alternatives aux solutions judiciaires.

La nouvelle juridiction est le juge de proximité institué par une loi du 9 septembre 2002, et dont les missions et les pouvoirs ont été étendus par la loi du 26 janvier 2005.

Ces nouveaux juges sont parfois d'anciens magistrats, d'anciens professeurs ou même des maîtres de conférences en activité. Ces juges ressemblent un peu à l'ancien juge de paix d'avant 1958, paternel et conciliateur comme l'indiquait Henry Solus.

En matière pénale, ils connaissent des contraventions des quatre premières classes, et ils peuvent valider des mesures de composition pénale proposées par le procureur de la République, s'ils ont reçu une délégation du président du tribunal de grande instance. Ils ont aussi de nombreuses attributions en matière civile.

Ce sont aussi les alternatives aux mesures judiciaires qui se développent. Depuis la loi du 23 juin 1999, le procureur dispose de pouvoirs propres comme le rappel de la loi, la demande de réparer le dommage, l'ouverture d'une procédure de médiation entre le délinquant et la victime, ou encore l'éloignement du conjoint violent de sa conjointe ou de sa compagne.

Le procureur dispose aussi de la composition pénale depuis la loi du 23 juin 1999. La mesure principale est une amende proposée par le procureur et validée par le président du tribunal. Il peut s'agir aussi de l'abandon d'un bien, de l'immobilisation d'un véhicule, de l'obligation de suivre un stage de formation professionnelle ou de ne pas paraître en certains lieux ou de ne pas recevoir les victimes pendant six mois, sans préjudice de l'obligation de réparer le dommage.

Depuis la loi du 9 mars 2004, existe aussi le « plaider coupable », c'est-à-dire une peine négociée dans la limite du maximum de l'amende et d'un emprisonnement ne pouvant excéder un an. On dit parfois qu'il s'agit de la justice négociée. Ce serait plutôt de la justice imposée, encore que l'on peut toujours préférer aller devant la formation de jugement classique.

Sont aussi apparues des voies de transaction, notamment dans la matière de certaines infractions économiques, ou des discriminations, en plus des voies classiques de la douane, des eaux et forêts et de certaines infractions fiscales.

Ces procédures ont l'avantage de désencombrer les juridictions, mais aussi de supprimer le stress avant l'audience et d'éviter l'usage des voies de recours. Elles sont utiles et heureuses puisqu'elles bénéficient à la collectivité comme aux citoyens.

Ces solutions n'empêchent pas les victimes d'obtenir réparation, car en cas de composition pénale ou de comparution sur reconnaissance préalable de culpabilité, un accès au juge pénal est prévu uniquement sur l'action civile.

En matière civile, se développent les mesures dites MARC, c'est-à-dire la conciliation et la médiation notamment qui permettent de trouver des solutions à des conflits, sans engagement d'une procédure lourde et lente. Dans le domaine commercial, on rappellera qu'existent les procédures d'arbitrage, absolument indispensables pour limiter les arcanes du droit international privé.

## B) Et puis, il y a les mesures nouvelles

En matière pénale, ce sont les juridictions spécialisées pour l'instruction et le jugement des affaires de santé ou de pollutions maritimes. Pour la criminalité financière, ont été instituées des juridictions d'instruction régionales spécialisées (J.I.R.S) comprenant des magistrats, aidés de policiers mais aussi de douaniers et d'agents du fisc notamment.

En matière civile, des juridictions spécialisées existent. Depuis longtemps, il y a les conseils de prud'hommes, les tribunaux de commerce, notamment. Récemment, ont été mises en place des juridictions spécialisées pour le contentieux français et communautaire de la concurrence, la propriété industrielle et les difficultés des entreprises.

La spécialisation permet d'absorber un contentieux de même nature et surtout de le résoudre de manière cohérente, en évitant l'éparpillement dans toutes les juridictions de l'hexagone. La réforme de la carte judiciaire permettra aussi un regroupement des moyens.

La loi récente du 5 mars 2007, intervenue après le scandale d'Outreau, développe ces idées en instituant des pôles d'instruction qui vont être mis en place prochainement. Elle envisage la cosaisine pour la matière criminelle, en attendant peut-être l'instruction collégiale le 1er janvier 2010.

De nouveaux droits ont été conférés aux parties, en particulier dans le domaine de l'expertise et lors de la clôture de l'instruction. La détention provisoire est une nouvelle fois réformée en vue de la limiter (publicité du débat devant le juge des libertés, notamment...).

Tout cela est intéressant et utile, mais les résultats n'apparaîtront que dans quelques années.

En définitive, des solutions ont déjà été mises en route pour résoudre la crise. Peut-être pourrait-on augmenter les moyens en personnels (juges et greffiers), car semble-t-il le taux de juges par rapport aux plaideurs serait inférieur à celui constaté dans des pays voisins.

Il faudrait peut-être aussi revoir le recrutement et la formation continue des magistrats. D'autres questions pourraient aussi apparaître. Se rappeler toujours qu'avant de changer, il faut faire le point sur le passé, réfléchir et mesurer les effets attendus de la réforme. Car, il est arrivé que certaines réformes aient créé certains problèmes, au lieu de résoudre des difficultés.

# CPE-CNE : les droits des travailleurs bafoués ?

par Michel Bruno,
doyen de la Faculté des Affaires Internationales de l'Université du Havre

Louis Blanc, l'un de nos grands révolutionnaires de 1848, attachait une grande importance au droit au travail. C'est la raison pour laquelle il avait créé les Ateliers nationaux, afin de mettre fin au chômage. Il est considéré comme étant d'ailleurs le précurseur des nationalisations d'entreprises du siècle suivant (on connaît l'échec des ateliers nationaux mais aussi de beaucoup de nationalisations). Louis Blanc pensait que le droit au travail conditionnait l'existence de tous les autres droits ou libertés. « Le droit pour chacun d'obtenir un emploi » se trouve d'ailleurs consacré dans le préambule de la Constitution de 1946 (cinquième alinéa) et à ce titre figure dans le « bloc de constitutionnalité ». Vouloir faciliter l'accès aux emplois, vouloir faciliter les embauches pour les employeurs et pour les demandeurs d'emploi semble partir de bons sentiments. Mais à vouloir faire baisser le chômage à tout prix, on peut mettre en cause le fragile équilibre recherché entre l'employeur et l'employé. C'est l'un des points importants soulevés par les textes instituant le contrat nouvelles embauches (CNE) et le contrat première embauche (CPE). Il est nécessaire de rappeler une partie du contenu de ces deux textes. Le contrat nouvelles embauches a été créé par l'ordonnance n°2005-893 du 2 août 2005, et le contrat première embauche a été institué par l'article 8 de la loi du 31 mars 2006 pour l'égalité des chances (article 8 abrogé par la loi du 21 avril 2006). Ces textes prévoient pour le CNE (applicable aux entreprises d'au plus 20 salariés) et pour le CPE (applicable à toutes les entreprises de plus de 20 salariés, pour les moins de 26 ans) une « période de consolidation » de deux ans qui peut prendre fin à tout moment sans indication de motif à l'initiative aussi bien de l'employeur que de l'employé.

L'employeur doit respecter un préavis après le premier mois d'embauche qui varie de deux semaines, si le contrat est rompu avant le sixième mois, à un mois si le contrat est rompu après le sixième mois mais avant la fin de la période de consolidation de deux ans.

L'employeur doit verser au salarié une indemnité égale à 8 % du montant total de la rémunération brute due au salarié depuis la conclusion du contrat. Il doit verser aussi une contribution de 2 % de ce montant à l'ASSEDIC. Si le salarié prend l'initiative de la rupture du contrat, il n'a pas de préavis à respecter et perd le bénéfice d'allocations chômage.

La principale différence entre les deux types de contrat concerne les salariés visés. En effet, le CPE s'adressait aux moins de 26 ans, en principe non qualifiés. La question s'est posée de savoir si ces textes portaient atteintes à la Constitution ainsi qu'aux normes internationales applicables. Tout spécialement, ces textes se heurtent à la Convention n°158 de l'O.I.T. (Organisation internationale du travail), à l'article 24 de la Charte sociale européenne ainsi qu'à la directive communautaire du 27 novembre 2000 portant création d'un cadre général en faveur de l'égalité de traitement en matière d'emploi et de travail. Les droits des travailleurs sont-ils donc bafoués par les contrats nouvelles embauches et première embauche au regard de ces différentes dispositions qui exigent d'une part que soit respectée « l'obligation de justifier d'un motif de licenciement », et d'autre part que soit respecté « le principe de non discrimination en fonction de l'âge » ? Cette question, comme bien souvent en droit, engendre d'autres questions (on pense notamment aux questions relatives au contrôle de conventionnalité et à la nature juridique d'une ordonnance) et, comme quelquefois, amène, selon le juge saisi, des réponses différentes. C'est tout particulièrement le cas ici. De plus, elle est le révélateur de nombreux problèmes juridiques.

Nous allons donc examiner les deux thèses en présence, d'une part la thèse selon laquelle les droits des travailleurs seraient respectés, et d'autre part la thèse selon laquelle ces droits ne seraient pas respectés.

## I – LE RESPECT DES DROITS DES TRAVAILLEURS PAR LES TEXTES INSTITUANT LE CNE ET LE CPE

Il s'agit ici d'évoquer les positions adoptées par le Conseil d'Etat et par le Conseil constitutionnel.

### A) La posture « habile » du Conseil d'État avec l'arrêt du 19 octobre 2005

La C.G.T. dès le 4 août 2005 a saisi le Conseil d'État d'un recours en annulation de l'ordonnance du 2 août 2005 créant le CNE. Elle a été suivie dans sa démarche le 26 août 2005 par la C.F.T.C., la C.F.D.T. et la CFE-CGC puis par F.O. le 31 août 2005. Les syndicats s'appuyaient notamment sur trois moyens pour contester la légalité de l'ordonnance :
- La possibilité de licencier sans en indiquer le motif viole la Convention numéro 158 de l'O.I.T. (article 2) et la Charte sociale européenne qui exigent que le licenciement soit motivé (article 24).
- L'exercice des droits de la défense n'est pas respecté au cours du licenciement puisque l'entretien préalable au licenciement disparaît pour une

période de deux ans et le salarié ne peut donc plus donner sa version des faits qui lui sont reprochés. Ce qui est contraire aux principes fondamentaux reconnus par la déclaration universelle des droits de l'homme.
- La méconnaissance de la directive communautaire du 27 novembre 2000 qui interdit les discriminations.

Le Conseil d'État a validé l'ordonnance instituant le CNE en expliquant que la période de consolidation de l'emploi de deux ans n'est pas une période d'essai mais une « période de constitution de l'ancienneté requise pour pouvoir bénéficier des règles édictées par l'O.I.T. ». Ces règles ne sont donc applicables selon le Conseil d'État qu'au-delà des deux ans de consolidation de l'emploi. De plus il a qualifié la période de deux ans de « raisonnable » au sens du b) du paragraphe 2 de l'article 2 de la Convention numéro 158 de l'O.I.T. qui permet de déroger à l'obligation de motiver. Il a écarté l'application de la directive communautaire et n'a pas voulu renvoyer devant le juge communautaire la question de son interprétation. Cette attitude de défense du texte gouvernemental aurait pu paraître méprisante à l'égard des travailleurs si le Conseil d'État n'avait pas précisé deux éléments importants relevés par le commissaire du gouvernement qui proposait d'ailleurs la saisine de la CJCE par voie préjudicielle. Le premier élément tiré des objectifs du gouvernement, c'est-à-dire la réduction du chômage qu'allait engendrer le CNE, correspond à un objectif constitutionnel : le droit au travail. Le deuxième élément beaucoup plus intéressant évoqué par le Conseil d'État, c'est la possibilité pour les salariés de contester la rupture du CNE devant les conseils des prud'hommes. Le commissaire du gouvernement ayant expliqué que « l'absence d'indication des motifs lors du licenciement » ne signifie pas que « le licenciement n'a pas de motif, ni que le juge saisi d'une contestation de cette rupture ne doit pas le déterminer et le contrôler ».

Ainsi le Conseil d'État permettait de contester la rupture du CNE pendant la période de consolidation de deux ans et de vérifier s'il n'y avait pas abus de droit ou méconnaissance des dispositions relatives à la procédure disciplinaire, ou discrimination, ou encore atteinte aux dispositions protégeant les femmes enceintes, les accidentés du travail, les salariés victimes de maladies professionnelles, les salariés titulaires d'un mandat syndical ou représentatif. Ainsi, quoiqu'il en soit, le Conseil d'État trouvait une parade afin d'écarter l'application du droit international et montrait ainsi les limites de son contrôle de conventionnalité, dictées par sa volonté de protéger le gouvernement et de gagner du temps. Il faut toutefois ajouter que suite à cet arrêt du 19 octobre 2005 validant l'ordonnance instituant le CNE, les conseils des prud'hommes ont sanctionné tous les abus de droit, ce qui a amené la CGPME à demander à ses adhérents de motiver toutes les ruptures de CNE et finalement donc l'application pour partie des normes internationales.

Évoquons maintenant l'attitude du Conseil constitutionnel.

## B) Le contrôle habituel du Conseil Constitutionnel avec sa décision du 30 mars 2006

Deux décisions sont intervenues, une le 22 juillet 2005 qui concernait indirectement le CNE et celle du 30 mars 2006 sur le CPE. La décision du 22 juillet 2005 était consacrée à la conformité à la Constitution de la loi d'habilitation qui a amené la création du CNE (loi habilitant le gouvernement à prendre par ordonnance des mesures d'urgence pour l'emploi). Toutefois, c'est la décision du 30 mars 2006 qui nous intéresse tout particulièrement ici. Le Conseil constitutionnel a en effet été saisi le 14 mars 2006 par 60 députés et 60 sénateurs afin de vérifier la conformité de la loi pour l'égalité des chances à la Constitution, et en particulier l'article 8 qui instaure le CPE. Le Conseil constitutionnel dans sa décision du 30 mars 2006 a déclaré cet article conforme à la Constitution. Cependant, il a déclaré les articles 21 et 22 non conformes à la Constitution.

Examinons tout d'abord les arguments invoqués par les requérants.

1°) Des arguments rejetés

Concernant le CPE, le recours portait sur la procédure suivie pour l'adoption de l'article, sur le fait qu'il serait entaché d'incompétence négative et méconnaîtrait les exigences de clarté et d'intelligibilité de la loi, qu'il violerait le principe d'égalité devant la loi, le droit à l'emploi, l'article 4 de la Déclaration des droits de l'homme et du citoyen de 1789, les droits de la défense, les droits au recours ; qu'il serait incompatible avec la Convention internationale du travail numéro 158, avec la Charte sociale européenne et la directive européenne du 27 novembre 2000 portant création d'un cadre général en faveur de l'égalité de traitement en matière d'emploi et de travail.
En ce qui concerne la procédure, le Conseil constitutionnel indique que celle-ci a été respectée et que le gouvernement pouvait à juste titre introduire l'article 8 par voie d'amendement au cours de la procédure, puisque certaines dispositions de la loi concernaient déjà l'accès à l'emploi des jeunes. De plus, l'obligation de consulter le Conseil d'État et la délibération en Conseil des ministres ne concernent que les projets de loi avant leur dépôt devant l'Assemblée saisie et non les amendements.

Le fait également de suivre plusieurs procédures prévues par la Constitution afin d'accélérer l'examen de la loi n'est pas de nature à rendre inconstitutionnelle la procédure ayant conduit à l'adoption du texte. De même, l'utilisation combinée des diverses possibilités offertes par le règlement du Sénat afin de limiter les amendements est conforme à la Constitution dans la mesure où ceux qui ont été écartés sans justification appropriée n'avaient pas un contenu de nature à entacher de nullité la procédure législative.

Concernant les griefs tirés de l'incompétence négative et de la violation des exigences de clarté et d'intelligibilité de la loi, le Conseil constitutionnel indique que le législateur « a défini de manière suffisamment précise le régime juridique des deux premières années du contrat première embauche et n'a pas méconnu l'étendue de sa compétence ». Le Conseil constitutionnel indique « que l'éventuelle incompatibilité de l'article 8 avec les engagements internationaux et les obligations communautaires de la France n'est pas, en tout état de cause, de nature à entacher la clarté ou l'intelligibilité de la loi ». De plus, il ajoute « qu'en cas de licenciement pour motif disciplinaire, l'employeur a l'obligation de mettre en œuvre » les dispositions du code du travail, « qu'il ne pourrait s'y soustraire que par une violation de la loi qu'il appartiendrait au juge de sanctionner, que l'éventualité d'un détournement de la loi lors de son application n'entache pas celle-ci d'inconstitutionnalité ».

Concernant le grief tiré de la violation du principe d'égalité devant la loi, compte tenu du fait que deux jeunes de moins de 26 ans, l'un en CPE l'autre en contrat à durée indéterminée, seraient traités de façon différente en cas de licenciement, le Conseil constitutionnel relève que « les différences de traitement qui en résultent sont en rapport direct avec la finalité d'intérêt général poursuivie par le législateur et ne sont dès lors pas contraires à la Constitution ».

Concernant l'atteinte au droit à l'emploi, les requérants indiquent que la motivation du licenciement et le caractère contradictoire de la procédure constituent des garanties du droit à l'emploi ignorées par le texte, mais le Conseil constitutionnel répond en précisant notamment que l'article 8 tend à mettre en œuvre « le droit pour chacun d'obtenir un emploi » conformément au cinquième alinéa du Préambule de la Constitution de 1946, que la faculté donnée à l'employeur de ne pas expliciter les motifs de la rupture du CPE au cours des deux premières années de celui-ci ne méconnaît pas l'exigence résultant du cinquième alinéa du Préambule de la Constitution de 1946, et qu'il ne lui appartient pas de rechercher si l'objectif que s'est assigné le législateur pouvait être atteint par d'autres voies dès lors que les modalités retenues par la loi déférée ne sont pas manifestement inappropriées à la finalité poursuivie.

S'agissant de la possible violation de l'article 4 de la Déclaration des droits de l'homme et du citoyen de 1789, des droits de la défense et du droit au recours, les requérants font remarquer que les exigences découlant de cet article, relatives à la nécessité d'assurer pour certains contrats la protection de l'une des parties, ne seraient pas respectées par le CPE qui porterait ainsi atteinte à la dignité des jeunes en n'obligeant pas l'employeur à indiquer les motifs de la rupture du contrat. Ils ajoutent que l'article 16 de la Déclaration demande le respect d'une procédure contradictoire dans les cas de licenciement prononcé et donc le respect des droits de la défense et du droit au recours. Le Conseil constitutionnel rétorque que le principe de la liberté contractuelle résultant de l'article 4 de la Déclaration n'empêche pas de mettre fin au CPE sans que les motifs de la rupture du contrat soient indiqués au salarié, et que l'article 16 de la Déclaration impose le respect d'une procédure contradictoire dans les cas de licenciement prononcé pour motif disciplinaire et non dans les autres cas de licenciement.

De plus, le Conseil constitutionnel indique que le droit au recours est prévu par l'article 8, donc que toute rupture d'un CPE pourra être contestée devant le juge et qu'il appartiendra à l'employeur, en cas de recours, d'indiquer les motifs de cette rupture afin de permettre au juge de vérifier qu'ils sont licites et de sanctionner un éventuel abus de droit. Il appartiendra notamment au juge de vérifier que le motif de la rupture n'est pas discriminatoire et qu'il ne porte pas atteinte à la protection prévue par le Code du travail pour les femmes enceintes, les accidentés du travail et les salariés protégés.
Enfin, à propos des griefs tirés de la violation de la Charte sociale européenne, de la Convention internationale du Travail n° 158 et de la directive du 27 novembre 2000, le Conseil constitutionnel, après avoir rappelé l'article 55 de la Constitution, a aussitôt décliné sa compétence : « Il n'appartient pas au Conseil constitutionnel, lorsqu'il est saisi en application de l'article 61 de la Constitution, d'examiner la conformité d'une loi aux stipulations d'un traité ou d'un accord international ». « Ainsi les griefs tirés de la violation de la Convention numéro 158 de l'Organisation internationale du Travail et de la Charte sociale européenne ne peuvent qu'être écartés. » S'agissant de la directive du 27 novembre 2000, le Conseil constitutionnel indique (après avoir rappelé l'article 88-1 de la Constitution) que si la transposition en droit interne d'une directive communautaire résulte d'une exigence constitutionnelle, il n'appartient pas au Conseil constitutionnel d'examiner la compatibilité d'une loi avec les dispositions d'une directive communautaire qu'elle n'a pas pour objet de transposer.

Cette démonstration du Conseil constitutionnel amène plusieurs remarques.

2°) Des problèmes juridiques persistants

a) En effet quelques remarques s'imposent. La France ne protège pas suffisamment ses travailleurs. La Constitution française est beaucoup moins protectrice de ses travailleurs qu'elle ne l'est dans d'autres domaines. Le Conseil constitutionnel depuis sa décision I.V.G. du 15 janvier 1975 refuse de confronter les lois aux accords internationaux ratifiés par la France. Ce qui implique que le respect du principe de sécurité juridique n'est pas assuré complètement. En effet, si les traités sont conformes à la Constitution et si les lois sont conformes à la Constitution, les lois ne sont malheureusement pas toujours conformes aux traités internationaux, alors qu'elles doivent implicitement et donc en principe les respecter en vertu de l'article 55. La question de la non réception automatique du droit international en droit interne français se pose alors. Les traités doivent respecter la Constitution pour être appliqués sinon il faut réviser la Constitution. Mais les traités ne sont pas soumis obligatoirement au contrôle de constitutionnalité. Comme il n'y a pas de saisine automatique, certains traités peuvent donc être appliqués sans contrôle et en étant contraire à la Constitution française. De plus les traités signés avant 1958 peuvent aussi se révéler contraires à la Constitution de 1958, on pense bien sûr aux traités communautaires mais qui depuis ont reçu en principe une reconnaissance constitutionnelle de par leur introduction dans la Constitution française, sans rentrer toutefois dans le bloc de constitutionnalité. Cette dualité constitutionnelle, ou cette Constitution duale comme la dénommait le doyen Louis Favoreu, devient de plus en plus étonnante au regard du développement important du droit communautaire. En particulier si l'on s'intéresse aux rapports futurs entre la Constitution française et une possible Constitution européenne. La Constitution française a besoin d'un bon toilettage, compte tenu de son âge, des rides importantes apparaissent tout spécialement sur le plan international. Un sérieux « lifting » s'impose. En effet, depuis 1958, le droit international s'est considérablement développé, il est temps d'en prendre acte dans notre Constitution. L'insécurité juridique a grandi en France avec le développement du droit international puisque nos tribunaux sont confrontés à de plus en plus de normes internationales que nos lois ne respectent pas forcément et ils se trouvent dans l'obligation d'appliquer l'article 55 de la Constitution. Que de temps perdu, d'énergie gaspillée sans compter toutes les dépenses induites ! Alors beaucoup de bruit pour rien comme l'indique le professeur Guillaume Drago ou bien y a-t-il matière à sanctionner le CNE et y avait-il matière à sanctionner le CPE ? Cette première remarque en induit une deuxième.

b) La France signe et ratifie des accords internationaux et ne se donne pas les moyens de les faire respecter d'emblée par les lois. Les droits des travailleurs ne sont donc pas protégés directement par la Constitution française alors que bien d'autres droits le sont. Il faut donc soit la compléter en s'inspirant du droit international soit intégrer les conventions de l'O.I.T. dans le bloc de constitutionnalité par une révision constitutionnelle. Mais encore – et pourquoi pas ? – il serait aussi possible que le Conseil constitutionnel puisse renvoyer au moins devant la CJCE par voie préjudicielle ce type de question, ce qui d'ailleurs, et paradoxalement, lui est permis par le Traité CEE et non par la Constitution française.

c) Le raisonnement du Conseil constitutionnel le conduit à élaborer un équivalent de la loi-écran pratiquée très longtemps par le Conseil d'État s'agissant de l'application du droit communautaire. Le Conseil constitutionnel en expliquant qu'il ne peut pas confronter une loi à une directive communautaire, sauf s'il s'agit de vérifier la conformité d'une loi transposant une directive à cette directive, nous explique tout simplement que le lendemain de l'adoption d'une loi transposant une directive, le Parlement peut donc décider d'adopter une loi modifiant ou abrogeant la loi précédente sans que le Conseil constitutionnel ne puisse intervenir alors que la veille il pouvait censurer le Parlement. Si dans le cadre des autres engagements internationaux de la France, l'absence de contrôle de conventionnalité des lois par le Conseil constitutionnel est déjà surprenante, cette absence est devenue incompréhensible concernant les traités communautaires et en particulier depuis l'introduction du titre consacré à l'Union européenne et aux Communautés européennes et plus encore depuis sa jurisprudence de 2004 qui introduit un contrôle des lois transposant des directives aux directives transposées. Il paraît évident aujourd'hui que les lois françaises ne devraient plus échapper au contrôle de leur conformité aux directives et règlements communautaires par le Conseil constitutionnel, directement ou aidé par la CJCE. Ce qui finalement éviterait sans doute beaucoup de recours devant les tribunaux de droit commun concernant le respect des règles communautaires.

## II - LE NON-RESPECT DES DROITS DES TRAVAILLEURS PAR LES TEXTES INSTITUANT LE CNE ET LE CPE

Il s'agit d'évoquer tour à tour la position adoptée par la CJCE concernant une affaire similaire, puis celle de la Cour de cassation, et enfin la position adoptée par le conseil des prud'hommes de Longjumeau qui a engendré un conflit de compétence.

### A) La position de la Cour de justice des Communautés européennes

Dans l'arrêt du 22 novembre 2005 affaire C 144/04 Werner Mangold/Rüdiger Helm, la CJCE proclame que le principe de non discrimination en fonction de l'âge est un principe général du droit communautaire.

Elle indique que la directive du 27 novembre 2000 portant création d'un cadre général en faveur de l'égalité de traitement en matière d'emploi et de travail vise à établir un cadre général pour lutter en matière de travail et d'emploi contre certaines formes de discrimination, dont notamment celle fondée sur l'âge. La directive prévoit toutefois une marge de manœuvre pour les États membres en acceptant une différence de traitement fondée sur l'âge si elle est objectivement et raisonnablement justifiée par un objectif légitime de politique de l'emploi et du marché du travail. Elle précise que les moyens pour atteindre cet objectif doivent être appropriés et nécessaires. Dans cette affaire, le tribunal du travail de Münich a demandé à la Cour si la loi allemande sur le travail à temps partiel et les contrats à durée déterminée étaient conformes au droit communautaire. En effet cette loi permet, sans restriction, la conclusion de contrats de travail à durée déterminée lorsque le travailleur a atteint l'âge de 52 ans. La Cour a reconnu qu'il s'agissait d'un texte destiné à favoriser l'insertion professionnelle des travailleurs âgés au chômage et que cet objectif justifiait objectivement et raisonnablement une différence de traitement fondée sur l'âge. Toutefois, cette disposition, conclut la Cour, va au-delà de ce qui est approprié et nécessaire pour atteindre l'objectif légitime poursuivi.

La période de deux ans de consolidation de l'emploi prévue par le CPE aurait vraisemblablement été sanctionnée par la CJCE puisqu'elle ne concernait que les travailleurs de moins de 26 ans. Pour le CNE il en va différemment puisqu'il n'y a pas de discrimination en fonction de l'âge mais une discrimination entre le travailleur en CNE et le travailleur en CDI. Mais la directive pourrait aussi s'appliquer ici et la CJCE pourrait ainsi s'appuyer sur cette discrimination pour éventuellement sanctionner le CNE.

### B) La position de la Cour de cassation

Dans sa jurisprudence, la Cour de cassation précise que dans le cadre d'un CDI standard, les périodes d'essais de plus de quelques jours pour les ouvriers, de plus de deux mois pour les techniciens, de plus d'un mois pour les employés, de plus de trois mois pour les cadres ou de plus de six mois pour les cadres supérieurs sont abusives et contraires aux conventions internationales. Si le CPE et le CNE sont donc considérés comme étant des CDI, la jurisprudence de la Cour s'applique ! Dans un arrêt du 29 mars 2006 relatif à l'application de l'article 11 de la Convention numéro 158 de l'O.I.T., elle indique que cette Convention est directement applicable. En l'occurrence, elle a appliqué la dérogation prévue par le b) du paragraphe 2 de l'article 2 de la Convention. Elle juge, en effet, que le droit à un préavis au licenciement est exclu si un salarié n'a pas six mois d'ancienneté.

La Cour de cassation admettrait une marge de manœuvre qui pourrait aller jusqu'à peut-être un an mais non deux ans pour la période de consolidation de l'emploi, si elle retenait pour le CNE la possibilité d'une dérogation offerte par l'article 2 de la Convention[1].

## C) La position du conseil des prud'hommes de Longjumeau et le conflit de compétence engendré

Le 20 février 2006, le conseil des prud'hommes de Longjumeau a montré le détournement d'utilisation du CNE et a sanctionné un dirigeant de P.M.E. à 17 500 euros de dommages et intérêts pour « rupture abusive de période d'essai » et « rupture de période de consolidation ». Ici, il y avait abus de droit que trois juges sanctionnent deux jours après l'entrée en vigueur du CNE. Un salarié est licencié puis ré-embauché par une autre P.M.E. succursale de la première pour travailler sur le même poste dans le cadre d'un CNE. Ensuite le 30 août, son employeur rompt le contrat sans en indiquer le motif. La C.G.T. a aussitôt réagi en notant que le CNE est porteur de telles dérives et favorise tous les comportements patronaux arbitraires.
Le 28 avril 2006, le conseil des prud'hommes de Longjumeau a considéré que l'ordonnance instituant le CNE était privée d'effet juridique car elle ne respectait pas la Convention numéro 158 de l'O.I.T., et décidé de requalifier un CNE en CDI. Le 20 octobre 2006, la Cour d'appel de Paris, saisie, affirmait sa compétence en rejetant le déclinatoire de compétence du préfet de l'Essonne qui, quant à lui, estimait que l'ordonnance était un acte administratif à valeur réglementaire et non une loi. Le 31 octobre 2006, le préfet de l'Essonne prononçait un arrêté de conflit afin de saisir le Tribunal des Conflits. Le 19 mars 2007, le Tribunal des Conflits donnait raison à la Cour d'appel de Paris.

En effet, il faut savoir que si une ordonnance adoptée sur la base de l'article 38 de la Constitution a bien un caractère administratif tant qu'une loi de ratification n'est pas intervenue, l'ordonnance peut acquérir implicitement une valeur législative (C.C. 23 janvier 1987, C.E. 19 décembre 1969, Dame Piard, Cass. com. 6 octobre 1992 et C.E. 29 octobre 2004, Sueur et autres). Il faut, pour cela, que des lois postérieures à l'ordonnance reprennent les dispositions de celle-ci pour les préciser, les compléter ou les étendre. En l'occurrence c'est le cas. Les lois du 30 décembre 2005 et du 23 mars 2006 ont eu pour conséquence de ratifier implicitement l'ordonnance du 2 août 2005 en

[1] Depuis le déroulement de ce colloque, la Cour de cassation s'est prononcée contre le CNE le 1er juillet 2008 en le considérant comme étant un CDI classique, devant respecter le Code du travail français et la Convention internationale numéro 158 de l'OIT, et a écarté la possibilité d'appliquer une dérogation.

y faisant référence. On attend donc l'arrêt de la Cour d'appel de Paris[2]. On attend aussi la réponse du Bureau international du travail saisi par F.O[3]. Il faut signaler aussi la position adoptée par le conseil des prud'hommes de Romans le 20 avril 2007 qui a requalifié un CNE en CDI et l'a déclaré non conforme à la Convention numéro 158 de l'O.I.T. Cependant l'objectif est atteint : que le CNE tienne jusqu'à l'élection présidentielle. Finalement, on discerne bien (si on avait des doutes) les juridictions françaises qui sont sous l'influence du Pouvoir, à savoir le Conseil constitutionnel qui pourtant se targue d'être le protecteur des droits et des libertés depuis sa fameuse décision de 1971, et le Conseil d'État. Heureusement, il y a la Cour de cassation et l'ensemble des tribunaux de droit commun à qui l'on peut faire confiance pour faire en sorte que les droits des citoyens soient respectés en appliquant le droit français et les engagements internationaux de la France.

*

* *

Comme l'indique Dominique Rousseau « les juges interviennent de plus en plus dans la règlementation de la société. Ils occupent une place dans le jeu social qu'ils n'avaient pas auparavant. C'est pour cela que les citoyens sont en droit d'attendre que les juges soient indépendants du pouvoir politique »[4].

---

[2] Depuis le déroulement de ce colloque, la Cour d'appel de Paris a requalifié le CNE en CDI le 6 juillet 2007 et l'a sanctionné. Suite à cet arrêt, un pourvoi en cassation a été formé et a engendré l'arrêt précité de la Cour de cassation du 1er juillet 2008 qui a ainsi confirmé la position de la Cour d'appel et a imposé le respect de la motivation du licenciement, de la procédure préalable au licenciement avec la possibilité laissée au travailleur de se défendre contre les allégations formulées, et de ne pas laisser peser sur le travailleur la charge de prouver le caractère abusif de la rupture (articles 4, 7 et 9 de la Convention n°158 de l'OIT).

[3] Depuis le déroulement de ce colloque, l'Organisation internationale du travail a décidé le 14 novembre 2007, par un arrêt de son Conseil (reporté à deux reprises sous la pression du gouvernement de M. de Villepin) de sanctionner le CNE en estimant que la période d'essai de deux ans n'est pas « raisonnable » au sens de la Convention numéro 158 et que le contrat de travail ne peut pas être rompu en l'absence d'un motif valable imposé par la dite Convention.

[4] *Le Monde* du 14/4/2007, à propos de la réforme du Conseil supérieur de la magistrature.

# Une crise de l'expression ?

par Catherine Puigelier,
professeur à l'Université du Havre

*« Le monde ne marche que par le malentendu. C'est par le malentendu universel que tout le monde s'accorde. Car si, par malheur, on se comprenait on ne pourrait jamais s'accorder ».*

Charles Baudelaire,
*Mon cœur mis à nu.*

William Shakespeare que l'on pense avoir été clerc de notaire aimait le théâtre. Mais il aimait aussi certainement le droit tant son théâtre était truffé de terminologie juridique, de formules des tribunaux[1]. L'époque était procédurière à l'excès, écrit Peter Ackroyd, dans une biographie de William Shakespeare. Un élisabéthain ne pouvait, dit-il, ignorer le langage de la loi au XVI$^{ème}$ siècle car celle-ci jouait un rôle essentiel dans la vie sociale. Et l'auteur de rappeler que les cérémonies juridiques des tribunaux de Westminster Hall avaient leur propre théâtralité, puisque les hommes de loi, comme les acteurs, étaient tenus de maîtriser la rhétorique et l'art de s'exprimer en public[2]. Les membres des collèges d'avocats étaient appelés « hommes de l'après-midi » parce que c'était le moment où ils se rendaient aux théâtres, *Le marchand de Venise* ne pouvant d'ailleurs être compris qu'à la lumière des empreints faits par Shakespeare au droit, aux termes juridiques ; « le droit civil de Portia y [était] confronté au droit commun de Shylock »[3]. Cependant, même au XVI$^{ème}$ siècle, l'expression pouvait être en crise. Un jugement des tribunaux civils condamna un membre

[1] V. P. Ackroyd, *Shakespeare. La biographie*, Philippe Rey, 2006, p. 94.
[2] *Op. cit.* p. 260.
[3] *Op. cit.* p. 261.

de Gray's Inn parce que celui-ci avait entraîné au théâtre « une compagnie désordonnée de gentilshommes des tribunaux »[4]. Ces derniers avaient été responsables de perturbations en sifflant et huant avec leurs collègues au parterre, sans compter qu'ils étaient connus pour proposer aux acteurs des thèmes et des sujets à partir desquels ceux-ci s'adonnaient à l'improvisation comique ou spirituelle[5].

Le droit français serait-il avant tout shakespearien, c'est-à-dire théâtral ? Pas vraiment non plus car l'expression a permis le droit, et par conséquent la poésie, le théâtre, qu'ils soient shakespeariens ou non (I et II).

## I - UNE CRISE DE L'EXPRESSION VIEILLE COMME LE DROIT

Civilisation et droit présentent des relations étroites, les siècles précédents ayant laissé en héritage les mots *civil* et *civilité*. Au substantif *civilisation*, dans le Dictionnaire universel (Trévoux) de 1743, il est écrit : « Terme de jurisprudence. C'est un acte de justice, un jugement qui rend civil un procès criminel. La *civilisation* se fait en convertissant les informations en enquêtes, ou autrement ». Et François Terré d'ajouter que le sens moderne du mot, « axé sur la tendance d'un peuple à polir ou à corriger ses mœurs, s'est ajouté au sens initial, puis l'a supplanté »[6]. Dès que l'homme n'a plus été seul, qu'il a été accompagné d'autres, qu'il a été membre d'un groupe, son expression gestuelle, verbale et écrite a été sollicitée pour mettre en place une société, des règles, des normes, du droit[7]. Jean-François Le Ny, dans un ouvrage sur la modélisation de la pensée, rappelle ainsi que l'étude du sens est étroitement couplée à celle de la compréhension du langage ainsi que des processus psychologiques qui la rendent possible[8]. Mais dès que l'homme n'a plus été seul, son expression a aussi suscité des difficultés ou controverses, le

---

4 *Op. cit.* p. 261.

5 *Op. cit.* p. 261 ; V. encore, d'une façon plus générale, K. M. Baker, « Mémoire et pratique : la politique et la représentation du passé », *in Au tribunal de l'opinion. Essais sur l'imaginaire politique au XVIIIème siècle,* Payot, 1990, p. 45 ; A. Jouanna, *Le devoir de révolte. La noblesse française et la gestation de l'État moderne (1559-1661),* Paris, 1989.

6 Cf. *Introduction générale au droit*, Dalloz, 2006, n° 5, p. 5 ; V. encore, J. Starobinski, « Le mot Civilisation », *in Le temps de la réflexion,* Gallimard, 1983, p. 13.

7 V. pour une étude plus spécifique, J. Bouveresse, « Les deux impasses de la laïcité », *in Valeurs républicaines et droits fondamentaux de la personne humaine en 2003 et 2004* (sous la direction de G. Lebreton), L'Harmattan, 2006, p. 46.

8 Cf. *Comment l'esprit produit du sens,* Odile Jacob, 2005, p. 9.

« dire », et finalement la pensée, n'étant jamais neutres. Ici, le droit a joué un rôle considérable (A et B).

## A) Expression et droit d'hier

D'où vient ce droit qui s'impose sans que les hommes aient cru ou voulu le créer ? s'interroge Jean Gaudemet[9]. Selon lui, trois réponses s'offrent à cette question : le droit vient des cieux, il vient des poètes et des sages, il est enfin l'œuvre du temps[10]. Quand le droit venait des cieux, on parlait des Codes et des lois de Mésopotamie, mais la Bible, on le sait, a aussi permis de penser que Dieu était l'auteur, le donateur de la loi[11]. Lorsque ce furent les poètes et les philosophes qui disaient le droit, les choses étaient un peu différentes. La loi était toujours un don de Dieu, mais les hommes avaient la charge de légiférer – ce furent les poèmes homériques qui ont été en Grèce les premiers à témoigner d'une réflexion sur l'ordre du Monde, la justice et le droit, cette réflexion s'exprimant dans une langue poétique qui répugnait aux abstractions et aux définitions, écrit Jean Gaudemet[12]. « Mais elle laisse apparaître une société déjà très structurée, dont elle exprime les préoccupations majeures, les croyances, les espoirs et les vœux »[13]. Le droit, même s'il était suggéré par Zeus, était l'expression de l'homme ; il était un droit humain, et non un droit divin. Il n'était pas exprimé « sous forme de prescriptions de portée générale ». Ce n'était pas « une norme », mais « un jugement », « au double sens du terme, opinion exprimée et sentence rendue »[14]. Seul l'homme était « créateur de droit » lorsqu'il disait le droit, Zeus ne faisant là que l'inspirer[15]. Ce ne furent pas des juristes de profession qui avaient alors réfléchi sur la loi et le droit, mais des philosophes et des historiens[16]. Le reste sera fait par le temps, un temps fondateur du droit, comme l'écrit encore Jean Gaudemet, car le droit est rarement « révolutionnaire », « Le prestige du passé, le souci de l'ordre dans la stabilité, le respect de la continuité expliquent le rôle de l'autorité que les peuples, à travers les siècles et les continents, ont reconnu aux usages, à « la

---

[9] Cf. *Les naissances du droit. Le temps, le pouvoir et la science au service du droit*, Montchrestien, 1999, p. 1.
[10] *Op. cit.* p. 1.
[11] *Op. cit.* p. 9.
[12] *Op. cit.* p. 11.
[13] *Op. cit.* p. 11.
[14] *Op. cit.* p. 15.
[15] *Op. cit.* p. 15.
[16] *Op. cit.* p. 21 ; V. encore, P. Aubenque, « La loi selon Aristote », *Archives de philosophie du droit,* n° 25, 1980, p. 147 ; Despotopoulos, « Les concepts de juste et de justice selon Aristote », *Archives de philosophie du droit,* n° 14, 1969, p. 283.

coutume ». Fruit du temps, la coutume est source de droit »[17]. Là l'expression orale était nécessairement importante, ce que le temps faisait pour construire le droit, il le faisait avec la parole, des messages. Et l'expression orale était d'autant plus importante que la *loi salique* ordonnée par Clovis (après la chute de Rome) ou les capitulaires promulgués par les princes francs n'étaient pas accessibles à tous, au point d'ailleurs qu'à partir du IX^ème^ siècle des lois générales nouvelles n'apparurent plus pendant près de trois siècles. Si la loi avait cédé le pas à la coutume, elle avait aussi cédé le pas à l'expression orale. Mais avant que Jean Bodin ait érigé la puissance législative comme marque de la souveraineté au XVI$^{ème}$ siècle, l'expression écrite s'était ressaisie, puisqu'apparurent des actes législatifs pris par les Capétiens à partir du XIII$^{ème}$ siècle, mais aussi des ordonnances, des édits, des déclarations, etc., jusqu'au triomphe de la loi au XVIII$^{ème}$ siècle grâce à la philosophie des Lumières. On parlait alors de la nomophilie du XVIII$^{ème}$ siècle et de légicentrisme révolutionnaire[18]. Aux côtés du légicentrisme, l'expression orale se manifestera toutefois encore, elle subsistera, elle pourra même, on le verra, jouer un rôle de tout premier ordre. De tout ce qui précède s'exprime donc une généralité, s'exprime la loi, des règles, un ensemble. L'expression est successivement orale, écrite, etc., plus large, plus étroite, etc., en cela elle est constamment en crise, en constante évolution[19]. Elle l'est d'autant plus que sur l'expression de la norme se greffe l'expression de l'individu, c'est-à-dire l'expression individuelle, qui suit l'expression collective, mais qui s'en différencie aussi selon celui qui l'utilise, en use ou en abuse. Après que Copernic ou Kepler dont les idées étaient alors jugées trop dangereuses, mais aussi après que Descartes ait préféré camoufler aux yeux de l'église des découvertes mathématiques qui

---

[17] Cf. J. Gaudemet, *op. cit.* p. 25 ; V. encore, J.-L. Gazzaniga, « Rédaction des coutumes et Codification », *Droits*, n° 26, 1998, p. 71 ; F. Zenati-Castaing, « Le Code civil et la coutume », *in Les sources du droit. Mélanges en l'honneur de P. Jestaz*, Dalloz, 2006, p. 607 ; Notre article « Temps et création jurisprudentielle », *Archives de philosophie du droit*, n° 50, Dalloz, 2006, n° 18, p.108

[18] Cf. Jean Foyer et C. Puigelier, « Conclusions », *in La loi. Bilan et perspectives* (Préface : Jean Foyer, Avant-propos : P. Mazeaud, Introduction : J.-F. Burgelin, Rapport de synthèse : P.-Y. Gautier), Economica, 2005, p. 401.

[19] V. à égard, Jean Foyer, « Droit et religion », *in La loi. Bilan et perspectives*, Economica, 2005, p. 49 ; V. encore, J. Ellul, *Le fondement théologique du droit*, 1946 ; G. Koubi, « Vers une évolution des rapports entre ordre juridique et ordre religieux », *JCP* 1987, I, 3292 ; P. Malaurie, « La Bible et le droit », *RTD civ.* 2000, p. 525 ; F. Terré, *Introduction générale au droit*, Dalloz, 2006, n° 9 ; *La laïcité, Archives de philosophie du droit*, Dalloz, 2004/2005.

amplifiaient encore son génie[20], ou encore après que Galilée ou Newton aient attaqué les idées dominantes du moment[21] – soulignons que Francis Bacon avait rappelé à Newton : « Dieu interdit que l'on présente un rêve de notre imagination comme un modèle du monde »[22] –, le XVIII^ème^ siècle a regorgé d'hommes qui ont donné vigueur à la liberté d'expression, la connaissance jaillissant, comme l'écrit Élisabeth Zoller, de la communication[23]. Il y eut Diderot[24], directeur de l'*Encyclopédie*, Rousseau[25], rédacteur scandaleux des *Confessions*, et bien sûr Voltaire[26] dont certains disent qu'il fût le parrain des journalistes. Chateaubriand écrivait de lui : « Il nous fatigue », Voltaire était pourtant mort depuis plus de vingt-quatre ans[27].

---

[20] Cf. A.–D. Aczel, *Le carnet secret de Descartes. Une histoire véridique où il est question de mathématiques et de la quête de la vérité ultime sur l'univers,* J.-C. Lattès, 2007.

[21] V. J. Cleick, *Isaac Newton. Un destin fabuleux,* Dunod, 2005.

[22] Cf. *Novus Organum*, p. 30 ; *Isaac Newton, op. cit.* p. 63.

[23] Cf. « La libre communication des idées et des opinions permet–elle d'éviter l'erreur ? Le cas de l'erreur judiciaire », *in L'erreur,* PUF, Cahiers des sciences morales et politiques, 2007, p. 195 ; Ici, Mme Élisabeth Zoller rappelle qu'à l'inverse du Grand Siècle qui cherchait la vérité dans la méditation et l'introspection du sujet sur lui–même, le siècle des Lumières « pense que la vérité naît de l'échange des idées et des opinions, de la conversation (l'art du salon au XVIII^ème^ siècle), de l'ouverture sur le monde (les voyages servant moins à s'enrichir qu'à découvrir et apprendre à connaître les hommes), de la sociabilité... Cette nouvelle philosophie de la vérité plonge ses racines dans l'empirisme anglo–saxon ; elle commence avec Locke qui fonde la connaissance humaine sur l'expérience des sens et elle se poursuit avec Hume et sa classification des perceptions de l'esprit en deux classes, d'une part, les pensées ou idées qu'il voit comme les moins vives de nos perceptions, et, d'autre part, les impressions qui naissent des sentiments et forment nos opinions » *(op. cit.) ;* V. encore, J. de Saint Victor, *Les racines de la liberté (le débat français oublié, 1689-1789),* Perrin, 2007.

[24] V. J. Mayer, *Diderot, homme de science,* Thèse Rennes, 1959 ; J.-A. Naigeon, *Mémoires historiques et philosophiques sur la vie et les ouvrages de Denis Diderot,* Slatkine, 1970 ; J. Proust, *Diderot et l'Encyclopédie*, Slatkine, 1982 ; R. Trousson, *Denis Diderot ou le vrai Prométhée,* Taillandier, 2005.

[25] V. R. Trousson, *Jean-Jacques Rousseau,* Taillandier, 2003.

[26] V. à cet égard, V. van Crugten-André, *Le « Traité sur la tolérance » de Voltaire. Un champion des Lumières contre le fanatisme,* Champion, 1999 ; V. encore, H. Gouhier, *Rousseau et Voltaire, portraits dans deux miroirs,* Vrin, 1983.

[27] V. J.–L. Ezine, « Voltaire. L'emmerdeur », *in Le siècle des Lumières, Le Nouvel observateur,* n° 2198–2199 2006, p. 82 ; V. encore, A. Le Brun, *On n'enchaîne pas les volcans,* Gallimard, 2006 ; M. Ozouf, *La fête révolutionnaire, 1789–1799,* Gallimard, 1976 ; J. Starobinski, *L'invention de la liberté, 1700–1789, suivi des Emblèmes de la Raison,* Gallimard, 2006 ; T. Todorov, *L'esprit des Lumières,* Robert Laffont, 2006.

L'affaire Calas, affaire judiciaire parmi d'autres au milieu d'un XVIII^ème siècle encore fermé à la liberté d'expression, a fourni l'occasion à Voltaire de s'exprimer dans le cadre d'une autre dimension, plus simplement de rappeler l'importance de la liberté de dire et de dénoncer[28]. Jean Calas, commerçant toulousain, avait été exécuté le 10 mars 1762 parce qu'il avait été reconnu coupable d'assassinat sur la personne de son fils afin de l'empêcher de se convertir au catholicisme[29]. Même couché sous la roue, les bras et les jambes brisées, Jean Calas proclamait son innocence, innocence à laquelle Voltaire fut profondément sensible. « J'en suis hors de moi » a-t-il écrit. « Je m'y intéresse comme homme, un peu même comme philosophe... Voilà un abominable siècle, des Calas, des Malagrida, des Damiens... »[30]. Pour Élisabeth Badinter, aucun autre des grands intellectuels de l'époque, pas même Rousseau ou d'Alembert, n'ont alors éprouvé une telle capacité d'indignation face à l'injustice[31]. Les indignations de Voltaire n'ont toutefois pas été immédiatement entendues, le moment n'étant pas propice à ce qu'il se fasse entendre[32]. Voltaire procéda alors à une enquête minutieuse afin de démontrer l'innocence de Calas. Il ajouta aux premiers témoignages une étude fouillée, particulièrement approfondie des sources écrites. Il désira apprendre, s'instruire « en qualité d'historien »[33]. Les parlementaires résistèrent et s'accordèrent pour ne pas rouvrir le dossier et à la fin du mois de juin 1762 la tâche paraissait presque insurmontable, « tant il [était] difficile de secouer l'inertie générale et de contraindre le parlement de Toulouse à coopérer »[34]. Mais Voltaire ne cèdera pas non plus et « c'est grâce à son prestige, à son incroyable activité, à son entêtement obsessionnel et à son réseau de relations, unique en France et en Europe, qu'il y a eu une « affaire Calas » ; c'est grâce à sa hauteur de vues et à son *Traité sur la tolérance* qu'il est parvenu à « transcender le cas particulier du roué de Toulouse pour atteindre à l'universel » »[35]. Il rédigea des

---

[28] V. toutefois déjà, *Lettre sur les inconvénients du métier d'homme de lettres, 1732, ou Lettre à un premier commis, 1733,* où Voltaire revendique la liberté d'expression « pour les écrivains tracassés inutilement par la censure ». Le voici qui proclame « la considération qu'on doit aux gens de lettres » » (cf. A. Lagarde et L. Michard, *XVIII^ème siècle*, Bordas, 2005, p. 123).

[29] Cf. E. Badinter, *Les passions intellectuelles II. Exigence de dignité (1751–1762),* Fayard, 2002, p. 384.

[30] *Op. cit.* p. 385.

[31] *Op. cit.* p. 386.

[32] *Op. cit.* p. 385.

[33] *Op. cit.* p. 387.

[34] *Op. cit.* p. 388.

[35] *Op. cit.* p. 388.

lettres, mobilisa ses amis et connaissances parisiennes, « il s'attach[a] à gagner à sa cause les grands et les puissants »[36]. La force morale de Voltaire l'emportera et l'Europe des Lumières finira par souhaiter la réhabilitation[37]. En s'engageant de cette façon, Voltaire acquit une dimension morale à laquelle aucun de ses pairs n'a pu prétendre. « En s'y engageant seul parmi les philosophes, il acquiert une aura que tous lui envieront »[38]. Mais qu'avaient fait les encyclopédistes ? Au nombre alors de cent quarante, ils n'avaient, semble-t-il, pas accepté le verdict du parlement de Toulouse, mais seuls douze d'entre eux avaient discrètement accompagné Voltaire dans son combat, les deux plus actifs ayant été Damilaville et D'Alembert[39]. Même si Diderot, d'Holbach, Jaucourt ou Grimm admirèrent le combat voltairien, ils n'en demeurèrent pas moins silencieux. Il faut dire que l'autorité parlementaire venait de remettre les choses en ordre : « Le 9 juin, le parlement de Paris [avait] condamné l'*Émile* et décrété Rousseau de prise de corps. Celui-ci [avait] tout juste eu le temps de brûler ses papiers et de s'enfuir »[40]. La parole n'était pas libre en France[41].

L'histoire de la justice peut être divisée en trois pans : un premier pan relatif à la justice de l'ancienne France, un deuxième pan relatif à la justice de la France moderne, un troisième pan relatif à la justice contemporaine. Mais c'est sans doute la Révolution française qui révéla une crise de l'expression, du moins une expression bien dangereuse. Il était dangereux d'être avocat, juge, de faire entendre sa voix. Dans son *Histoire de la justice*, le garde des Sceaux Jean Foyer rappelle trois hypothèses où l'expression pouvait alors conduire à la mort[42]. La première a trait à Malesherbes, ancien ministre de Louis XVI, qui avait accompli la mission impossible, aux côtés de Tronchet et de Sèze, de

---

[36] *Op. cit.* p. 389.
[37] *Op. cit.* p. 390.
[38] *Op. cit.* p. 390.
[39] *Op. cit.* p. 390.
[40] *Op. cit.* p. 391.
[41] *Op. cit.* p. 391 ; L'affaire Calas a radicalement changé l'image de Voltaire, il était devenu un homme respectable, on pouvait toujours le haïr, mais on ne pouvait plus le mépriser. Par ricochet, écrit Mme Élisabeth Badinter, cette responsabilité chèrement acquise va s'étendre et profiter à tout le parti des philosophes (*op. cit.* p. 392). La philosophie sort du cadre de l'*Encyclopédie*. « Elle exprime une quête du bien et du juste accessible à un plus grand nombre... [Voltaire] a aussi démontré qu'un homme de conviction, armé d'une bonne plume et de courage, pouvait infléchir le cours des choses et y gagner un prestige sans égal » (*op. cit.* p. 392 ; V. encore, I. Davidson, *Voltaire en exil (les années 1753–1778)*, Seuil, 2006, et pour les Lumières, R. Birn, *La Censure royale des livres dans la France des Lumières*, Odile Jacob, 2007, et E. Badinter, *Les passions intellectuelles III. Volonté de pouvoir (1762-1778)*, Fayard, 2007.
[42] PUF, 1996.

défendre Louis XVI. Il avait écrit à la Convention qu'ayant été appelé au Conseil du roi du temps où « la fonction était l'objet de l'envie de tous, il avait le devoir de venir à l'aide de son souverain dans le malheur. Il paya la défense de sa vie, de celles de sa fille et de son gendre, l'ancien président au Parlement de Paris et de ses petits-enfants. La défense ne pouvait qu'être vaine »[43]. La deuxième hypothèse s'attache, quant à elle, à l'une des premières règles de procédure qui avait été appliquée à tous les tribunaux civils et criminels par un décret rapporté par Thouret qui sera d'ailleurs lui–même guillotiné : les juges étaient tenus d'opiner à haute voix. Il n'y avait plus de secret du délibéré, mais une exposition à la vengeance, à la rancune, à la représaille d'un pouvoir mécontent. En soumettant les juges au contrôle du peuple, on les encourageait à la lâcheté, rappelle Jean Foyer. « Seules les âmes d'élite la braveront »[44]. Louis Blanc, à l'occasion d'un commentaire du décret du 23 juin 1793, écrira : « Tout le système de la Terreur était là »[45]. Mais devant le tribunal révolutionnaire, et il s'agit là de la troisième hypothèse, Danton comparaîtra aussi, puisqu'il fut emprisonné à la date d'anniversaire de l'institution du tribunal révolutionnaire. Il cria, hurla, demandant pardon à Dieu et aux hommes[46]. À l'audience, sa voix portait tellement qu'elle fut entendue au Pont-au-Change, il se savait perdu et ne ménagera pas le tribunal. Quant à Fouquier-Tinville, il se précipita à la Convention pour en obtenir le décret du 25 germinal an II. « Tout prévenu de conspiration qui résistera ou insultera à la justice nationale sera mis hors de débat sur le champ ». Danton ne parlera plus qu'au bourreau sur l'estrade de la guillotine : « Tu montreras ma tête au peuple, dira-t-il, elle en vaut la peine » »[47].

## B) Expression et droit d'aujourd'hui

En 1634, la création de l'Académie française par Richelieu fut contemporaine de « l'affirmation définitive du pouvoir central », et marqua sa volonté « de codifier et d'imposer les règles de la langue française »[48]. Mais cette volonté étatique n'a aujourd'hui pas disparu, souligne Patrick

---

[43] *Op. cit.* p. 66 ; V. encore, pour Chrétien Guillaume de Lamoignon de Malesherbes, *in Dictionnaire de l'histoire de France,* Larousse, 2006, p. 702 ; R. Birn, *La Censure royale des livres dans la France des Lumières, op. cit ;* P. Grosclaude, *Malesherbes témoin et interprète de son temps*, Librairie Fischbacher, 1961.

[44] *Op. cit.* p. 67.

[45] *Op. cit.* p. 67.

[46] *Op. cit.* p. 69.

[47] *Op. cit.* p. 69.

[48] Cf. P. Wachsmann, *Libertés publiques*, Dalloz, 2005, n° 458, p. 513 ; V. encore, G. Lebreton, *Libertés publiques et droits de l'Homme,* Armand Colin, 2005, p. 394.

Wachsmann – en attestent les limitations dont elle a fait l'objet par le Conseil constitutionnel dans une décision du 29 juillet 1994 à propos de la loi relative à l'emploi de la langue française[49]. Selon le Conseil constitutionnel, la liberté de communication des idées et des opinions proclamée par la Déclaration de 1789 « implique le droit pour chacun de choisir les termes jugés par lui les mieux appropriés à l'expression de sa pensée ; que la langue française évolue, comme toute langue vivante, en intégrant dans le vocabulaire usuel des termes de diverses sources, qu'il s'agisse d'expressions issues de langues régionales, de vocables dits populaires ou de mots étrangers »[50]. En France, l'expression, qu'elle soit verbale ou écrite, est donc libre[51]. On peut tout dire, dans les termes qui sont les siens, mais en prenant soin de ne pas mentir, de ne pas diffamer[52]. Et ce cadre de liberté joue aussi bien en droit français qu'en droit européen[53].

L'article 10 de la Déclaration des droits de l'homme et du citoyen de 1789 affirme : « nul ne doit être inquiété pour ses opinions, même religieuses, pourvu que leur manifestation ne trouble pas l'ordre public établi par la loi ». Quant à l'article 11 suivant, auquel renvoie le préambule de la Constitution du 4 octobre 1958, il pose : « la libre communication des pensées et des opinions est un des droits les plus précieux de l'homme ; tout citoyen peut donc parler, écrire, imprimer librement, sauf à répondre de l'abus de cette liberté dans les cas déterminés par la loi »[54]. C'est la même formule qui est utilisée par le Conseil constitutionnel dans une décision des 10 et 11 octobre 1984 relative à la loi visant à limiter la concentration et à assurer la transparence financière et le pluralisme des entreprises de presse, puisqu'il affirme que la liberté de communication des pensées et des opinions constitue : « une liberté fondamentale, d'autant plus précieuse que son exercice est l'une des garanties

---

[49] *AJDA*, 1994, p. 731, note P. Wachsmann ; *op. cit.* n° 458, p. 513.

[50] *Op.* cit. n° 458, p. 513.

[51] V. G. Lebreton, *Libertés publiques et droits de l'Homme*, *op. cit.* p. 395 ; V. encore, N. Mallet-Poujol, « La liberté d'expression sur l'internet : aspects de droit interne », *D.* 2007, chron. p. 591.

[52] V. C. Puigelier et J. Sainte-Rose, « Critique et justice », *in La liberté de critique* (sous la direction de D. Corrignan-Carsin), Litec, 2007, à paraître ; V. encore, B. Bouloc, « Critique et objectivité, causes d'exonération de la diffamation », *in La liberté de critique, op. cit.* ; J. Pradel, « La liberté d'expression, jusqu'où ? Brèves remarques sur quelques affaires récentes », *in La liberté de critique ;* E. Verny, « L'outrage », *in La liberté de critique, op. cit.*

[53] V. D. de Bellescize, « La France et l'article 10 de la Convention européenne de sauvegarde des droits de l'homme en 2003–2004 », *in Valeurs républicaines et droits fondamentaux de la personne humaine en 2003 et 2004* (sous la direction de G. Lebreton), *op. cit.* p. 81.

[54] Cf. E. Zoller, « La libre communication des idées et des opinons permet–elle d'éviter l'erreur ? Le cas de l'erreur judiciaire », *in L'erreur, op. cit.*

essentielles du respect des autres droits et libertés et de la souveraineté nationale »[55]. Enfin, l'article 10 de la Convention européenne des droits de l'homme relatif à la liberté d'expression comprend deux paragraphes. Un premier paragraphe qui proclame le principe de la liberté d'expression, un second paragraphe qui envisage restrictivement les limitations à cette liberté[56]. À cet égard, la Cour européenne des droits de l'homme a rappelé par un arrêt du 7 décembre 1976 (arrêt *Handyside*) que la liberté d'expression « constitue l'un des fondements essentiels de pareille société [la société démocratique], l'une des conditions primordiales de son progrès et de l'épanouissement de chacun ». On le voit, la liberté d'expression comprend la liberté d'opinion et la liberté de recevoir ou de communiquer des informations ou des idées sans qu'il puisse y avoir ingérence « d'autorités publiques et sans considération de frontière »[57]. Elle s'oppose également « à toute tentative étatique d'endoctrinement »[58]. Elle concerne aussi bien l'émetteur que le récepteur du message, et les informations et les idées visées à l'article 10 incluent, pour la Cour européenne des droits de l'homme, les œuvres d'art. La Cour pose ainsi que ceux qui créent, interprètent, diffusent ou exposent une œuvre d'art « contribuent à l'échange d'idées et d'opinions indispensable à une société démocratique » [59]. Elle y inclut même les messages publicitaires[60], sachant

---

[55] Cf. P. Wachsmann, *op. cit.* n° 457, p. 511 ; V. encore, l'article 1er de la Constitution du 4 octobre 1958 qui affirme que la France respecte toutes les croyances.

[56] L'article 10 de la Convention européenne des droits de l'homme pose en effet : « 1. Toute personne a droit à la liberté d'expression. Ce droit comprend la liberté d'opinion et la liberté de recevoir ou de communiquer des informations ou des idées sans qu'il puisse y avoir ingérence d'autorités publiques et sans considération de frontière. Le présent article n'empêche pas les États de soumettre les entreprises de radiodiffusion, de cinéma ou de télévision à un régime d'autorisations. 2. L'exercice de ces libertés comportant des devoirs et des responsabilités peut être soumis à certaines formalités, conditions, restrictions ou sanctions prévues par la loi qui constituent des mesures nécessaires dans une société démocratique, à la sécurité nationale, à l'intégrité territoriale ou à la sûreté publique, à la défense de l'ordre et à la prévention du crime, à la protection de la santé ou de la morale, à la protection de la réputation ou des droits d'autrui, pour empêcher la divulgation d'informations confidentielles ou pour garantir l'autorité et l'impartialité du pouvoir judiciaire » ; V. encore, l'article 11 de la Charte des droits fondamentaux de l'Union européenne non encore entrée en vigueur, et qui était intégré au projet de Constitution européenne écarté par le référendum du 29 mai 2005.

[57] V. article 10 de la Convention européenne des droits de l'homme ; P. Wachsmann, *op. cit.* n° 460, p. 515.

[58] Cf. P. Wachsmann, *op. cit.* n° 460, p. 516.

[59] *CEDH*, 24 mai 1988, arrêt *Müler*, *GACEDH*, p. 465.

[60] *Op. cit.* n° 460, p.516.

qu'elle a encore décidé, dans un arrêt *Goodwin c/ Royaume-Uni* (27 mars 1996), que la protection des sources journalistiques « est l'une des pierres angulaires de la liberté de la presse [...]. L'absence d'une telle protection pourrait dissuader les sources journalistiques d'aider la presse à informer le public sur des questions d'intérêt général »[61]. Quant aux limitations à la liberté d'expression, elles sont, on l'a dit, définies par le deuxième paragraphe de l'article 10 selon lequel : « L'exercice de ces libertés comportant des devoirs et des responsabilités peut être soumis à certaines formalités, conditions, restrictions ou sanctions prévues par la loi, qui constituent des mesures nécessaires, dans une société démocratique, à la sécurité nationale, à l'intégrité territoriale, ... ». Mais pour les juges européens, il ne doit s'agir là que d'exceptions au principe de la liberté d'expression. Ainsi, les restrictions doivent être prévues par la loi[62], mais également inspirées par l'un des buts reconnus comme légitimes par l'article 10[63]. Ici, « L'équilibre réalisé par la Cour entre la volonté de faire prévaloir un ordre public européen favorable à la liberté d'expression et le souci de ménager une marge nationale d'appréciation est essentiellement instable »[64]. Prédomine donc un caractère libéral des principes posés en matière de liberté d'expression, et Diane de Bellescize rappelle que ce n'est que depuis le début de ce troisième millénaire que les Cours suprêmes françaises puis le législateur ont commencé à s'incliner devant la jurisprudence de la Cour européenne relative à l'article 10 de la Convention européenne des droits de l'homme. L'année 2004, écrit-elle, a même marqué un tournant important, puisque, d'une part, la France n'a pas été pour la première fois condamnée par la Cour européenne des droits de l'homme, d'autre part, le législateur français a ordonné l'abrogation de plusieurs textes à la suite des condamnations de la France par la même Cour[65].

---

[61] Néanmoins, la Cour européenne des droits de l'homme n'a pas qualifié d'ingérence étatique dans l'exercice de la liberté d'expression « le refus de titulariser des enseignants en raison de leurs opinions, jugées extrémistes » (*op. cit.* n° 460, p. 517)

[62] *Op. cit.* n° 462, p. 518.

[63] *Op. cit.* n° 463, p. 518.

[64] *Op. cit.* n° 465, p. 519.

[65] Cf. « La France et l'article 10 de la Convention européenne de sauvegarde des droits de l'homme en 2003-2004 », *in Valeurs républicaines et droits fondamentaux de la personne humaine en 2003 et 2004* (sous la direction de G. Lebreton), *op. cit.* p. 97. Ici, Mme Diane de Bellescize rappelle les trois réformes législatives de 2004 : la loi du 9 mars 2004 portant adaptation de la justice aux évolutions de la criminalité, dite « Loi Perben 2 », qui comporte dans ses 224 articles « de nombreuses modifications intéressant le droit de la communication, notamment l'abrogation de l'article 36 de la loi du 29 juillet 1881 et l'abrogation de la loi du 2 juillet 1931 modifiant l'article 70 du Code d'instruction criminelle ». L'article 14 de la loi du 29 juillet 1881, dit-elle, a été malmené sinon abrogé juridiquement par le décret du 4 octobre 2004 (*op. cit.* p. 92).

## II – LE DROIT EN CRISE PAR L'EXPRESSION ?

En ce début de troisième millénaire, on s'exprime toujours, mais on s'exprime autrement. Pour autant, le droit est-il en crise par l'expression ? Le rassemblement à Londres en février 2006 contre les caricatures de Mahomet[66], l'assassinat de la journaliste Anna Politkovskaïa à Moscou en octobre 2006, et d'autres situations de même facture marquent-ils un droit en crise par l'expression ?[67] Rien n'est moins sûr (A et B).

### A) Le cas des nouvelles technologies

Dans l'introduction du rapport annuel 2005 de la Cour de cassation sur *L'innovation technologique,* Pierre Sirinelli affirme : « le phénomène de l'irruption de l'univers matériel dans la sphère juridique est presque aussi vieux que le Droit... Le débat change simplement d'ampleur au vingt et unième siècle sous l'empire de nouveaux phénomènes. La puissance des technologies qui simplifie la tâche des hommes mais aussi démultiplie les risques ou les dommages. La révolution numérique, qui ne se contente plus seulement de relayer ou d'augmenter la force du bras, prolonge le cerveau et abolit aussi les frontières et le temps, accroît la dépendance sans cesse grandissante des entreprises et des hommes aux machines, notamment à l'outil informatique. La dématérialisation donne le sentiment de rendre les choses plus faciles ou immédiatement accessibles, suscitant des appétits (« tout est désormais possible ») que les modèles économiques ou les règles existantes ne sont pas en mesure de satisfaire. L'ensemble suscitant une frustration qui s'exprimera parfois de façon véhémente et se traduira par des revendications, souvent non raisonnables ou infondées, de modifications des normes »[68]. La puissance technologique simplifie et complique tout à la fois. On s'exprime plus facilement, les obstacles de temps et de distance étant remis en cause. Mais cette remise en cause s'accompagne d'autres difficultés alors insoupçonnées par le juriste, mais que le droit est tenu de régir, du moins de contenir. Tout en prenant garde à ne pas écorner la page constitutionnelle consacrée à la liberté d'expression, il a bien fallu que le législateur et le juge s'expriment sur ce qui

---

66 V. pour la publication de caricatures de Mahomet qui ne constitue pas une injure envers les musulmans, TGI Paris, 17ème ch. corr., 22 mars 2007, *JCP* 2007, éd. G., Act., 146, obs. J.-Y. Maréchal. ; *JCP*, 2007, éd. G., II, 10079, note E. Derieux.

67 Et M. Philippe Sollers de se demander s'il ne convient pas de rallumer les Lumières dans un article récemment publié au *Nouvel Observateur,* n° 2198-2199, 21 décembre 2006, p. 70.

68 La documentation française, 2006, p. 46.

peut être dit, écrit ou fait dans le domaine des nouvelles technologies. Jusqu'où l'expression est-elle possible lorsqu'il n'existe plus de supports papier, plus de frontières, plus de lois coordonnées ou pensées par le même législateur ? Comment contenir l'expression dans des droits d'auteurs, que devient l'expression au regard de la propriété littéraire et artistique avec les nouvelles technologies du son et de l'image ? Comment cerner l'expression dans le cadre des qualifications d'œuvres, d'œuvres audiovisuelles, d'œuvres multimédia, etc. ? Jusqu'où l'expression par Internet est-elle possible ?[69] En toute hypothèse, le droit du travail offre des exemples intéressants d'une expression qui met à l'épreuve le droit[70]. Si un salarié bénéficie d'une liberté d'expression, distincte de son droit d'expression[71], mais révélée par ses déclarations d'intention[72], de quelle façon celui-ci peut-il être rattrapé en cas d'abus de cette liberté ?[73] Ici, la chambre sociale de la Cour de cassation pose régulièrement que des propos tenus par un salarié ne peuvent lui être reprochés s'ils ont été enregistrés, fixés, de façon visuelle ou sonore, sans son accord[74]. Et la liberté d'expression de connaître des limites qui au fil des années ont pris une autre forme. Aujourd'hui, il est possible, pour un salarié, de qualifier le comité directeur d'une entreprise de « bande de guignols »[75], même si des propos grossiers restent interdits[76]. Enfin, la liberté d'expression, qui peut prendre la forme d'une liberté de critique[77], autorise un salarié à témoigner devant une juridiction prud'homale qu'un licenciement auquel il a procédé dans le cadre de ses fonctions n'était pas opportun[78]. En pareille occurrence

---

[69] Cf. C. Puigelier et J. Sainte-Rose, « Le juge et les données contemporaines de la science », *in Le monde du droit. Écrits rédigés en l'honneur de Jacques Foyer*, n° 6, à paraître ; V. encore, *L'innovation technologique*, *op. cit.* p. 59.

[70] V. D. Corrignan-Carsin, « La liberté de critique du salarié : de l'expression à la dénonciation », *in La liberté de critique, op. cit.*

[71] Cass. soc., 14 décembre 1999, *JCP* 2000, éd. E., 902, note T. Aubert-Monpeysen ; *JCP* 2000, éd. G., II, 10378, et la note.

[72] Cass. soc., 9 mai 2006, *Dr. social* 2006, p. 930, obs. P. Waquet ; *JCP* 2006, éd. G., II, 10176, et la note.

[73] Cf. notre ouvrage, *Droit du travail. Les relations individuelles*, Armand Colin, 2001, p. 176.

[74] Cass. soc., 20 novembre 1991, *RTD civ.* 1992, p. 418, obs. P.-Y. Gautier ; V. encore, Cass. soc., 23 novembre 2005, *JCP* 2006, éd. S., 1044, et la note.

[75] Cass. soc., 14 décembre 1999, précité.

[76] Cass. soc., 6 octobre 1993, *Dr. social* 1994 , p. 353, note O. de Tissot ; V. également, pour une intention de nuire, Cass. soc., 16 novembre 1993, *Bull. civ.* V, n° 278 ; V. encore, Cass. soc., 25 janvier 2000, *RJS* 2000, n° 259.

[77] V. *La liberté de critique* (sous la direction de D. Corrignan-Carsin), *op. cit.*

[78] Cass. soc., 4 avril 2006, *JCP* 2006, éd. S., 1407 et la note.

toutefois, il n'est plus là question de nouvelles technologies, mais bien plutôt d'un élargissement progressif de la liberté d'expression.

## B) Trois autres cas où l'expression met à l'épreuve le droit

Il existe trois autres cas où l'expression met à l'épreuve le droit : quand l'expression est mal comprise, quand il n'y a pas d'expression, quand l'expression est mal cernée, voire insusceptible d'être cernée. Dans la première hypothèse, il y a un malentendu en droit, dans la deuxième il y a une inégalité en droit, dans la troisième des zones d'ombre du droit.

Selon Franco La Cecla, le langage et la parole sont les lieux les plus propices au malentendu[79]. Quand nous parlons à quelqu'un, dit-il, pourquoi le malentendu survient-il et en quoi consiste-t-il ?[80] Pourquoi les apparences nous ont-elles trompés ?[81] Jankélévitch estime qu'ici il ne s'agit pas d'un défaut de communication, mais d'une sorte de « défaut de fabrication »[82]. La cause du malentendu serait une méconnaissance, une ignorance qui frappe les rapports humains[83]. Nous sommes induits en erreur parce que les apparences sont trompeuses, mais également parce que nous voudrions que les choses soient telles que nous les désirons, sachant que comme le rappelle aussi Jankélévitch, Platon avait déjà souligné que l'apparence est vraie puisque « l'essence est en partie cachée dans les profondeurs invisibles – ce qui veut dire du même coup : l'essence est en partie manifeste »[84] – en un mot, parler ne signifie pas se faire entendre et par conséquent s'entendre. Le langage, par excellence lieu de malentendus, est non seulement ambigu en soi, « mais le fait même qu'un sujet sache parler implique déjà chez lui un penchant pour la courtoisie plutôt que pour la clarté.... Parler, c'est toujours traduire et le langage ne suffit jamais à rendre la complexité de ce qui est exprimé »[85]. Et George Steiner de dire en 1975 que le langage est le principal instrument du refus humain d'accepter le monde tel qu'il est[86]. Conscient du malentendu, « une forme d'échec »[87] de l'expression (ou plus simplement de la communication, voire de fabrication)[88], le droit règle à de nombreuses reprises l'expression mal comprise. Il le fait

[79] Cf. F. La Cecla, *Le malentendu,* Balland, 2002.
[80] *Op. cit.* p. 17.
[81] *Op. cit.* p. p. 17.
[82] *Op. cit.* p. 19.
[83] *Op. cit.* p. 19.
[84] *Op. cit.* p. 19.
[85] *Op. cit.* p. 29.
[86] *Op. cit.* p. 29.
[87] *Op. cit.* p. 29.
[88] V. Jankélévitch, *op. cit.*.

grâce à l'apparence, la simulation, etc. Notamment, les articles 1240, 1321, 2005, 2006 et 2008 du Code civil font appel à la théorie de l'apparence. La solution ne varie pas avec l'article 369 de la loi du 24 juillet 1966 en ce qui concerne le droit commercial, voire l'article 26 du Code de la nationalité française en ce qui concerne le droit international. Ici, le malentendu résulte de la croyance erronée fondée sur la réalité visible susceptible de l'emporter sur la vérité juridique. Mais en matière de malentendu, le tiers doit avoir été de bonne foi dans sa croyance erronée pour que celle-ci puisse créer des effets de droit. On parle alors de l'héritier apparent, du possesseur apparent d'un bien, de la possession d'état, etc.[89].

« On ne doit cesser de se taire que quand on a quelque chose à dire qui vaut mieux que le silence » écrivait l'Abbé Dinouart en 1771 dans l'*Art de se taire*[90]. L'art de se taire est un gouvernement de soi, mais aussi un gouvernement des autres. Le silence est celui d'un homme prudent, d'un homme qui ne s'ouvre pas, qui ne dit pas tout ce qu'il pense, qui conserve son mystère, qui ne se laisse jamais découvrir[91]. Mais jusqu'où le silence peut-il traduire une crise de l'expression ? Sans doute jusque dans des domaines que l'on a peine à soupçonner : ainsi de la liberté d'expression la femme, même de ce début du troisième millénaire, semble souffrir. Dans un ouvrage *Travailler pour être heureux ?*[92], les sociologues Christian Baudelot et Michel Gollac révèlent des points qui rejoignent à bien des égards une observation de Georges Duby à propos du Moyen-Âge occidental selon laquelle « Méfiance et mépris faisaient tenir pour nécessaire de soumettre la femme, de la tenir bridée »[93]. Armés de statistiques, les sociologues ont en effet rappelé en 2002 qu'à niveau de formation égal les hommes et les femmes ne sont pas affectés aux mêmes postes de la division sociale du travail[94] et qu'en dépit du droit du travail – et plus encore du principe « à travail égal, salaire égal »[95] –, les femmes sont

---

[89] V. Notre article, « Vrai, véridique et vraisemblable », *in La preuve (*Préface : A. Plantey, Avant–propos : Jean Foyer, Introduction : J.–F. Burgelin, Rapport de synthèse : Jacques Foyer), Economica, 2004, n° 27, p. 226.

[90] V. pour une réédition, *L'art de se taire,* Jérôme Millon, 2004, p. 17 ; V. encore, Abbé Dinouart, *L'éloquence du corps dans le ministère de la Chaire ou l'action du prédicateur,* 1754.

[91] V. *L'art de se taire*, *op. cit.* p. 27.

[92] Fayard, 2002.

[93] Cf. *Le Chevalier, la femme et le prêtre*, 1981.

[94] Cf. Notre article, « Les femmes sont–elles plus heureuses au travail que les hommes ? », *RRJ*, 2004, p. 1507.

[95] V. article L. 140–2 du Code du travail ; Cass. soc., 15 décembre 1998, *Dr. social* 1999, p. 187, obs. M. Bonnechère ; 28 novembre 2000, *Dr. social* 2001, p. 315, obs. G. Couturier.

soumises à des salaires qui sont en moyenne inférieurs de plus de 25 % au salaire des hommes, sachant que ces importantes disparités de rémunération entre les hommes et les femmes « persistent quand on les mesure toutes choses égales par ailleurs (le salaire des femmes reste inférieur de 11 à 12 %) »[96]. Cette situation n'exclut cependant pas le fait, poursuivent Christian Baudelot et Michel Gollac, que lorsque l'on demande aux femmes si elles sont satisfaites de leur salaire compte tenu du travail qu'elles accomplissent, leurs réponses sont à peine différentes de celles des hommes, « elles se disent un peu plus souvent normalement payées que mal ou très mal payées ». Le parallélisme des profils est même, disent–ils, impressionnant, « comme si les femmes avaient entièrement intériorisé et accepté les inégalités de salaire agissant à leur encontre : à salaire inégal, satisfaction égale ! »[97]. Et pour les auteurs, cette relative indifférence au niveau des salaires s'inscrit parfaitement dans l'histoire de la difficile reconnaissance du travail salarié féminin. Mais il y a plus. Outre que les femmes se contentent d'un salaire inférieur à celui des hommes pour un travail égal, elles sont éminemment satisfaites lorsqu'elles exercent un métier valorisant et prestigieux. Ici, les sociologues constatent que tout ce qui monte converge, et que les écarts de satisfaction entre les sexes ont une propension à s'atténuer « à mesure que s'élève le niveau économique, social ou culturel des travailleurs. C'est en bas de la hiérarchie sociale que sont le plus exploitées les différences associées au sexe, les hommes étant voués aux travaux de force, à l'industrie et aux contacts avec les choses matérielles, tandis que les femmes sont davantage employées dans les services et spécialisées dans les fonctions de relations, et de contacts avec le public : employées, caissières, etc. À mesure qu'on s'élève, en particulier par le diplôme, dans la pyramide des emplois, la part de travail intellectuel et qualifié s'accroît et le contenu des postes de travail devient de plus en plus indifférent au sexe de leurs titulaires. Les critères d'appréciation aussi »[98]. On l'a compris, ce qui est là intéressant c'est non seulement la curieuse satisfaction éprouvée par la femme au travail alors même qu'elle fait l'objet d'une discrimination objective, mais encore et surtout son silence, voire son acceptation ou sa satisfaction à cet égard. Des stratégies de comparaison sociale, c'est-à-dire de comparaison aux membres de l'endogroupe, pourraient, pour les psychologues sociaux Jean-Claude Croizet et Jacques-Philippe Leyens, expliquer l'acceptation par la femme d'un tel déséquilibre. Les membres d'un groupe peuvent éprouver une satisfaction et une estime de soi équivalente, voire supérieure aux membres d'autres groupes

---

[96] Cf. C. Baudelot et M. Gollac, *Travailler pour être heureux ?, Le bonheur et le travail en France, op. cit.* p. 107.

[97] *Op. cit.* p. 107.

[98] Cf. C. Baudelot et M. Gollac, *Travailler pour être heureux ? Le bonheur et le travail en France, op. cit,* p. 114.

qui ne sont pas stigmatisés ou discriminés. En dépit d'une inégalité flagrante entre les hommes et les femmes dans les activités professionnelles, de nombreuses femmes ne sont pas insatisfaites de ce déséquilibre parce qu'elles se comparent majoritairement à d'autres femmes plutôt qu'à des hommes. Sur ce point, les deux psychologues affirment : « Lorsque l'on est noir ou femme, par exemple, faut-il attribuer son plus faible salaire ou ses difficultés de promotion à un manque d'ambition ou à l'existence d'une discrimination à l'égard des noirs et des femmes ? Dans toute situation menaçante de ce type, la personne stigmatisée qui cherche à protéger son estime de soi a tout intérêt à expliquer sa mauvaise performance par une cause externe, par exemple en faisant une attribution à la discrimination. Conformément à cette hypothèse, une étude a montré que lorsque les membres de groupes stigmatisés attribuaient leurs mauvais résultats à la discrimination, leur estime de soi s'en trouvait préservée »[99]. En d'autres termes, un sujet qui s'impute ses mauvais résultats sans avoir recours à la discrimination peut éprouver du désespoir et de la résignation et pour les psychologues : « ne pas se reconnaître comme une victime des préjugés et de la discrimination, donc ne pas remettre en cause sa croyance en un monde juste, permet de maintenir un sentiment d'acceptation sociale et une estime de soi sociale satisfaisante »[100]. C'est dire si le silence de la femme qui travaille en France – et qui n'est toujours pas un salarié comme les autres – traduit l'acceptation de celle–ci d'une discrimination sexiste, du moins une (d'une) crise de l'expression.

Aux États-Unis, la liberté d'expression est le plus chéri, le plus privilégié, le plus symbolique des droits constitutionnels[101]. On peut brûler le drapeau national, inciter à la haine, présenter une parodie crue et grossière de la sexualité d'un célèbre pasteur, publier dans un journal des informations diplomatiques classées « secret-défense », etc., sans que la Cour suprême ne s'en offusque, rappelle Michel Rosenfeld[102]. Aux États-Unis, la liberté d'expression est une liberté contre l'État, une liberté contre l'intrusion de la

---

[99] Cf. J.–C. Croizet et J.–P. Leyens, *Mauvaises réputations. Réalités et enjeux de la stigmatisation sociale*, Armand Colin, 2003, p. 42

[100] *Op. cit.* p. 46.

[101] V. M. Rosenfeld, « La philosophie de la liberté d'expression en Amérique. La liberté d'expression en théorie et en pratique », *in L'architecture du droit. Mélanges en l'honneur de M. Troper,* Economica, 2006, p. 883 ; V. encore, E. Zoller, « La libre communication des idées et des opinions permet–elle d'éviter l'erreur ? Le cas de l'erreur judiciaire », *in L'erreur, op. cit.*

[102] Cf. « La philosophie de la liberté d'expression en Amérique. La liberté d'expression en théorie et en pratique », *in L'architecture du droit. Mélanges en l'honneur de M. Troper,* Economica, 2006, p. 883.

collectivité et contre la subordination de l'individu à la société, poursuit-il[103]. Il y a cependant là une liaison entre l'histoire et la philosophie de la libre expression[104]. Une première étape de la liberté d'expression peut être fixée à la Grande Indépendance contre l'Angleterre en 1776, le principal objet de la liberté d'expression étant alors de protéger le peuple contre le gouvernement[105]. Suivront une deuxième étape où la liberté d'expression avait vocation à protéger « les auteurs de propos impopulaires contre le courroux de la majorité »[106], une troisième étape, que l'on peut situer du milieu des années 1950 aux années 1980, au cours de laquelle « beaucoup ont pressenti une fin des idéologies, aboutissant à un large consensus sur les valeurs essentielles »[107], une quatrième étape où le principal rôle de la liberté d'expression a été d'assurer la protection des discours minoritaires et marginaux contre les tendances hégémoniques des discours des puissants[108]. Mais si l'on observe ces différentes étapes et différentes philosophies, la question de la légitimité de la nature et des conséquences des droits liés à la liberté d'expression est, souligne encore Michel Rosenfeld, « confrontée à tant de variables qu'il est virtuellement impossible de parvenir à un accord universel. Cela explique que bien que tout individu en Amérique soit un partisan enthousiaste de la liberté d'expression, des désaccords sensibles sur ce que la liberté d'expression est capable d'englober demeurent »[109]. À défaut d'une perspective d'ensemble clairement dessinée, deux exemples concrets peuvent toutefois en dire long sur le contexte américain en matière de liberté d'expression : il s'agit de celui du discours incitant à la haine et de celui de la protection de la diffusion de l'information face au quasi–monopole dans les médias[110]. En ce qui concerne l'incitation à la haine, Michel Rosenfeld constate que la protection singulière en Amérique de l'expression de la haine, « tant qu'elle n'atteint pas le degré de l'incitation à la violence immédiate, repose sur la volonté de maintenir le marché du libre échange des idées afin de parvenir à un débat public sans limite, vigoureux et largement ouvert »[111]. Confronté à des opinions opposées et diffusées dans de nombreux discours, il est préférable de tolérer le discours d'incitation à la haine plutôt que de le supprimer et de le réduire à la clandestinité, « là où il est probable qu'il deviendra plus

---

[103] *Op. cit.* p. 884.
[104] *Op. cit.* p. 885.
[105] *Op. cit.* p. 886.
[106] *Op. cit.* p. 886.
[107] *Op. cit.* p. 886.
[108] *Op. cit.* p. 886.
[109] *Op. cit.* p. 887.
[110] *Op. cit.* p. 891.
[111] *Op. cit.* p. 893.

dangereux[112]... En résumé, au moins dans le contexte du traitement constitutionnel des discours incitant à la haine, l'idéologie américaine dure en faveur de la liberté d'expression semble se heurter à la prudence et au bon sens »[113]. Quant à la conception négative de la liberté et de la diffusion d'opinions par les médias, elle fait l'objet de propos encore plus abrupts de Michel Rosenfeld : celui-ci n'hésite pas à affirmer que le quasi–monopole dans les médias a posé un autre sérieux défi à l'idéologie américaine de la liberté d'expression, ce quasi-monopole représentant une menace sur l'étendue de la diffusion de la pluralité des opinions par les médias et par suite faussant le fonctionnement d'un véritable marché du libre échange des idées[114]. Dans la mesure où les médias américains sont entre les mains de propriétaires privés et que les normes constitutionnelles relatives à la liberté d'expression ne s'appliquent qu'aux acteurs étatiques, la conception négative de la liberté est insuffisante pour répondre aux besoins de l'information dans les médias[115]. En toute hypothèse, des paradoxes surgissent, et, pour Michel Rosenfeld, cette situation est en grande partie liée à l'échec de faire admettre que la viabilité de tout régime de liberté ne peut être dissociée d'une prise de considération de l'égalité. Il conclut : « les complexités qui ont émergé au cours de cet exposé illustrent l'écart important et permanent qui sépare la théorie, la pratique et la réalité relatives à la liberté d'expression en Amérique. À tout considérer, le défi lancé par ceux qui s'inscrivent dans la quatrième étape n'a pas encore été relevé, mais quand il le sera, ses auteurs éprouveront très vraisemblablement des difficultés. Finalement, comme le dernier exemple sur les médias le laisse supposer, le « vieux pilier » – métaphore désignant la conception négative de la liberté et le libre échange des idées – ne semble plus adapté ou suffisant pour remplir les fonctions auxquelles il était destiné »[116].

*

* *

En conclusion, doit-on parler d'une crise de l'expression ou de l'expression d'une crise ? Car enfin quand on parle de crise de l'expression, on

---

[112] *Op. cit.* p. 893.
[113] *Op. cit.* p. 894.
[114] *Op. cit.* p. 894.
[115] *Op. cit.* p. 894
[116] *Op. cit.* p. 895.

ne sait plus si c'est l'expression qui est en crise ou si l'expression n'est que la traduction d'une crise. C'est probablement que l'on passe aisément de l'une à l'autre de ces deux situations sans que l'on puisse toujours les distinguer. L'expression est consubstantielle à la crise et la crise consubstantielle à l'expression. Deux alternatives s'offrent ici. Soit un changement de l'expression est attendu et la crise de celle-ci l'est aussi, soit un changement de l'expression n'est pas attendu et celui-ci (ou celle-ci) provoque une crise. Dans les deux cas, l'expression est liée à une crise, de sorte qu'il n'y aurait pas plus de crise de l'expression que d'expression d'une crise, tout comme il n'y aurait pas plus de crise de l'expression dans le droit d'aujourd'hui, hormis peut-être le cas des nouvelles technologies, que dans le droit d'hier. Tout est question d'espèce, de circonstance, d'époque. Il est des périodes où une société attend des réponses à une crise, mais aussi des périodes où des réponses provoquent une crise. Dans une étude sur Guizot, essentiellement historien des institutions et des régimes politiques, Gabriel de Broglie rappelle que la carrière politique interne de celui-ci, qui fut ponctuée de crises et de batailles parlementaires, avait pris fin au bénéfice de sa seule carrière d'historien parce que la révolution de 1848 s'était faite aux cris de « À bas Guizot », ce dernier n'ayant pas été compris par l'opinion publique, ayant même rompu avec elle pour marquer un échec du gouvernant devant l'Histoire[117]. La nécessité d'être dans l'air du temps, dans les idées du moment, fut encore rappelée par Georges Lecomte en 1916, dans un article sur l'éloquence parlementaire,[118] où il souligne que

[117] Cf. « Guizot », *in Peut–on faire confiance aux historiens ?* (sous la direction de J. Tulard), PUF, 2006, p. 12.

[118] Cf. « L'éloquence parlementaire », *in Un demi–siècle de civilisation française (1870–1915),* Hachette et Cie, 1916, p. 169 ; V. pour l'intégralité de l'extrait très intéressant de ce texte : « Une étude sur l'éloquence parlementaire depuis quarante–cinq ans, si elle ne constitue pas une histoire des idées en France, est du moins un tableau des heurts successifs d'idées, de passions et d'intérêts en lutte dans notre pays depuis près d'un demi–siècle. Elle n'est pas et ne peut pas être l'histoire des idées, parce que le monde politique d'un temps ignore ou néglige beaucoup des idées de ce temps, et parce que, attaché à l'immédiat, il ne prête attention aux idées que longtemps après leur éclosion, et seulement lorsqu'elles ont assez rayonné, assez passionné la foule, pour que les parlementaires sentent, selon leurs doctrines et les intérêts qu'ils représentent, la nécessité soit de les combattre, soit de les faire triompher en les inscrivant dans une loi. Dans le réalisme quotidien de la vie politique, il ne naît pas d'idées, il ne peut pas en naître. Nous n'avons certes pas l'injustice de prétendre que les cerveaux parlementaires cesseraient, par un étrange privilège à rebours, d'être des cerveaux pensants ! Ceux qui sont bien conformés, et que l'étude fortifia, ne valent sans doute pas moins que les cerveaux d'alentour. Mais l'homme politique qu'illuminerait soudain une idée neuve, se condamnerait à l'échec, alarmerait ses contemporains, déconcerterait ses collègues en la défendant, parce qu'elle ne serait pas

« l'homme politique qu'illuminerait soudain une idée neuve, se condamnerait à l'échec, alarmerait ses contemporains, déconcerterait ses collègues en la défendant, parce qu'elle ne serait pas encore, comme l'on dit, « dans l'atmosphère » »[119]. Il ajoute que si le succès d'une lutte pour une idée exige le contact direct avec la foule, il suppose aussi que celle-ci soit déjà préparée par une lente et inconsciente pénétration. C'est pourquoi le théâtre, poursuit-il, merveilleux moyen de vulgarisation des idées, n'est qu'un enfonceur de portes ouvertes[120]. « Les écrivains les plus hardis ne peuvent porter sur la scène que des idées déjà débattues ailleurs et avec lesquelles le public est tant soit peu familier. Sans quoi, il se cabrerait violemment, et, dame, on a besoin de son consentement, tout au moins silencieux, pour que la représentation continue ! »[121]. William Shakespeare avait parfaitement compris la lente et inconsciente pénétration d'une idée dans la foule, il avait compris toute la

---

encore, comme l'on dit, « dans l'atmosphère ». Par le fait même que le succès d'une lutte pour une idée exige le contact direct avec la foule, ce succès n'est possible que si la foule est déjà préparée par une lente et inconsciente pénétration. C'est pourquoi le théâtre, merveilleux moyen de vulgarisation des idées, n'est tout de même qu'un enfonceur de portes ouvertes. Les écrivains les plus hardis ne peuvent porter sur la scène que des idées déjà débattues ailleurs et avec lesquelles le public est tant soi peu familier. Sans quoi, il se cabrerait violemment, et, dame, on a besoin de son consentement, tout au moins silencieux, pour que la représentation continue ! À plus forte raison est-ce vrai dans la politique où le penseur solitaire ne peut avoir aucun rôle, où l'homme d'action ne peut agir que si des partisans se surexcitent pour sa doctrine, que si elle lui conquiert des auditoires. Or, partisans et auditoires ne s'enflamment que pour des idées dont l'air ambiant est déjà imprégné. Tout au plus, avec l'ingénieux esprit d'à-propos qui fait leur réussite, parlementaires et militants de la politique trouvent-ils les formules saisissantes qui mettent les idées à la portée de tous, les tactiques adroites qui en assurent le succès et les modalités qui en permettent la réalisation pratique. Et, à partir du moment où la foule est capable, sinon de toujours bien comprendre cette bataille, tout au moins de la suivre, c'est pour ses tumultueuses péripéties qu'elle se passionne. Presque toujours elle ne sait pas d'où souffle le vent, mais elle frémit au bruit des volets qui claquent. Elle ignore la plupart du temps d'où l'idée vient, quelle philosophie domine et inspire les aspirations, les pensées, les actes, les discours de son époque, mais elle se jette dans la bourrasque. Elle trépigne sans savoir quel démon la mène. Et les agitateurs dont la voix l'enfièvre n'en savent souvent pas plus qu'elle. Sauf quelques êtres réfléchis dont la clairvoyance précède l'Histoire, ce n'est que beaucoup plus tard, quand les faits ont déjà eu leurs conséquences, qu'on discerne la philosophie inspiratrice des luttes d'une époque » (Cf. « L'éloquence parlementaire », *in Un demi-siècle de civilisation française (1870-1915),* Hachette et Cie, 1916, p. 169).

[119] *Op. cit.* p. 169.

[120] *Op. cit.* p. 170.

[121] Op. cit. p. 170.

subtilité que peut renfermer un consentement même silencieux du public à des idées que l'on croit neuves. Contrairement à celle d'autres génies, la vie de William Shakespeare n'a pas été marquée par une rupture avec ses contemporains ; tout au contraire, il a su retenir leur attention, les intéresser, les charmer, les impressionner. Il n'hésitait d'ailleurs pas à réviser ses textes, à les réécrire[122]. Peter Ackroyd écrit que le personnage de *Hamlet* se transforme dans les deux derniers actes de la pièce, et même si l'on pourrait considérer que ce sont là des décisions réfléchies, il reste que toutes portent « en fait la marque de l'improvision et de l'invention spontanée »[123] – Shakespeare avait l'habitude des révisions de dernière minute. « Dans la musique haletante nous discernons la pression des circonstances du moment »[124]. Et cet air du temps, ce qui est « dans l'atmosphère », il l'avait tellement compris qu'il n'avait pas fait imprimer des scènes controversées de *La Tragédie du roi Richard II* du vivant d'Élisabeth 1ère, même s'il avait pris le risque de voir un peu plus tard sa pièce censurée puis portée aux nues par le public[125]. Il savait sans doute que son expression théâtrale rencontrerait plus de succès si elle avait été au préalable censurée.

---

[122] Cf. P. Ackroyd, *Shakespeare. La biographie*, *op. cit.* p. 289.
[123] *Op. cit.* p. 291.
[124] *Op. cit.* p. 495.
[125] *Op. cit.* p. 293.

# Liberté et efficacité de l'enseignement

par Marc Debène,
professeur à l'Université de Rouen,
en délégation à l'Université de Polynésie française,
ancien recteur d'académie

L'école est en crise : trop d'enfants entrent au collège sans maîtriser les fondamentaux (lecture, écriture, calcul) ; chaque année 150.000 jeunes sortent du système éducatif sans qualification ; violences scolaires et dérives communautaires affectent un système éducatif éclaté. Cette crise est une crise sociale. L'école ne joue plus son rôle d' « ascenseur social ». Les incertitudes sur l'avenir professionnel de leurs enfants, la hantise du déclassement, suscitent l'angoisse parentale[1].

Depuis la fin des années quatre-vingt, les politiques éducatives mettent l'accent sur le « droit à l'éducation » , droit de l'enfant ou de l'adolescent qui se présente comme une créance éducative opposable à l'État[2] ; mettant en œuvre la promesse républicaine d'égalité, cette approche concerne tous les élèves quelles que soient leur origine (nationaux ou étrangers) ou leurs difficultés (élèves à besoins éducatifs particuliers, dont ceux souffrant de handicap).

La loi d'orientation du 10 juillet 1989 relative à l'éducation, dite loi Jospin, a ajouté des objectifs globaux : 80% d'une classe d'âge au niveau IV (baccalauréat), 100% au niveau V (CAP, BEP). Seize ans plus tard, ces cibles n'ayant pas été atteintes, la loi d'orientation et de programmation sur l'avenir de l'école de 2005, dite loi Fillon, a réaffirmé les mêmes ambitions, malgré les très vives critiques dont elles avaient été l'objet ; soudain convertie à cette approche, la majorité ajouta même un objectif supplémentaire, cette fois pour l'enseignement supérieur : 50% d'une classe d'âge à bac plus deux (Code de l'éducation, L.111-6). Cet affichage jugé inopérant par le Conseil constitutionnel[3], a été relayé par les lois de finances. Depuis 2006, année de mise en œuvre de la LOLF[4], le Parlement vote le budget par mission interministérielle, par politique publique ; au sein de la mission « enseignement secondaire » les programmes contenant les crédits sont assortis d'objectifs de

---

[1] Voir notamment Marie Duru-Bellat, *L'inflation scolaire. Les désillusions de la méritocratie*, Le Seuil, Paris, 2006.

[2] Marc Debène, « Du droit à l'éducation à l'éducation au droit », *Mélanges Raymond Goy*, Presses universitaires de Rouen, 1998, pp.63-83.

[3] Conseil constitutionnel, décision n°2002-512 du 21 avril 2005, loi d'orientation et de programmation sur l'avenir de l'école.

[4] Loi organique relative aux lois de finances du 1er août 2001.

performance choisis pour assurer la qualité, l'efficacité et l'efficience de la dépense.

Au-delà des multiples objectifs législatifs et budgétaires, stratégiques et opérationnels, la loi Fillon affirmait dans son article 12 : « L'objectif de l'école est la réussite de tous les élèves ». Le conseil constitutionnel a vu dans cette formule une disposition « manifestement dépourvue de toute portée normative ». Et pourtant, le législateur répondait là, à la suite du rapport Thélot[5], à une demande forte de la société, notamment des parents d'élèves qui souhaitent que leurs enfants reçoivent un enseignement de qualité (point de vue de l'usager), une éducation efficace (point de vue du citoyen), un service efficient (point de vue du contribuable). La « réussite de tous » impose un système éducatif efficace pour tous les bénéficiaires du droit à l'éducation, une « efficacité concrète » intégrant sinon le désir d'égalité du moins l'exigence d'équité. Cette double réforme, financière et administrative, en permettant d'afficher des objectifs politiques, pédagogiques et éducatifs, donne au système éducatif des outils permettant un pilotage par les résultats[6].

Au-delà de l'objectif affiché, le débat essentiel doit porter sur les moyens de l'atteindre. Le monopole de l'université impériale a laissé des traces. Le thème de la « liberté de l'enseignement » renvoie essentiellement à la place de l'école catholique en France, hier école officielle, aujourd'hui encore à l'ombre du service public. De manière générale, l'école, l'enseignement, n'est pas considéré(e) comme une marchandise ; seules, les institutions financées pour l'essentiel par des fonds privés peuvent être considérées comme des prestataires de service[7] ; entièrement ou partiellement assumée par l'impôt, l'école est considérée comme un « bien public »[8]. En pratique, on est bien loin d'un marché de l'enseignement sur lequel les « créateurs d'école » offriraient leurs produits et services aux « consommateurs d'école »[9].

La présence centrale d'un service public national, laïque et obligatoire traduisant un « devoir d'État », n'évacue toutefois pas le concept de « liberté »[10]. La laïcité garantit la « liberté de conscience » ; la « liberté

---

[5] Claude Thélot, « *Pour la réussite de tous les élèves. Rapport de la commission du débat national sur l'avenir de l'école* », La Documentation française, 2004.

[6] Marc Debène, « La Lolf et le pilotage pédagogique des académies », Administration et *éducation*, n°105, 1er trimestre 2005, pp.107-117.

[7] Au sens de l'article 49.1 du Traité (CJCE, 11 septembre 2007, affaire C-76.105).

[8] Association francophone internationale de recherche scientifique en éducation, « *L'éducation : bien public et/ou marchandise* », L'Harmattan, Paris, 2006.

[9] Robert Ballion, « *Les consommateurs d'école* », Stock, Paris, 1982.

[10] Gilles Lebreton, « *Libertés publiques et droits de l'homme* », 7ème édition, Armand Colin, Paris.

d'entreprendre » peut amener des opérateurs à créer des écoles ou des instituts de formation. Qui plus est, au cœur même du système, existent des possibilités de choix, des vecteurs de liberté. La liberté, c'est alors le droit reconnu et garanti par la loi aux uns (les usagers de l'école) et aux autres (les acteurs de l'école), de faire des choix. Sans être sur un « marché » au sens propre du terme, on peut toutefois se demander si le jeu de la liberté contribue ou non à l'efficacité de l'enseignement.

## I – DEMANDE D'ENSEIGNEMENT : LA MULTIPLICITÉ DES CHOIX

Plusieurs options sont ouvertes aux parents. Mais leur choix est fortement encadré. On constate toutefois que la liberté peut réapparaître dans les interstices et les marges du système.

### A) Une liberté de choix fortement encadrée

1°) Un choix théorique. L'instruction est obligatoire (Code de l'éducation article L.131.1)[11]. Les familles ont toutefois la possibilité de s'en charger elles-mêmes. Si le précepteur d'autrefois pouvait théoriquement être plus efficace que le maître d'école, les cas de figure sont aujourd'hui bien différents. Les enfants non scolarisés sont le plus souvent des victimes. Grande pauvreté, maladies invalidantes, dérives sectaires ou communautaires ont imposé un renforcement des contrôles et des sanctions (notamment par la loi du 18 décembre 1998 et la loi du 31 mars 2006 pour l'égalité des chances). La collaboration des autorités académiques et des services municipaux doit permettre d'assurer la scolarisation de tous. Avec la loi Fillon, le législateur a souhaité en outre introduire un « contrôle de qualité » en confiant aux services de l'éducation nationale le soin de vérifier que les connaissances et compétences de base qui forment désormais le socle commun des connaissances et des compétences ont bien été acquises.

2°) Un choix binaire est souvent présenté : école publique/école privée ; école laïque/école libre. Si l'on met à part quelques écoles hors contrat, « boîtes à bac » ou écoles de renom, le choix est limité entre les écoles et établissements publics et les établissements d'enseignement privés associés au service public. Il s'agit principalement de l' « enseignement » catholique, même si existent ici ou là quelques établissements protestants, juifs et bientôt musulmans, sans oublier le cas d'établissements se réclamant de la laïcité (réseau des écoles

[11] Code de l'éducation, Dalloz, 2006, commentaire Marc Debène.

bretonnes Diwan). Les motivations religieuses pour le choix de l'école sont aujourd'hui minoritaires ; on invoque plutôt des arguments éducatifs : l'attention portée aux élèves, le dévouement du personnel, la prise en charge du temps des élèves, l'encadrement, l'ambiance générale, une « atmosphère »[12] plus encore qu'une « éthos ». Pour certains, c'est une tradition familiale, une culture régionale ; pour d'autres une nouveauté pour échapper à la carte scolaire, à la mixité sociale, une opportunité, un recours pour éviter le public dont on souligne alors l'inefficacité bureaucratique. Mais les élèves, n'hésitant plus à « zapper », passent de plus en plus d'un secteur à l'autre, avec parfois des réflexes de pur consommateur.

Il est bien difficile de dire si l'enseignement est ici plus efficace que là. D'abord, parce que l'enseignement est en fait identique (même programme, mêmes objectifs de performance, mêmes instructions pédagogiques, même formation des maîtres, mêmes inspections...). Ensuite, parce que les établissements privés sont divers. Il est difficile de comparer les grands établissements de centre ville aux petits lycées ou collèges ruraux. Enfin parce que les indicateurs disponibles sont souvent inadaptés. Si dans certains cas, les résultats aux examens peuvent être meilleurs, une comparaison en termes d'« efficacité concrète »[13] qui prendrait en compte les contraintes, notamment territoriales et sociales, qui pèsent plus sur les établissements publics, apporterait de fortes nuances.

3°) S'il est possible de choisir son école privée (encore faut-il pouvoir y être admis !), il est en principe exclu de faire le choix de son école, de son collège ou de son lycée publics. Les élèves y sont inscrits par les autorités municipales (écoles) ou académiques (collèges, lycées) en respectant la « carte scolaire ». Celle-ci résulte des décisions de « sectorisation » qui répartissent les élèves en fonction de leur lieu de résidence ; la répartition des territoires alimentant les écoles est de la compétence du conseil municipal ; depuis la loi du 13 août 2004, le conseil général a désormais la même responsabilité, en cohérence avec sa compétence plus ancienne dans le domaine des transports scolaires ; pour les lycées et lycées professionnels la question relève toujours des autorités académiques qui, pour les collèges, gardent la responsabilité d'affecter les élèves dans la limite des capacités d'accueil (Code de l'éducation, article D.211-11).

Chacun sait toutefois les efforts déployés pour développer des stratégies de contournement de la carte scolaire, d'évitement de tel ou tel établissement. Certaines familles déménagent pour échapper au déterminisme

---

[12] Jean Rivero, *AJDA* 1978, p.567.

[13] F.Stasse « Égalité et discriminations positives », *Regards sur l'actualité*, n°232, juillet 1997.

administratif, aux collèges dépréciés, sur la foi d'éléments qui ne sont pas toujours incontestables. D'autres n'hésitent pas à élire un domicile fictif, à mobiliser toutes leurs relations. Les plus informés, issus en général du corps enseignant et/ou responsables d'associations de parents d'élèves, savent choisir l'option rare ou le parcours pédagogique qui mène de préférence au centre-ville, aux grands lycées. Il est clair qu'ici, les résultats aux examens sont meilleurs, les retards scolaires moins forts...et qu'on est entre soi !
Faut-il réformer la carte scolaire ? La supprimer et permettre un « libre choix » ? Ou seulement « assouplir » cet instrument de « mixité sociale » en élargissant les possibilités de dérogation ou en proposant aux familles un choix entre plusieurs établissements? Ne risque-t-on pas alors de renforcer les phénomènes d'exclusion ? De figer plus encore les inégalités, de pérenniser les « ghettos scolaires » ? Comment éviter ces risques ? Comment rénover les établissements qui seraient alors délaissés ? Quelle régulation sociale ? Le débat est ouvert. Si l'objectif était d'offrir à terme à chaque famille la liberté de s'inscrire dans l'établissement de son choix, le système ne pourrait certainement garder son efficacité globale qu'au prix de mesures drastiques de rénovation des établissements.

## B) La liberté dans les interstices et les marges du système

Le déroulement du parcours de l'élève permet à sa famille (et de plus en plus, à l'élève) de faire des choix, dont on peut se demander s'ils sont toujours déterminants pour son avenir. Pour prendre des garanties en ce domaine, les familles peuvent en outre recourir à des formules diverses de soutien scolaire dont certaines réintroduisent ici les ressorts de l'économie de marché.

1°) Dans les interstices : le droit de choisir les options, le recours au redoublement.

L'enseignement secondaire français est certainement le plus onéreux du monde. L'une des causes en est la multiplicité des options ouvertes aux élèves. C'est le cas, dès le collège, des enseignements linguistiques, langues vivantes étrangères ou régionales qui coexistent avec les langues anciennes caractéristiques de nos humanités. Après le collège dit unique, mais bien loin d'être uniforme, le tronc commun que constitue la seconde générale et technologique (qui coexiste toutefois avec de multiples secondes professionnelles dont les plus remplies sont celles qui ont le moins de débouchés), prépare un choix entre plusieurs filières, elles-mêmes divisées en séries fortement hiérarchisées. Pour les options, notamment linguistiques, le choix est libre. Pour les filières et séries il résulte d'un dialogue avec les équipes pédagogiques et éducatives. Mais rien ne dit que l'efficacité et l'équité soient au rendez-vous !

Un autre facteur d'inefficience, le redoublement, est considéré comme une nécessité, une sanction pour les uns, un recours pour les autres. Les analyses et les comparaisons internationales soulignent son inutilité et son coût. La loi d'orientation de 1989 avait organisé la scolarité en cycles, insistant alors sur la continuité éducative, excluant l'imposition du redoublement en cours de cycle. La loi d'orientation de 2005 a fait marche arrière en rendant à nouveau possible le redoublement en cours de cycle tout en affirmant que « le choix de l'orientation est de la responsabilité des familles » (L.331-8). Rien n'indique que le pouvoir donné au chef d'établissement et le choix laissé aux familles soient un facteur d'efficacité. On a même la preuve du contraire[14] !

2°) À la marge (ou à l'ombre): le marché du soutien scolaire.

Depuis toujours, les bonnes familles ont voulu aider leurs enfants en leur faisant donner des cours particuliers, des « petits cours » parfois assurés par les professeurs, au sein même des établissements scolaires ou à la maison, l'administration laissant faire, ignorant ces petites affaires de cumul . Si ces pratiques peuvent perdurer ici ou là, les familles sont aujourd'hui incitées à recourir au service d'un étudiant qui peut, comme le jardinier ou la femme de ménage, être rémunéré par la procédure simplifiée du chèque emploi service universel ! La réduction d'impôt égale à 50% des sommes dépensées profite essentiellement aux familles aisées ; l'accroissement de la demande a entraîné le développement d'entreprises et d'un marché du soutien scolaire, comme en attestent les nombreux placards publicitaires insérés dans nos journaux ou dans les transports en commun.

Le soutien scolaire répond à l'angoisse des familles, de toutes les familles. Certaines feront des sacrifices pour que leurs enfants bénéficient de prestations que le système scolaire ne leur donne pas toujours : traitement individuel de chaque élève, pédagogie « sur mesure », écoute des parents, choix de l'enseignant, conseils adaptés, accompagnement (certaines offres vont même jusqu'à proposer un « *coaching* »), engagement sur les résultats[15]. La généralisation de ce besoin, objectivement plus fort dans les milieux et territoires défavorisés, a pu trouver un début de réponse avec les politiques

---

[14] Avis n°14 du Haut conseil de l'évaluation de l'école, décembre 2004 ; Jacques Paul et Thierry Troncin, « Le redoublement au cours de la scolarité scolaire : nouvelles analyses, mêmes constats », *Éducation et formations*, n°70, décembre 2004.

[15] Denis Glassman, « *Le travail des élèves en dehors de l'école* », Rapport pour le Haut conseil d'évaluation de l'école, 2004.

éducatives locales[16]; des associations, en liaison avec les collectivités territoriales et les services de l'État, notamment dans les zones d'éducation prioritaire, ont pu prendre en charge l'aide aux devoirs ou quelques activités éducatives. Mais la recherche de l'« efficacité concrète » de l'école impose aujourd'hui des mesures plus fortes. C'est notamment ce qui motive les propositions qui ont pu être faites récemment : retour aux études dirigées, soutien scolaire renforcé dans les zones d'éducation prioritaire, imaginant notamment un nouveau dispositif de soutien gratuit assuré par le service public, passant alors du domaine de la demande à celui de l'offre[17].

## II – OFFRE D'ENSEIGNEMENT : LA LIBERTÉ DES ACTEURS

Il ne s'agit pas ici de présenter l'affiche, mais de préciser comment les acteurs (le maître dans sa classe, les équipes pédagogiques et éducatives à l'œuvre dans les établissements) peuvent répondre aux demandes qui leur sont adressées, aux espoirs mis en eux par les familles, comment ils peuvent leur assurer le meilleur service.

### A) À la base : la « liberté pédagogique »

La loi d'orientation de 2005 a reconnu aux enseignants des écoles de des établissements du second degré, publics et assurément privés, la liberté pédagogique (Code de l'éducation, L.912-1-1). L'intention était bonne, même si on peut craindre qu'un tel discours ne renforce la tendance de certains à considérer qu'ils exercent une « profession libérale ». La formule n'équivaut pas à celle utilisée par le Conseil constitutionnel pour les professeurs d'université dont le statut garantit une « indépendance » statutaire qui se traduit de fait par l'inamovibilité[18]. Mais les uns comme les autres peuvent revendiquer « la liberté pour tout homme d'enseigner ce qu'il considère comme conforme à la vérité » et peuvent trouver là comme dans leur statut de

---

[16] Voir notamment les travaux d'Agnès van Zanten ; pour une introduction « *Les politiques d'éducation* », Que sais-je ?, PUF, 2004.

[17] Propositions formulées pendant la campagne pour les élections présidentielles de 2007. Au-delà du rappel des programmes des candidats, on relira avec profit la contribution au débat des anciens directeurs au ministère de l'éducation nationale, Jean-Pierre Boisivon, Christian Forestier, Jean-Claude Luc, Jacky Richard, Georges Septours, Bernard Toulemonde, « L'école, notre cause commune », *Le Monde*, Débats, 31 mars 2007.

[18] Conseil constitutionnel, décision du 28 juillet 1993, 93-322 DC, loi relative aux établissements publics à caractère scientifique, culturel et professionnel ; voir aussi Code de l'éducation, L.952-2.

fonctionnaires (et à un moindre degré dans celui d'agents publics pour les maîtres du privé[19] « la garantie... dans l'exercice de (leur) fonction ».[20]

Naturellement, cette liberté n'est pas totale. Elle s'exerce dans le respect des programmes fixés par les décisions administratives, décrets et arrêtés, et des instructions du ministre chargé de l'éducation nationale qui, dans de multiples circulaires, n'hésite pas à indiquer la bonne méthode pédagogique au maître « libre »[21]. L'usage de cette « liberté » fait aussi l'objet d'un contrôle, d'un jugement. Contrairement aux universitaires, les enseignants du premier et du second degré sont notés. Pour les professeurs des collèges et lycées, il s'agit même d'une double notation ; chaque année le chef d'établissement arrête la « note administrative » alors que la « note pédagogique » sanctionne le contrôle des corps d'inspection. Même si les inspecteurs ont aussi un rôle de « conseil », il parait urgent de faire évoluer ce système bureaucratique. La notation qui est prise en compte dans l'avancement et les mutations des maîtres devrait, comme pour les autres fonctionnaires, faire place à l'évaluation, procédure qui semble plus respectueuse de la « liberté » et qui pourrait tenir compte de l'« efficacité ». Reste à déterminer si une telle approche peut être simplement individuelle. L'efficacité de l'enseignement tient à une multitude de facteurs qui ne peuvent être appréciés que par une approche globale, que par une évaluation des équipes et des établissements. Mais la liberté du maître implique aussi la prise en compte de son apport personnel. D'ailleurs, la loi précise que si la liberté pédagogique s'exerce dans le cadre du projet d'école ou d'établissement, le « conseil pédagogique » créé par le même texte « ne peut porter atteinte à cette liberté » (Code de l'éducation : L.911-1-1, al.2).

## B) Au cœur : l'« autonomie des établissements »

Libre, sinon isolé dans sa classe, l'enseignant exerce un travail social. Il fait partie d'équipes pédagogiques et éducatives, elles-mêmes parties prenantes de la communauté éducative, rassemblant « dans chaque école, collège ou lycée les élèves et tous ceux qui, dans l'établissement scolaire ou en relation avec lui participent à l'accomplissement de ses missions » (Code de l'éducation : L.111-3). Quel que soit le statut juridique qui lui confère (cas des collèges et lycées) ou non (écoles) l'autonomie administrative et financière, les établissements ont avant tout l' « autonomie pédagogique » (L.311-1) ; si celle-

[19] La loi Censi du 5 janvier 2005 a précisé que les maîtres des établissements privés sous contrat d'association n'étaient pas liés par un contrat de travail avec l'établissement ; mais ils doivent toujours en respecter le caractère propre.
[20] André Philip, commission de la Constitution, 1946, cité par Gilles Lebreton, *op. cit.*
[21] Voir par exemple les instructions données par M. de Robien pour l'enseignement de la lecture.

ci relève essentiellement des équipes pédagogiques, elle doit être complétée par la référence à l' « autonomie éducative » qui concerne tous les membres de la communauté éducative, «les élèves..., les personnels des écoles et établissements, les parents d'élèves, les collectivités territoriales ainsi que les acteurs institutionnels, économiques et sociaux associés au service public de l'éducation » (L.111-3).

1°) Le projet, garantie de la liberté d'enseignement.

Dans chaque école et établissement d'enseignement scolaire, un projet doit être élaboré avec les représentants de la communauté éducative ; il est adopté pour le moyen terme (3 à 5 ans) par le conseil d'école ou le conseil d'administration de l'établissement public, sur proposition de l'équipe pédagogique de l'école ou du nouveau conseil pédagogique créé par la loi de 2005 dans les collèges et lycées. En pratique, le chef d'établissement doit mobiliser l'ensemble des acteurs et partenaires à partir d'un bilan partagé des forces et faiblesses de l'établissement, les uns et les autres s'accordent sur quelques grandes orientations donnant du sens aux diverses actions. La loi n'en fait une obligation que pour les écoles et établissements publics. On peut s'en étonner ! En effet, la démarche de projet a d'abord été menée dans les établissements privés ; en outre, l'association au service public leur impose de mettre en œuvre les mêmes programmes et les mêmes objectifs au service d'une même finalité : la réussite de tous les élèves.

La diversité des établissements, des caractéristiques de la population scolaire, des performances antérieures, des moyens disponibles...va imposer à chacun de préciser les modalités particulières qui permettront d'atteindre les objectifs. Sous réserve de l'autorisation préalable des autorités académiques, le projet d'école ou d'établissement peut dorénavant prévoir la réalisation d'expérimentations (interdisciplinarité, organisation pédagogique de la classe, de l'école ou de l'établissement, coopération avec les partenaires, échanges, jumelages...). Utilisée au mieux, cette démarche devrait pouvoir permettre à chaque établissement d'afficher son ambition, sa différence, son caractère. On aurait alors une version « publique » de la notion de « caractère propre » qui, pour le Conseil constitutionnel garantit « la mise en œuvre de la liberté de l'enseignement »[22]. Dans le privé, ce caractère est aujourd'hui défini par la référence à des valeurs (les « valeurs chrétiennes »), à un projet éducatif, à une approche pédagogique (« le bilinguisme immersif» cher à Diwan)[23].

[22] Conseil constitutionnel, décision du 23 novembre 1977, 87 DC, liberté de l'enseignement et de conscience, *GDCC* n°24.

[23] Mais « il résulte...de l'article 2 de la Constitution que l'usage d'une langue autre que le français ne peut être imposé aux élèves des établissements publics ni dans la vie de

L'approfondissement de la démarche de projet pourrait ainsi diversifier le « caractère » des établissements. La voie a déjà été empruntée pour les lycées avec la labellisation des « lycées des métiers » (lycée de l'hôtellerie, de l'automobile, de la plasturgie...)[24]. Reste à la concrétiser pour les collèges, pour permettre aux acteurs et partenaires de renforcer leur attractivité en diversifiant l'offre dans les quartiers, élément de solution à la difficile question de la carte scolaire.

2°) Le contrat, garantie de l'efficacité de l'enseignement.

Dorénavant, il est prévu par la loi que le conseil d'administration de chaque collège ou lycée conclut avec l'autorité académique un « contrat d'objectifs » ; dans la logique de performance aujourd'hui affichée par l'État, il s'agit de définir « les objectifs à atteindre par l'établissement pour satisfaire aux orientations nationales et académiques »[25]. Celles-ci sont formalisées dans chaque programme budgétaire (qui comprend un projet annuel de performance) et dans chaque budget opérationnel de programme contenant les crédits que le recteur gère en fonction des objectifs déclinés à son niveau. L'essentiel des crédits est constitué par la masse salariale que l'autorité académique répartit entre les établissements. En négociant avec l'établissement sur les objectifs, l'établissement s'appuyant sur son projet, l'autorité académique vérifiant qu'ils contribuent aux objectifs nationaux, les parties au contrat s'assurent du bon emploi des moyens, de l'efficacité de la dépense. On s'étonne encore que la même procédure n'ait pas été prévue pour les établissements privés associés au service public dont les enseignants sont rémunérés par un des programmes ministériels qui affiche les mêmes objectifs que les programmes dédiés à l'enseignement public.

Agissant dans les différents territoires de la République, les établissements dépendent, peu ou prou, des financements des collectivités territoriales pour leur équipement et leur fonctionnement. Développant par ailleurs des politiques éducatives dont l'objectif est lui aussi la réussite des élèves, elles doivent impérativement être associées aux démarches qui visent à renforcer l'efficacité des établissements. Les actions menées pour les écoles et les collèges dans les ZEP comme certaines opérations concernant les lycées et surtout, les lycées professionnels ou les classes de techniciens supérieurs au regard des compétences de la région dans le domaine de la formation professionnelle, soulignent l'importance du local dans la recherche de

l'établissement, ni dans l'enseignement des disciplines autres que celles de la langue considérée » (Conseil constitutionnel, décision du 27 décembre 2001, DC 2001-456).

[24] Voir Code de l'éducation, L.335-1.

[25] Article 2-2 du décret 85-924 du 30 août 1985 relatif aux établissements publics locaux modifié par le décret n°2005-1145 du 9 septembre 2005.

l' « efficacité concrète ». Aussi est-il indispensable de trouver un moyen de l'associer à la démarche contractuelle.

La question de la carte scolaire ne pourra être traitée que dans un tel cadre. Le maintien de la « mixité sociale » pour éviter l'effet « ghetto » passe par une stratégie de l'offre. Certains établissements devront être restructurés, voire supprimés. Les autres devront trouver les formules aptes à les rendre plus attractifs, notamment par la mise en place d'expérimentations et d'innovations. Mais l'efficacité et l'équité ne seront au rendez-vous que si les différents acteurs et partenaires s'accordent sur des objectifs clairs et hiérarchisés, se donnent les moyens de mobiliser énergies et financement et acceptent la mise en place d'une véritable évaluation des maîtres, des équipes, des établissements et des politiques publiques. Il n'y a pas de « liberté » sans responsabilité !

Le 10 mai 2007.

# Le gouvernement « damne le pion» (à propos de la substitution des assistants d'éducation aux maîtres d'internat - surveillants d'externat)

par Fabien Bottini,
ancien maître d'internat – surveillant d'externat près du Rectorat de Rouen,
maître de conférences à l'Université du Havre

« Du jour où je m'assis dans ma chaire, ce fut la guerre entre nous » car « j'étais pour eux l'ennemi, le Pion »[1]. Qui, en effet, ne se rappelle pas s'être fait rappeler à l'ordre par lui lorsqu'il chahutait dans la cour de récréation ou qu'il tentait de distraire ses camarades en étude silencieuse ? À l'opposé d'Alphonse Daudet, nombreux sont toutefois ceux qui gardent un souvenir agréable de leurs « surveillants », conscients que, sans eux, l'école n'aurait pu leur offrir cette tranquillité d'esprit nécessaire à l'épanouissement de leur jeunesse. Qu'on l'ait aimé ou qu'on l'ait détesté, il faudra pourtant désormais penser à lui avec nostalgie : car le « Pion » tel qu'on l'a connu n'est plus, emporté par une réforme de 2003-2005 initiée par le gouvernement Raffarin[2]. Celui-ci a en effet programmé la disparition progressive des « maîtres d'internat - surveillants d'externat » – des « M.I.-S.E. » comme on dit encore parfois dans le jargon administratif – que le dictionnaire des sigles et abréviations présente comme les « membres de l'équipe éducative » d'un collège ou d'un lycée chargés d'« assurer l'encadrement et la sécurité des élèves »[3]. Juridiquement, l'expression renvoyait à des agents non titulaires de l'État[4]. Pour cette raison, on a pu qualifier leurs fonctions de « boulots informels » ou « peu institutionnalisés »[5] et leur existence ne semble guère

---

[1] Daudet A., *Le Petit Chose*, eBooksLib.com, 2004, p. 305.

[2] L. n° 2003-400 du 30/4/2003, relative aux assistants d'éducation, *JO* 2/5/2003, p. 7640 ; D. n° 2003-484 du 6/6/2003, fixant les conditions de recrutement et d'emploi des assistants d'éducation, *JO* 7/6/2003, p. 9714 ; Arrêté du 6/6/2003, fixant le montant de la rémunération des assistants d'éducation, *JO* 7/6/2003, p. 9715 ; D. n° 2003-895 du 17/9/2003, relatif au classement des assistants d'éducation, *JO* 19/9/2003, p. 16080 ; D. n° 2005-1194 du 22/11/2005, modifiant le décret n° 2003-484, *JO* 23/9/2005, texte n° 12 ; Arrêté du 26/12/2005, fixant les conditions de validation pour la retraite des services accomplis par les assistants d'éducation, *JO* 28/1/2006, texte n° 14. À cette liste de textes, il convient désormais d'ajouter le D. n° 2008-316 du 4/4/2008, modifiant le décret n° 2003-484, *JO* 6/4/2008, texte n° 35.

[3] Carton É., *Dictionnaire des sigles et abréviations du champ de l'intervention sociale*, L'Harmattan, 2003, p. 181.

[4] L. modifiée n° 84-16 du 11/1/1984, portant dispositions statutaires relatives à la Fonction publique de l'État, *JO* 12/1/1984, p. 271, art. 3, 6° ; C. de l'éd., art. L. 935-1.

[5] Cros F. (dir.), *Préparer les enseignants tout au long de la vie*, L'Harmattan, 2005, p. 79.

avoir passionné la littérature juridique. Tout au plus trouve-t-on quelques documents parlementaires ou circulaires ministérielles sur la question[6]. Pourtant, l'institution revêtait une utilité sociale de tout premier plan, dont l'origine remonte à cette « première tentative d'union des forces de gauche »[7] qu'a été le Front populaire.

Quelques chiffres livrés en 2003 suffisent à attester de son importance sociale : sur les 500 000 jeunes d'une classe d'âge ayant décroché le baccalauréat, les étudiants défavorisés représentaient un septième des effectifs universitaires[8]. De sorte qu'on estimait que 700 000 étudiants étaient obligés de travailler pour poursuivre leurs études[9]. Or, tout l'intérêt de la création des M.I.-S.E. était justement de permettre aux moins favorisés d'entre eux de le faire dans de bonnes conditions.

C'est à Jean Zay, le ministre de l'Éducation nationale du Front populaire, que l'on doit d'avoir mis en place ce dispositif par une loi du 3 avril 1937[10] et deux décrets de 1937 et 1938[11]. Avant lui, Édouard Herriot avait défendu l'idée qu'il fallait « faciliter l'accès de la culture (...) aux enfants que leurs aptitudes y appellent, alors que la situation de fortune de leur famille les en écarte »[12]. Or, parce qu'il était lui-même le produit de « la réussite républicaine » « à une époque où l'ascension sociale était très liée aux études »[13], Jean Zay se fera le défenseur d'une « méritocratie stricte »[14], « la sélection par le mérite » étant selon lui le seul moyen de « supprimer les inégalités d'origine sociale »[15]. Comme pour atteindre cet objectif, « l'idéal démocratique » supposait dans son esprit de mettre « toutes les fonctions à la

---

[6] Cités *infra.*

[7] Lefranc G., *Le Front populaire*, PUF, 1974, p. 5.

[8] *JOAN Déb.*, séance du 25/3/2003, p. 2398.

[9] *JO Sénat Déb.*, séance du 8/4/2003, p. 92 ; séance du 9/4/2003, p. 57 (les numéros de page correspondent à ceux de la version HTLM du *Journal Officiel* disponible sur le site Internet du Sénat).

[10] L. du 3/4/1937, portant abrogation du décret du 30/6/1934, *JO* 4/4/1937, p. 3890.

[11] D. du 11/5/1937, portant statut des maîtres et maîtresses d'internat, *JO* 15/5/1937, p. 5295-5296 (partiellement codifié à l'art. L. 935-2 C. de l'éd.) ; D. du 27/10/1938, portant statut des surveillants d'externat, *JO* 8/11/1938, p. 12666-12667.

[12] Circ. du 25/7/1928, au sujet de la rétribution scolaire dans les établissements d'enseignement public auxquels est annexée une école primaire supérieure ou une école technique, *Bull. adm. du minist. de l'instr. publ.* 15/8/1928, p. 80.

[13] Karoutchi R. et Babeau O., *Jean Zay (1904-1944) : ministre de l'instruction du Front populaire, résistant, martyr*, Ramsay, 2006, p. 95.

[14] *Id.* p. 37.

[15] Ruby M., *Jean Zay. Député à 27 ans. Ministre à 31 ans. Prisonnier politique à 36 ans. Assassiné à 39 ans*, Corsaire, 1994, p. 178.

portée de tous »[16], il cherchera à « permet[tre] au "Petit chose" de trouver la situation d'attente sans laquelle il ne peut poursuivre ses études »[17]. C'est ainsi qu'il fera abroger le décret-loi du 30 juin 1934[18] qui, « pour réaliser des économies »[19], avait supprimé la maîtrise d'internat, afin de faire jouer aux fonctions de surveillance « le rôle d'une véritable bourse d'enseignement supérieur »[20]. Outre à favoriser le pré-recrutement des futurs enseignants[21], leur exercice devait en effet aider les étudiants les plus défavorisés à poursuivre leur cursus, en leur offrant un emploi taillé à la mesure de leurs contraintes universitaires [22]. L'accent sera mis sur ce dernier aspect dans les années 1960, lorsque les recteurs réserveront l'accès aux postes « en priorité aux étudiants méritants issus des milieux modestes »[23]. À compter de cette date, l'école républicaine devenait ainsi un lieu « d'élévation » et de justice sociale à un double titre. Non plus seulement parce qu'elle donnait aux élèves français le moyen de recevoir le même savoir quelle que soit leur localisation géographique ou leur origine sociale. Mais parce qu'elle permettait désormais également à ceux qui étaient issus des milieux les plus défavorisés de payer leurs études en y travaillant comme surveillant. Pour cette raison et parce qu'elle faisait d'eux des « modèles » pour les plus jeunes, l'institution même des M.I.-S.E. semblait constituer un élément clé de « l'ascenseur social » français sur lequel il paraissait impossible de revenir.

C'est pourtant ce qu'a fait la réforme de 2003-2005. La taille du projet de loi – trois articles – semblait promettre une mise en bière rapide du

---

[16] *Id.* p. 202.

[17] Zay J., *Souvenirs et Solitude*, R. Julliard, 1945, p. 420.

[18] D. du 30/6/1934, portant modification des statuts des maîtres et maîtresses chargés de la surveillance de l'internat dans les établissements de l'enseignement secondaire, *JO* 1er/7/1934, p. 6569-6570.

[19] Circ. du 7/9/1934, portant instruction pour l'application du décret-loi du 30/6/1934, citée *in* Dion L., *Recueil complet de la législation de l'enseignement secondaire*, Mizeret et a., 1935, n° 413.

[20] Ruby M., *op. cit.*, p. 241. Comme le relèvera un auteur, par l'entremise de ce texte, la République permettait, « en un mot, d'assurer à chacun des enfants confiés à l'Université sa destinée naturelle » (Belliot H., *La réforme de l'enseignement*, Éd. rationalistes, 1938, p. 7).

[21] Circ. du 2/3/1948, relative au recrutement et à la formation des maîtres et maîtresses d'internat, *BOEN* 11/3/1948, n° 11 ; Note de service n° 87-084 du 10/3/1987, relative à la surveillance, *BOEN* 19/3/1987, n° 11.

[22] Circ. du 25/11/1938, relative au statut des surveillants d'externat ; Circ. du 25/9/1969, relative au recrutement des personnels de surveillance, *BOEN* 2/10/1937, n° 37.

[23] IGAEN, « Le recrutement et l'insertion des M.I-S.E. », avr. 1999 cité *in* Rapport de P. Richert, *Doc. S.*, 2002-2003, p. 15.

« pionicat » au parlement. Mais il n'en fut rien, même si le texte a été adopté en première lecture par les deux Assemblées. Car son examen s'est heurté à une farouche résistance de l'opposition et même de certains membres de la majorité[24]. C'est que, au-delà du statut des surveillants, l'avenir de l'école de la République était en jeu et on ne pouvait y toucher sans porter atteinte au pacte républicain lui-même. Les détracteurs du texte ne s'y sont pas trompés, puisqu'ils n'ont eu de cesse de rappeler que l'école n'est pas simplement un lieu d'instruction[25] : c'est avant tout le lieu d'apprentissage de la citoyenneté... et la première fabrique de l'égalité sociale à laquelle contribuait le système mis en place sous le Front populaire.

Si ce « baroud d'honneur » n'a pas permis de faire reculer le gouvernement Raffarin, c'est parce que la suppression des M.I.-S.E. « traînait » dans les tiroirs du ministère de l'Éducation nationale depuis le milieu des années 1990.

Sa disparition était annoncée de fait en 1995 par la décision du Président Chirac de procéder à « un grand débat national » pour « réinventer l'école de la République »[26]. Car sa proposition encourageait le gouvernement Jospin à parer au plus pressé en votant la création des aides-éducateurs[27]. La mesure visait à favoriser l'insertion professionnelle des moins de 25 ans, en leur offrant une première expérience professionnelle, tout en répondant « aux besoins émergents »[28] des établissements d'enseignement, en matière d'animation d'activités culturelles ou sportives, d'assistance informatique ou encore d'accompagnement des élèves lors de sorties scolaires[29]. S'il n'était alors pas question de toucher aux M.I-S.E, un rapport remis au ministre de l'Éducation nationale Claude Allègre annonçait leur disparition, en déduisant de cette expérience la nécessité d'« une refonte d'ensemble »[30] du système des

---

[24] Illustrée par le dépôt de plus de 3 000 amendements, à l'Assemblée nationale comme au Sénat.

[25] C'est manifeste depuis le 3 juin 1932, date à laquelle le premier ministère de l'« Éducation nationale » était créé sous la direction d'Édouard Herriot, en remplacement du ministère de l'« Instruction publique », ce changement de dénomination traduisant la volonté du gouvernement de ne plus se contenter d'assurer l'instruction des enfants pour s'attacher à les éduquer en vue d'en faire de véritables citoyens.

[26] « Le pouvoir politique s'est effacé au profit de l'administration », *Le Monde* 6/5/1995.

[27] L. n° 97-940 du 16/10/1997, relative au développement de l'activité pour l'emploi des jeunes, *JO* 17/10/1997, p. 15076 s.

[28] *Id.* art. 1er.

[29] *Ibid.*

[30] Cité in *JOAN Déb.*, séance du 25/3/2003, p. 2375.

surveillants. Un pas de plus se trouvait franchi en ce sens en 2000, lorsque certains proviseurs réclamaient leur suppression[31].

Or, celle-ci était organisée en droit à partir de 2002. À cette date, la lettre de cadrage pour la loi de finances 2003 annonçait l'abandon de 5 600 postes de M.I.-S.E.[32] avant que le ministre de l'Éducation nationale, Luc Ferry, ne propose, le 16 janvier 2003, de les remplacer par 16 000 « assistants d'éducation ». C'est cette proposition, à l'origine destinée à faire face au tollé suscité par les suppressions de postes, qui explique la réforme précitée de 2003-2005[33].

Selon ses promoteurs, deux séries de considérations justifiaient de supprimer les M.I.-S.E. pour les remplacer par ces « assistants » d'un nouveau type.

La première tenait à l'« anachronisme certain »[34] du statut des surveillants. D'après les membres de la majorité, ce décalage était perceptible tant du point de vue des attentes des étudiants que des besoins des établissements scolaires. En ce qui concerne les premières, les formations universitaires ne leur apparaissaient plus adaptées avec l'exercice d'une activité salariée, notamment depuis la création des travaux dirigés ou des travaux pratiques, l'absence des M.I.-S.E. à ces cours compromettant leur réussite aux examens. Il leur semblait de plus que la multiplication des « fraudes », consistant pour certains « Pions » à s'inscrire fictivement à l'Université simplement pour avoir un poste, privait la fonction de son rôle premier[35]. Du point de vue des collèges et lycées, cette obsolescence tenait selon eux à la difficulté de certains établissements éloignés des pôles universitaires à recruter des étudiants ; et, d'une façon générale, aux difficultés qu'ils rencontraient pour pourvoir leurs besoins pendant leurs examens[36] ainsi qu'à l'impossibilité dans laquelle ils se trouvaient de confier à ces jeunes des fonctions d'éducation en plus de leurs fonctions de surveillance. Cette première série de justifications apparaissait toutefois bien fragile. D'abord, parce qu'elle oubliait que les Universités favorisaient la poursuite du cursus des M.I.-S.E. en leur

---

[31] V., par ex., Legrand L., *Éducation nationale : résultats insuffisants*, L'Harmattan, 2000, p. 161. Plus loin, l'auteur relevait que le statut de surveillant ne devrait « subsister » qu'« en nombre beaucoup moins important » « au titre d'une aide sociale à de "vrais" étudiants » (p. 163).

[32] « Les surveillants refusent d'être les victimes des coupes budgétaires », *Le Monde* 25/9/2002.

[33] Conférence de presse du 16/1/2003, http://discours.vie-publique.fr/notices/033000962.html.

[34] Intervention de P. Richert, *JO Sénat Déb.*, séance du 8/4/2003, p. 39.

[35] Sur cette critique, v. Legrand L., *op. cit.*, p. 163.

[36] Intervention de L. Ferry, *id.* p. 36.

reconnaissant le statut de salarié qui les dispensait de passer le contrôle continu ; et qu'il revenait aux proviseurs et principaux d'émettre un avis défavorable aux renouvellements des « surveillants fraudeurs » pour endiguer ce fléau. Ensuite, parce qu'elles ignoraient qu'en pratique les maîtres d'internat - surveillants d'externat jouaient depuis longtemps un rôle pédagogique de premier plan, d'ailleurs reconnu par certains textes[37]. La seconde série de considérations invoquée à l'appui de la réforme était heureusement plus convaincante.

Elle soulignait l'opportunité de fusionner leur statut avec celui des aides-éducateurs, afin de mettre un terme à la « complexité de gestion » et aux « iniquités »[38] nés de leur coexistence. En 2002, le ministère de l'Éducation nationale employait en effet parallèlement 50 000 MI.-SE., répartis sur 39 976,5 postes, et 52 467 aides-éducateurs[39]. Or, ces deux types de personnels étaient soumis à des règles statutaires très différentes. Tandis que les premiers étaient nommés par arrêté du recteur[40] et bénéficiaient ainsi des règles protectrices accordées à tous les agents publics[41], les seconds étaient recrutés par le chef d'établissement sous un contrat de droit privé qui leur fermait l'accès à nombre de garanties du droit du travail, notamment en matière de conventions collectives. Alors que les S.E. pouvaient exercer leurs fonctions entre 19 et 29 ans[42] et les M.I. dès qu'ils « décrochaient » leur baccalauréat[43], les aides-éducateurs devaient être âgés de 18 à 26 ans. Tandis que les premiers pouvaient faire une durée de service de 7 ans[44], les seconds ne pouvaient être recrutés que pour 5 années[45]. Alors qu'en 2003 les M.I.-S.E. touchaient 980 €

---

[37] On peut citer à l'appui de cette affirmation une circulaire ministérielle constatant que « des maîtres d'internat et des surveillants d'externat » s'étaient vus « confi[er] des services mixtes d'enseignement et de surveillance » (Circ. du 30/10/1954, relative aux maîtres d'internat, *BOEN* 4/11/1954, n° 39).

[38] Rapport de P. Richert, *op. cit.*, p. 12.

[39] Rapport de J.-M. Geveaux, *Doc. AN*, 2002-2003, n° 694, p. 14-15.

[40] D. du 11/5/1937, *op. cit.*, art. 3, al. 2 (M.I.) ; D. du 27.10.1938, *op. cit.*, art. 3 (S.E.).

[41] En qualité d' « intérimaire » pendant un an puis de « stagiaire » à l'issue de cette période de probation (D. du 11/5/1937, *op. cit.*, art. 3 et 4 (M.I.) ; D. du 27/10/1938, *op. cit.*, art. 3 (S.E.)).

[42] D. du 27/10/1938, *op. cit.*, art. 1er et 2, al. 2.

[43] D. du 11/5/1937, *op. cit.*, art. 3. Pour pouvoir rester en poste, ils devaient toutefois valider un diplôme tous les trois ans et une licence au bout de cinq ans (*id.*, art. 1er et 2)

[44] L. du 3/4/1937, *op. cit.*, p. 3890 ; Circ. n° IV-68-381 du 1er/10/1968, relative à l'organisation du service des maîtres d'internat et des surveillants d'externat, *BOEN* 10/10/1968, n° 35. Encore que les M.I.-S.E. préparant une agrégation ou un doctorat pouvaient voir leur temps de service prolongé davantage. Sur ce point, v. *infra* n° 32.

[45] L. n° 97-940, *op. cit.*, art. 1er.

nets mensuel à temps plein pour une durée de travail variant théoriquement de 34 (M.I.)[46] à 32 heures (S.E.)[47] par semaine, mais souvent ramenée en pratique à 28 heures, notamment du fait de la multiplication des services mixtes (M.I.-S.E.)[48], les aides-éducateurs percevaient 920 € nets pour 35 heures de travail hebdomadaire. Tandis que les premiers travaillaient 37 semaines par an, les seconds effectuaient leur service sur 45 semaines[49]. Les aides-éducateurs étaient ainsi largement défavorisés par rapport aux M.I.-S.E. D'où l'opportunité d'unifier leurs régimes juridiques, de façon à niveler leur situation par le haut et à leur donner à tous la possibilité de travailler tout en poursuivant des études.

C'est en tout cas ainsi que le ministre de l'Éducation nationale et les membres de la majorité au Parlement cherchaient à « vendre » leur réforme. L'idée était en effet selon eux de garder les avantages de chacun des statuts tout en les débarrassant de leurs inconvénients respectifs, afin de répondre à la fois aux aspirations des étudiants et aux demandes des établissements d'enseignement[50].

Mais, dans le contexte de crise sociale qui a agité les années 2005-2006 en France[51], la question se pose : la réforme tient-elle ses promesses ? Réalise-

---

[46] Les services de dortoir décomptés pour deux heures jusqu'en 1968 étant décomptés pour trois heures à partir de cette date (Circ. IV-68-381, *op. cit.*).

[47] *Id.*

[48] Cette mixité, apparue dans les faits, permettait en effet aux M.I. de bénéficier de la décharge horaire de quatre heures reconnue aux S.E. exerçant « une responsabilité pédagogique particulière », telle que, par exemple, la surveillance des élèves collés (*ibid.*).

[49] Rapport de J.-M. Geveaux, *op. cit.*, p. 25.

[50] Compte rendu du Conseil des ministres du 26/2/2003, http://www.assemblee-nationale.fr/12/dossiers/assistants_education.asp ; Projet de loi relatif aux assistants d'éducation, *Doc. AN*, 2002-2003, n° 640, p. 3 ; Rapport de J.-M. Geveaux, *op. cit.*, p. 29 ; 23 : l'auteur parle d' « une synthèse ambitieuse des atouts respectifs de chacun des deux dispositifs ».

[51] On pense notamment à la crise du « contrat premier embauche », le désormais célèbre « CPE » (à ne pas confondre avec l'acronyme désignant les « Conseillers principaux d'Éducation »). La création de ce contrat faisait suite à la volonté du premier ministre Dominique de Villepin de résorber le chômage des jeunes de moins de 26 ans, dont le taux atteignait près de 22,8% à la fin de l'année 2005 (« Jeunes et seniors : Villepin allège les contraintes de l'embauche », *Le Monde* 17/1/2006). Dans cette perspective, son gouvernement proposait par amendement de profiter de l'examen d'un texte sur l'égalité des chances (*Doc. AN*, 2005-2006, n° 2787) pour créer un nouveau contrat à durée indéterminée, spécifique aux jeunes (Rapport de L. Hénart, *Doc. AN*, 2005-2006, n° 2825, p. 69). C'est ainsi que les travaux parlementaires donnaient naissance au CPE, dont l'originalité était de permettre aux employeurs de plus de 20 salariés de rompre, sans motif, le lien les unissant à leurs préposés de moins

t-elle l'équilibre attendu entre la nécessité de préserver l'aide sociale aux étudiants les plus défavorisés et la nécessité de satisfaire aux besoins nouveaux de l'Administration, notamment scolaire ?

Comme souvent, un monde sépare les discours et les actes. Car l'ambition initiale d'une conciliation des attentes de l'Administration et des étudiants défavorisés (I) a rapidement cédé devant le désir inavouable de faire prévaloir les besoins de la première sur les aspirations des seconds (II).

## I – L'AMBITION AFFICHÉE DE CONCILIER LES BESOINS DE L'ADMINISTRATION ET LES ATTENTES DES ÉTUDIANTS

Lors du lancement de la réforme, le gouvernement affirmait sa volonté de satisfaire les besoins nouveaux de l'Administration (A) sans négliger les aspirations légitimes des étudiants les plus défavorisés (B).

### A) La volonté de satisfaire les besoins de l'Administration

Deux séries de mesures témoignent de la volonté du gouvernement de profiter de la réforme pour satisfaire les demandes de l'Administration. Tandis que la première tient au renforcement de l'autonomie des collectivités locales et des établissements scolaires dans la gestion des personnels de surveillance (1), la seconde se traduit par l'augmentation du nombre de ces derniers pour prévenir la violence à l'école (2).

---

de 26 ans pendant une période de « consolidation » de deux ans faisant suite à la période d'essai (L. n° 2006-396 du 31/3/2006, pour l'égalité des chances, *JO* 2/4/2006, texte n° 1, art. 8). Comme leurs employés ne pouvaient eux-mêmes quitter leur travail durant cette période, sauf à perdre le bénéfice du chômage, les lycéens et les étudiants dénonçaient un risque de licenciement abusif et de précarité. Cette crainte les conduisait à manifester contre ce texte, avant qu'ils ne reçoivent le soutien d'un certain nombre de syndicats, de personnalités de gauches et même de membres du patronat. L'ampleur des manifestations – certaines rassemblant plusieurs millions de personnes (« Un à trois millions de manifestants ont défilé dans tout le pays », *Le Monde* 30/3/2006) – et le blocage qu'elles entraînaient de certaines Universités conduisaient le Président Chirac à promulguer la loi tout en demandant aux pouvoirs publics de ne pas l'appliquer (« Jacques Chirac promulgue la loi sur le CPE, mais repousse son application », *Le Monde* 31/3/2006), avant que la disposition litigieuse ne soit finalement abrogée (L. n° 2006-457 du 21/4/2006, sur l'accès des jeunes à la vie active en entreprise, *JO* 22/4/2006, texte n° 1, art. unique).

1°) La volonté de favoriser une gestion de proximité des surveillants

Le remplacement des M.I.-S.E. par les assistants d'éducation témoigne de la volonté du gouvernement de franchir une étape supplémentaire dans la décentralisation de la République, en permettant aux établissements scolaires ou aux collectivités locales d'assurer la « gestion de proximité »[52] des personnels de surveillance. Ce phénomène est visible à deux égards.

En premier lieu, il tient à l'abandon du système antérieur qui confiait aux recteurs le soin exclusif de recruter et d'affecter les surveillants des établissements du second degré. Ce mécanisme ayant été depuis longtemps dénoncé par les responsables des écoles en ce qu'il ne leur laissait aucune marge de manœuvre dans le choix de leurs collaborateurs, la réforme s'efforce de répondre à leurs attentes en posant un principe et une exception.

L'exception réserve à l'inspecteur académique le soin de recruter un type particulier d'assistants d'éducation : les « auxiliaires de vie scolaires » (AVS), qui sont chargés de l'accueil et de l'accompagnement des élèves handicapés dans le cadre du plan « Handiscol » lancé par Ségolène Royal en 1999[53]. De ce point de vue, le progrès par rapport au système antérieur peut sembler nul, dès lors que cette solution continue de confier à une autorité autre que le chef d'établissement le soin de recruter l'un de ses subordonnés. Mais cette disposition dérogatoire est légitime, puisque l'assistant employé est attaché à l'enfant et non à un établissement scolaire[54].

À l'inverse, le principe, qui s'applique à tous les autres assistants d'éducation, donne pleine satisfaction aux responsables d'établissement. Il s'analyse comme une solution de compromis par rapport à la procédure initiale. Car, s'il revient toujours aux recteurs de vérifier la recevabilité des dossiers de candidature des « aspirants assistants », ils doivent désormais se contenter de « présélectionner » les candidats répondant au profil des besoins en personnels des écoles, à charge pour les proviseurs et principaux de choisir parmi eux leur futur collaborateur[55]. La même faculté est désormais reconnue aux directeurs des écoles primaires, à ceci près qu'ils sont tenus de passer par « un collège support » pour opérer le recrutement, dans la mesure où leurs établissements n'ont pas la personnalité juridique[56]. Outre qu'elle donne aux proviseurs et autres principaux et directeurs d'écoles le moyen de renforcer leur autorité sur

---

[52] Intervention de J.-M. Geveaux, *JOAN Déb.*, séance du 25/3/2003, p. 2376.

[53] Circ. n° 99-187 du 19/11/1999, relative à la scolarisation des enfants et adolescents handicapés, *BOEN* 1999, n° 42.

[54] L. n° 2003-400, *op. cit.*, art. 2.

[55] Circ. n° 2003-092 du 11/6/2003, relative aux assistants d'éducation, *BOEN* 19/6/2003, n° 25, II.3 et 4 ; « assistant d'éducation », *Lettre flash du min. de la jeunesse, de l'éd. et de la recherche* mai 2003, n° 2, p. 3.

[56] L. n° 2003-400, *op. cit.*, art. 2 ; « assistant d'éducation », *op. cit.*, p. 3.

les personnels de surveillance, la mesure permet « une meilleure adéquation entre les postes et les profils »[57] et favorise l'intégration du nouveau venu dans l'équipe pédagogique. Comme cela ne peut que renforcer l'efficacité de l'action collective, la réforme apparaît sur ce point bien conforme aux attentes de l'Administration.

Elle l'est d'autant plus qu'elle permet en second lieu aux collectivités territoriales de passer des conventions avec les établissements scolaires, afin qu'ils mettent leurs assistants d'éducation à leur disposition. Par ce biais, le législateur a entendu donner aux collectivités les moyens d'assurer les actions éducatives, sportives et culturelles relevant de leurs compétences, qu'elles soient para scolaires ou non[58]. Grâce à ce système, les élus ont ainsi désormais les ressources en personnel nécessaires pour assurer certaines activités placées sous leur responsabilité, telles que l'utilisation des nouvelles technologies par exemple[59].

Si, sur ce point, la réforme traduit également l'ambition du gouvernement de répondre aux attentes des autorités administratives, cette volonté se concrétise parallèlement par l'augmentation du nombre des personnels de surveillance pour lutter contre la violence à l'école.

2°) La volonté d'augmenter le nombre de surveillants pour lutter contre la violence à l'école

Dès le lancement de la réforme, le gouvernement présentait la création des assistants d'éducation comme un élément important de sa politique contre la violence scolaire, en raison de l'importance du nombre de postes destinés à être mis au recrutement.

Depuis les années 1970, cette violence est en pleine croissance, du fait notamment de l'effondrement des valeurs traditionnelles, en particulier du sens de l'effort et du travail, et de la perte des repères qui en découle pour les jeunes[60].

Sur le plan quantitatif, ce phénomène est important, puisque sur les 900 000 incidents relevés en 1999-2000, 6 300 (2,3% du total) étaient constitués de « faits graves » révélateurs du développement « d'une forme de violence anti-scolaire »[61]. Si 38% d'entre eux s'analysaient comme des violences verbales – ce qu'il est désormais coutume d'appeler des

---

[57] Intervention de J.-M. Geveaux, *JOAN Déb.*, séance du 25/3/2003, p. 2376.

[58] L. n° 2003-400, *op. cit.*, art. 2.

[59] Conférence de presse du 16/1/2003, *op. cit.*

[60] En ce sens, v. Rapport d'information de B. Bourg- Broc, *Doc. AN*, 2000-2001, n° 2923, p. 75.

[61] *Id.* p. 68.

« incivilités » –, 13,8% consistaient en des atteintes physiques aux personnes[62]. En 2002, le logiciel SIGNA mis en place par l'Éducation nationale pour suivre de près cette évolution mettait en lumière son aggravation, puisque, rien que dans 75% des établissements, il recensait encore 81 600 incidents graves sur six mois[63].

Sur un plan qualitatif, ces faits de violence sont très préoccupants, dès lors qu'ils touchent l'ensemble de la communauté scolaire. Sans doute les élèves restent-ils les premières victimes de ce phénomène (78% du total). Mais il s'étend désormais aussi aux membres du personnel (20% des victimes), aux tiers (1,6%) et même aux parents d'élèves (0,4%)[64].

Face au développement de ce climat d'insécurité, les pouvoirs publics n'ont eu de cesse de réfléchir aux moyens de l'endiguer. Plusieurs rapports ont ainsi vu le jour sur la question entre la fin des années 1970 et le début des années 2000[65]. Si les premiers se sont voulus volontairement rassurants pour éviter d'alarmer l'opinion publique, les derniers dressent un constat beaucoup plus réaliste. C'est ainsi qu'un rapport d'information sénatorial de 2001 préconisait toute une série de mesures énergiques pour remédier à ce fléau[66]. Ses propositions étaient implicitement reprises par le candidat à l'élection présidentielle Jacques Chirac, puisqu'il faisait de la lutte contre l'insécurité l'une de ses priorités. Conformément à son programme électoral, il nommait ainsi au lendemain de sa réélection Luc Ferry ministre de l'Éducation nationale avec pour tâche de rétablir « l'autorité » et « la sécurité à l'école »[67].

Or, ce dernier se montrait particulièrement attentif à la proposition sénatoriale de « rétablir une présence adulte en proportion de celle du nombre d'élèves » et de « renforcer l'encadrement pour l'assistance aux devoirs et (...) le suivi pédagogique des élèves en situation difficile »[68]. Il la reprenait en suggérant la création d'un nouveau statut de surveillant, qui permettrait de répondre aux besoins des établissements scolaires en remplaçant 5 600 M.I.-S.E. par 16 000 assistants d'éducation dès la rentrée 2003[69].

---

[62] *Ibid.* p. 64.
[63] *JOAN Déb.*, séance du 25/3/2003, p. 2431.
[64] Rapport d'information de B. Bourg- Broc, *op. cit.*, p. 65.
[65] V., par ex., IGAEN, *La violence dans les établissements scolaires du premier cycle du second degré*, 1978 ; Léon J.-M., *Violence et déviance chez les jeunes*, 1983 ; Rapport d'information de B. Bourg- Broc, *op. cit.*
[66] Rapport d'information de B. Bourg-Broc, *op. cit.*, p. 10-13.
[67] « L'école et la sécurité », *Le Monde* 25/9/2002.
[68] Rapport d'information de B. Bourg-Broc, *op. cit.*, p. 12.
[69] Conférence de presse du 16/1/2003, *op. cit.*

Pour autant, le gouvernement affichait sa volonté de ne pas négliger les aspirations des étudiants défavorisés à pouvoir continuer de financer leurs études en exerçant des fonctions de surveillance.

## B) La volonté de prendre en compte les attentes des étudiants

L'ambition du gouvernement de répondre aux attentes des étudiants les plus pauvres se déduit des mesures prises pour favoriser leur insertion professionnelle. Celles-ci se concrétisent indirectement par la diversification des attributions confiées aux assistants (1) et plus directement par sa volonté de leur offrir un statut avantageux (2).

1°) La volonté de permettre aux étudiants défavorisés de diversifier leurs compétences

La réforme témoigne de la volonté du gouvernement de favoriser l'insertion professionnelle des jeunes en difficulté, en leur permettant d'exercer des fonctions plus diversifiées. C'est vrai à deux égards.

D'un point de vue horizontal tout d'abord, puisque la loi reconnaît expressément la polyvalence des personnels de surveillance. Les « Pions » jouaient déjà un rôle éducatif de premier plan, du fait de leur proximité d'âge avec les élèves placés sous leur responsabilité[70]. Mais, dans le silence des textes, les intéressés n'étaient en principe pas fondés à faire valoir une telle expérience.

La réforme de 2003-2005 comble cette lacune en insistant sur le rôle important des assistants d'éducation au regard du « projet d'établissement »[71]. Afin d'éviter les complications auxquelles peut parfois conduire la double casquette d'éducateur en charge de l'aide aux devoirs et de surveillant en charge de la sanction des élèves, le gouvernement a toutefois pris soin de distinguer deux catégories d'assistants.

La première a une compétence relativement ciblée. Elle englobe d'un côté les AVS, les auxiliaires de vie scolaire, – dont on sait déjà qu'ils sont responsables de l'accueil et de l'intégration des élèves handicapés[72] – et, de l'autre, des assistant d'éducation exclusivement recrutés comme « appui aux personnels enseignants pour le soutien et l'accompagnement pédagogique »[73], c'est-à-dire pour servir, par exemple, à l'aide au devoir des élèves en difficulté.

---

[70] V. *supra* n° 6.

[71] L. n° 2003-400, *op. cit.*, art. 2.

[72] V. *supra* n° 12.

[73] D. n° 2005-1194, *op. cit.*, art. 1er.

La seconde catégorie d'assistant d'éducation a au contraire une compétence relativement étendue, puisque, à la liste des fonctions d'« encadrement » et de « surveillance » des élèves précédemment occupées par les M.I.-S.E.[74], s'ajoutent désormais celles d'« aide à l'utilisation des nouvelles technologies » et de « participation à toute activité éducative, sportive, sociale ou culturelle »[75], ces missions complémentaires pouvant éventuellement se dérouler en dehors du temps scolaire afin de satisfaire les besoins des collectivités locales[76].

Dès lors que rien n'interdit aux assistants d'éducation de demander la modification de leur contrat pour changer d'attributions en cours de route, cette diversité dans leurs fonctions ne peut que leur être profitable, puisqu'elle leur permet d'améliorer leur qualification professionnelle. C'est d'autant plus vrai que la loi oblige les autorités de recrutement à leur dispenser, sur le temps de leur service, une formation adaptée à leur emploi afin de leur permettre de remplir au mieux leurs missions[77].

Cette diversification se retrouve également d'un point de vue plus « vertical », puisque la loi permet aux recrues les plus motivées d'explorer différents milieux professionnels. Elle leur ouvre en effet la possibilité d'être affectées dans divers établissements : non contente de leur permettre de travailler successivement dans des lycées, collèges ou écoles primaires[78], elle leur donne la faculté d'intervenir simultanément dans chacune de ces institutions, au gré des « besoins »[79] du Rectorat.

Dans la mesure où le frein au recrutement des jeunes diplômés tient généralement à leur manque d'expérience professionnelle, ce train de mesures ne peut qu'être salutaire. Car, en permettant aux étudiants les plus modestes de faire leurs premières armes et ainsi de se présenter à leurs entretiens d'embauche avec une expérience concrète à faire valoir, il favorise indirectement leur insertion professionnelle. Le gouvernement ne s'est toutefois pas contenté de cette avancée. Car d'autres mécanismes sont destinés à faciliter plus directement leur entrée dans la vie active.

---

[74] D. du 11/5/1937, *op. cit.*, art. 5 (M.I.) ; D. du 27/10/1938, *op. cit.*, art. 4 (S.E.).
[75] D. n° 2003-484, *op. cit.*, art. 1er. En 2008, un nouveau décret a ajouté à cette liste la « participation » aux activités « artistiques » et précisé, pour éviter les abus, que ces participations devaient être « complémentaire[s] aux enseignements » (D. n° 2008-316, *op. cit.*, art. 2).
[76] L. n° 2003-400, *op. cit.*, art. 2.
[77] *Id.* ; D. n° 2003-384, *op. cit.*, art. 6 ; Circ. n° 2003-092, *op. cit.*, III.5.1.
[78] Exposé des motifs du projet de loi précité relatif aux assistants d'éducation, *Doc. AN*, 2002-2003, n° 640, p. 4.
[79] Projet de loi relatif aux assistants d'éducation, *op. cit.*, art. 2.

2°) La volonté de faciliter la poursuite du cursus des étudiants défavorisés

Certains parlementaires reprochaient au gouvernement de « dérogc[r] au sacro-saint principe »[80] de la Fonction publique de carrière en ne prévoyant le recrutement des assistants d'éducation que pour une durée déterminée. Mais cette limitation dans le temps de leur engagement fait partie de la logique intégrante du système[81]. Car pour permettre au mécanisme de jouer son rôle « d'ascenseur social », il convient de veiller à ce qu'il profite à un maximum d'étudiants. Or, cela n'est possible qu'à condition de limiter la durée de leur contrat, de façon à permettre un certain roulement dans l'exercice des fonctions.

Une telle solution n'est toutefois pas sans danger. Car le risque existe de voir les intéressés se retrouver sans travail à l'issue de leur engagement. Consciente de cette menace, la réforme a prévu trois mesures pour prévenir sa réalisation autant que faire se peut.

En premier lieu, deux dispositifs sont mis en place afin de permettre aux étudiants de poursuivre leurs cursus dans de bonnes conditions. Le premier leur ouvre la possibilité de transformer leurs années d'assistant d'éducation en diplôme *via* le système de « validation des acquis de l'expérience » (VAE)[82], dont bénéficie n'importe quel salarié. Le second organise un système d'autorisations d'absence afin de leur permettre de passer leurs examens ou concours[83] et met à leur disposition un crédit d'heures de formation. Ce dernier, dont le montant s'élève à 200 heures maximum, doit leur permettre de bénéficier du temps nécessaire à la préparation de leurs études universitaires ou de leur formation professionnelle[84]. En marge des textes, le ministre de l'éducation a de plus fait part de sa volonté de voir les responsables d'établissement recruter les étudiants essentiellement à mi-temps[85], en échange d'un dispositif leur permettant de cumuler leur emploi avec une bourse d'étude[86].

Si ces dispositions témoignent bien de l'ambition initiale du gouvernement de prendre en compte les attentes des étudiants défavorisés,

---

[80] Intervention de L.-J. Manscour, *JOAN Déb.*, séance du 26/3/2003, p. 2471.

[81] Mise en lumière par Jean Zay lui-même, pour qui il fallait « veill[er] (...) à ce que des éléments sans ambitions et contents de peu ne s'installent (...) définitivement dans une fonction qui n'a de sens que si elle st transitoire » (cité *in* Ruby M., *op. cit.*, p. 241).

[82] L. n° 2003-400, *op. cit.*, art. 2 ; Circ. n° 2003-092, *op. cit.*, V. Cf. L. n° 2002-73 du 17/1/2002, de modernisation sociale, *JO* 18/1/2002, p. 1038, art. 133 s.

[83] Rapport de J.-M. Geveaux, *op. cit.*, p. 32.

[84] D. n° 2003-484, *op. cit.*, art. 5, al. 1er.

[85] Circ. n° 2003-092, *op. cit.*, III.3.1.

[86] Conférence de presse du 16/1/2003, *op. cit* ; Intervention de L. Ferry, *JOAN Déb.*, séance du 25/3/2003, p. 2375.

celle-ci se vérifie en deuxième lieu par les facilités mises en œuvre pour le recrutement des assistants qui se destinent aux métiers de l'enseignement. La réforme donne en effet à ceux qui justifient de trois années d'ancienneté la possibilité de passer en interne certains concours de l'Éducation nationale (CAPES et CPE notamment)[87]. Pour cela, la loi dote les assistants du statut d'agent public[88], en prévoyant leur recrutement par contrat de droit public[89]. Ici l'avancée est manifeste, dès lors que les Rectorats refusaient d'ouvrir cette faculté aux M.I.-S.E., malgré leurs années passées au service de la collectivité[90]. Sans doute, les choses ne sont-elles pas parfaites, certaines zones d'ombres restant à éclaircir, notamment sur le point de savoir si les étudiants recrutés à mi-temps peuvent ou non bénéficier de la mesure à l'issue de ces trois ans[91]. Mais la réforme va dans le bon sens, puisque ceux qui réussissent peuvent toujours prétendre à la prise en compte de leur ancienneté dans le calcul de leur indice de rémunération, de leur avancement et de leur retraite[92].

La volonté du gouvernement de répondre aux aspirations des étudiants défavorisés se déduit enfin de l'obligation faite aux établissements d'enseignement d'adhérer à l'assurance chômage, de façon à combler une

---

[87] Conférence de presse du 16/1/2003, *op. cit.* ; Circ. n° 2003-092, *op. cit.*, V.3.

[88] Projet de loi relatif aux assistants d'éducation, *op. cit.*, art. 1er.

[89] Conférence de presse du 16/1/2003, *op. cit.*

[90] Rapport de J.-M. Geveaux, *op. cit.*, p. 30. Cette interprétation nous paraît toutefois contestable. Car dès lors que les M.I.-S.E. revêtaient le statut d'agents publics, on ne voit pas sur quel fondement on pouvait leur interdire de passer les concours internes. Si la justice administrative ne semble jamais s'être saisie de la question, on peut le regretter à partir du moment où elle se pose pour d'autres catégories d'agents non titulaires, tels que les Assistants de justice notamment (L. n° 95-125 du 8/2/1995, relative à l'organisation des juridictions et à la procédure civile, pénale et administrative, *JO* 9/2/1995, p. 2176, art. 20).

[91] On peut en outre s'interroger sur le point de savoir pourquoi la réforme n'a pas étendue la possibilité de passer les concours internes à tous les concours de la Fonction publique, dès lors que les pouvoirs publics veulent désormais favoriser la « mobilité » des fonctionnaires, en leur permettant de passer d'une administration à une autre (« Chamboulement annoncé du statut et de la carrière des fonctionnaires », *Le Monde* 21/9/2007).

[92] Ces dispositions (D. n° 2003-895, *op. cit.* ; Arrêté du 26/12/2005, *op. cit.*, art. 1er), promises lors des débats parlementaires (Rapport de J.-M. Geveaux, *op. cit.*, p. 30 ; Rapport de P. Richer, *op. cit.*, p. 18), ne faisaient en effet que perpétuer la solution existante (L. du 3/4/1937, *op. cit.*, p. 3890 ; D. du 11/5/1937, *op. cit.*, art. 11, al. 2 (M.I) ; D. du 27.10.1938, *op. cit.*, art. 9 (S.E.)).

lacune du statut des aides-éducateurs en permettant l'indemnisation des assistants d'éducation privés d'emploi à l'issue de leur contrat[93].

Vues sous cet angle, les avancées de la réforme au regard des règles applicables aux emplois jeunes sont incontestables. Mais, comparé à celui des M.I.-S.E., le sort des assistants d'éducation apparaît globalement moins envieux. Car le gouvernement n'a pas résisté à la tentation de faire prévaloir les besoins de l'Administration sur les attentes des étudiants.

## II - LA TENTATION IRRÉSISTIBLE DE FAIRE PRÉVALOIR LES BESOINS DE L'ADMINISTRATION SUR LES ATTENTES DES ÉTUDIANTS

Officieusement, certains membres du ministère justifiaient la réforme par la certitude que « le mythe du Pion qui poursuit ses études »[94] a vécu. Officiellement, certains parlementaires de la majorité ne cachaient pas qu'à leurs yeux « l'esprit méritocratique » du système « patin[ait] »[95]. Un glissement s'est ainsi rapidement opéré au cours du travail législatif, l'idée s'imposant que les « difficultés à poursuivre correctement les études et » l'« inadaptation aux nouveaux besoins des établissements se conjugu[aient] pour plaider en faveur d'une réflexion sur le devenir » même « de ces personnels »[96]. Cette dérive avait été anticipée par le SNES qui, dès le 26 février 2003, avait fait part de sa crainte d'« un statut d'assistant d'éducation au rabais par rapport à celui des surveillants »[97]. Et elle a conduit certains membres de l'opposition à dénoncer « un texte de régression pour l'Éducation nationale et pour la République »[98].

Or, c'est bien d'une régression dont il s'agit, puisque la réforme finalement votée traduit la volonté du gouvernement Raffarin d'introduire plus de flexibilité dans l'usage des personnels de surveillance (A), afin de réduire le déficit de l'État (B) au détriment des attentes des étudiants.

---

[93] L. n° 2003-400, *op. cit.*, art. 3 ; Circ. n° 2003-097 du 12/6/2003, relative à la gestion financière du dispositif des assistants d'éducation, *BOEN* 19/6/2003, n° 25, III.2.

[94] « Les surveillants refusent d'être les victimes des coupes budgétaires », *op. cit.*

[95] Rapport de J.-M. Geveaux, *op. cit.*, p. 19.

[96] *Id.* p. 21.

[97] Cité *in JOAN Déb.*, séance du 25/3/2003, p. 2391.

[98] Intervention de J.-Y. Le Déaut, *JOAN Déb.*, séance du 28/3/2003.

## A) La volonté d'introduire plus de flexibilité dans l'utilisation des surveillants

La régression née de la volonté du gouvernement d'introduire plus de flexibilité dans l'utilisation des surveillants se concrétise par l'élargissement des personnes susceptibles d'être recrutées aux dépens de certains étudiants défavorisés, d'une part (1) ; et par la rentabilisation de leur temps de travail, d'autre part (2).

1°) La volonté d'élargir le mode de recrutement des surveillants aux dépens de certains étudiants défavorisés

La régression née de la création des assistants d'éducation se déduit tout d'abord de la volonté du gouvernement de permettre le recrutement de surveillants non-étudiants, dès lors que cette possibilité a mécaniquement pour conséquence de fermer l'accès à ces fonctions à un certain nombre de jeunes issus de milieux modestes.

La volonté du gouvernement de recruter des assistants en dehors des étudiants ne fait aucun doute, puisque la fonction n'a plus vocation à leur être réservée. Elle leur est simplement « ouvert[e] en priorité »[99], les intéressés ne constituant théoriquement plus que « le principal vivier de recrutement »[100] des activités de surveillance. Un amendement sénatorial a bien tenté de faire plier le gouvernement sur ce point[101]. Mais en vain. Comme en pratique aucun garde-fou ne permet d'assurer que la priorité aux étudiants sera respectée, les responsables d'établissement auront beau jeu de prétendre que les intéressés ne présentent pas les qualités requises pour recruter des personnes qui, étant sans emploi, auront à leurs yeux le mérite d'être plus disponibles et donc de s'impliquer davantage dans le fonctionnement de leur école. Ce risque de dérive est réel, puisque le Conseil constitutionnel a admis la possibilité d'engager d'autres candidats si les étudiants défavorisés ne présentaient pas d'« aptitudes égales »[102], l'appréciation de cette condition étant laissée à l'entière discrétion des chefs d'établissement.

La réforme apparaît également problématique dès lors qu'elle prive expressément certains étudiants de la possibilité de financer leurs études en tant

---

99 Conférence de presse du 16/1/2003, *op. cit.* ; L. n° 2003-400, *op. cit.*, art. 2.

100 Exposé des motifs précité, *Doc. AN*, 2002-2003, n° 640, p. 3 ; Rapport de J.-M. Geveaux, *op. cit.*, p. 23.

101 Amendement n° 4 de M. Lagauche et a., *JO Sénat Déb.*, séance du 9/4/2003, p. 61.

102 CC, Décis. n° 2003-471 DC du 24.4.2003, Loi relative aux assistants d'éducation, *JO* 2/5/2003, p. 7642, cons. n° 10.

qu'assistant d'éducation. Sur ce dernier point toutefois, le bilan apparaît mitigé, certaines restrictions apparaissant plus légitimes que d'autres.

Il en est ainsi de l'interdiction faite aux étudiants de moins de 20 ans de travailler en internat. Compte tenu de la responsabilité qu'implique la garde des élèves de nuit, on comprend que le gouvernement ait entendu réserver cette fonction à leurs aînés plus expérimentés[103]. Cette limitation est en outre toute relative, puisque rien n'empêche les étudiants visés de travailler en externat, aucune condition d'âge n'étant exigée dans ce cas : puisqu'il suffit alors d'être titulaire du baccalauréat ou d'un diplôme équivalent pour candidater[104].

À l'inverse l'interdiction faite aux étudiants doctorants de profiter de ce statut apparaît contestable[105]. Aux yeux des promoteurs de la réforme, la durée maximum du contrat d'assistant d'éducation – six ans : trois ans renouvelables une fois[106] – devait « leur permettr[e] (...) de financer des études longues »[107]. Mais force est de reconnaître que tel n'est pas le cas en pratique, dès lors que la réforme « LMD » fixe la durée minimum des études doctorales à 8 ans[108] et qu'en pratique celles-ci s'étendent souvent sur 10 ans, du moins en sciences humaines et sociales. De ce point de vue, la loi s'analyse donc comme une nouvelle régression, puisque leur statut permettait aux maîtres d'internat « candidats au doctorat en médecine ou en droit » d'être annuellement renouvelés dans leurs fonctions « sur proposition des autorités universitaires accompagnée d'un avis motivé favorable du conseil de l'Université »[109] jusqu'à l'issue de leur thèse ; et aux S.E. « préparant des agrégations ou des doctorats de lettres ou de sciences » d'être maintenus en poste pour une durée d'un an « sur avis favorable des doyens des facultés et des chefs d'établissement »[110] où ils étaient en exercice[111].

C'est encore un sentiment de régression qui se déduit de la volonté du gouvernement d'optimiser l'exploitation de la force de travail des étudiants défavorisés.

---

[103] En ce sens, v. Circ. n° 2003-092, *op. cit.* : le texte parle d'« un écart d'âge avec les élèves (...) particulièrement nécessaire pour ces fonctions ».

[104] D. n° 2003-484, *op. cit.*, art. 3.

[105] Comme l'a relevé P. Roy, *JOAN Déb.*, 25/3/2003, p. 2398.

[106] Projet de loi relatif aux assistants d'éducation, *op. cit.*, art. 2 ; L. n° 2003-400, *op. cit.*, art. 2.

[107] Rapport de J.-M. Geveaux, *op. cit.*, p. 32.

[108] D. n° 2002-482 du 8/4/2002, portant application au système français d'enseignement supérieur de la construction de l'Espace européen de l'enseignement supérieur, *JO* 10/4/2002, p. 6325, art. 2.

[109] D. du 11/5/1937, *op. cit.*, art. 3, al. 2.

[110] D. du 27/10/1938, *op. cit.*, art. 2, al. 2.

[111] Cf. L. du 3/4/1937, *op. cit.*, art. 1er.

2°) La volonté de rentabiliser l'utilisation de la force de travail des étudiants défavorisés

La volonté du ministre de recruter les assistants d'éducation à mi-temps ne procédait pas seulement du souci louable de leur permettre de poursuivre plus facilement leurs études. Elle était avant tout destinée à favoriser le bon fonctionnement des établissements scolaires sur la base de cette idée que leur « absentéisme » serait « moindre »[112]. Ce constat montre que la réforme était avant tout destinée à exploiter au maximum la force de travail des étudiants en difficulté. De manière symbolique, la réforme abandonne d'ailleurs l'obligation auparavant faite à l'Administration d'organiser le service des surveillants de façon à « faciliter la continuation de leurs études »[113]. S'il s'agit là d'une nouvelle régression, celle-ci explique plusieurs lacunes du statut des assistants d'éducation au regard de celui des M.I.-S.E.

Tout d'abord, elle explique qu'il leur soit moins favorable quant à leurs obligations de service. C'est vrai à deux points de vue. Le premier a trait à leur mobilité, puisque l'Administration a désormais la possibilité d'obliger un assistant d'éducation à travailler dans plusieurs établissements pour satisfaire au « besoin du service »[114]. Cela lui permet d'avoir une réserve de « surveillants volants », sorte de « bouche-trous »[115] destinés à virevolter au gré des besoins des écoles autant qu'au détriment de leurs aspirations ou de leurs contraintes estudiantines. Le second tient à leur temps de travail. Alors que les obligations de service des M.I.-S.E. s'étalaient sur 37 semaines, celles des assistants d'éducation sont désormais en principe comprises dans une fourchette allant de 39 à 45 semaines[116]. Comme ils ont par ailleurs en principe un nombre total de 1 607 heures annuelles à faire, ils peuvent être amenés à fournir entre 3 heures 30 et 7 heures de travail hebdomadaire (selon qu'ils sont à mi-temps ou à plein temps) en plus par rapport aux anciens M.I.-S.E[117]. La mesure ne leur permet ainsi plus de préparer leurs examens dans de bonnes conditions. Elle confirme la volonté du gouvernement de privilégier les besoins des établissements scolaires sur les attentes des étudiants. La chose est certaine,

---

[112] Intervention de L. Ferry, *JOAN Déb.*, séance du 27/3/2003, p. 2562.

[113] D. du 27/10/1938, *op. cit.*, art. 5. Cf. D. du 11/5/1937, *op. cit.*, art. 6.

[114] Projet de loi relatif aux assistants d'éducation, *op. cit.*, art. 2 ; L. n° 2003-400, *op. cit.*, art. 2.

[115] Intervention d'A. David, *JO Sénat Déb.*, séance du 9/4/2003, p. 52.

[116] D. modifié n° 2003-484, *op. cit.*, p. 9714, art. 2. Cf. D. n° 2000-815 du 25/8/2000, relatif à la réduction et à l'aménagement du temps de travail dans la Fonction publique de l'État, *JO* 29/8/2000, p. 13301, art. 1er (modifié par le D. n° 2006-744 du 27/6/2006, *JO* 29/6/2006, art. 1er).

[117] Rapport de J.-M. Geveaux, *op. cit.*, p. 32 ; Circ. n° 2003-092, *op. cit.*, III.3.1.

puisque cet allongement de leur temps de travail était clairement destiné à « procurer » aux proviseurs et autres responsables d'écoles « une plus grande souplesse » dans la « gestion » de leur établissement et à leur permettre d'« améliorer les conditions de surveillance des élèves » en « dispos[ant] de personnel pour les accueillir durant les vacances scolaires »[118]. Peut-être la mesure aurait-elle pu être acceptable si elle s'était accompagnée de l'augmentation corrélative de leur rémunération. Mais l'étude des droits reconnus aux assistants d'éducation montre qu'il n'en est rien.

Sur ce point, le nouveau statut s'analyse en effet également comme une régression pour trois raisons. La première tient justement au fait qu'ils jouissent d'un indice de rémunération identique à celui des M.I.-S.E., ce dernier étant initialement fixé à l'indice brut 267[119]. Car, dans la mesure où ils ont entre 3 heures 30 et 7 heures de travail supplémentaire à fournir par semaine, le constat s'impose : ils sont payés moins pour travailler plus. On pourrait ironiser sur la conception toute relative que le gouvernement Raffarin a retenu de l'idée de « justice sociale », si les enjeux de la réforme n'étaient pas aussi importants. Le deuxième signe de régression vient de ce que la majorité parlementaire était tentée de rendre « récupérables dans le cadre de l'annualisation du temps de travail »[120] les 200 heures annuelles de crédit de formation destinée à la préparation ou au passage de leurs examens ou concours. Si l'idée a finalement été abandonnée, les choses ne sont pas satisfaisantes pour autant. D'abord, parce que l'octroi de ce crédit d'heures n'est pas automatique. Il est subordonné à l'accord préalable du chef d'établissement, à charge pour ce dernier de déterminer le nombre d'heures pouvant être accordé à l'assistant en fonction de l'organisation des services et de leurs besoins[121]. Ensuite, parce que le régime d'autorisations d'absence finalement mis en place est défavorable aux étudiants employés. Sous l'ancien système, celles-ci n'avaient pas à être rattrapées, dès lors qu'elles étaient destinées à permettre aux intéressés de passer leurs épreuves[122]. Compte tenu du caractère avantageux de cette solution, un amendement sénatorial avait proposé de la transposer aux assistants d'éducation[123]. Mais il s'était trouvé combattu par le Rapporteur de la commission des affaires culturelles et le ministre de l'Éducation nationale au motif péremptoire qu'il ne relevait pas du

---

118 Rapport de J.-M. Geveaux, *op. cit.*, p. 25.

119 Arrêté du 6/6/2003, *op. cit.*

120 Rapport de J.-M. Geveaux, *Doc. AN*, n° 694, p. 32.

121 D. n° 2004-484, *op. cit.*, art. 5, al. 1er ; Circ. n° 2003-092, *op. cit.*, III.3.1 et III.5.2.

122 Les M.I.-S.E. avaient ainsi droit à « quatre jours d'exonération de service » en plus des jours correspondant à leur date d'examen (Circ. IV-68-381, *op. cit.*)

123 Amendement n° 207 de Mme David et a., *JO Sénat Déb.*, séance du 9/4/2003, p. 61.

domaine de la loi[124]. Or, le pouvoir réglementaire en profitait pour décider que les « autorisations d'absence » devraient « donn[er] lieu à compensation de service attribuée dans les mêmes conditions »[125]. Ce qui revient à dire que les assistants d'éducation sont désormais tenus de rattraper les congés qu'ils prennent pour passer leurs examens.

Enfin, il y a régression car les « droits de la défense » des assistants d'éducation sont « revus à la baisse »[126] . Tandis en effet que les M.I.-S.E. bénéficiaient de l'arbitrage des commissions mixtes paritaires en cas de conflit avec leur employeur[127], cette garantie n'existe plus dans le nouveau système. De sorte que les assistants peuvent désormais plus facilement être sanctionnés sur le terrain disciplinaire par leur autorité de nomination, puisqu'aucun principe général du droit n'oblige l'Administration à saisir une commission administrative paritaire avant le prononcé d'une sanction dans le silence des textes[128]. En définitive, les intéressés ne pourront donc plus compter que sur le juge administratif pour trancher les conflits qui les opposeront à leurs supérieurs hiérarchiques[129], ce qui, compte tenu de l'engorgement de la juridiction administrative, est une bien piètre consolation.

Grâce à un formidable tour de passe-passe, la réforme a donc permis au gouvernement d'alourdir la charge de service des assistants d'éducation en termes de volume horaire par rapport à celle des M.I.-S.E. en échange d'un salaire proportionnellement moindre et de conditions de travail moins avantageuses. On peut se demander où est le progrès social que le gouvernement disait vouloir promouvoir, maintenant que le successeur du pion est « taillable et corvéable à merci ». La seule gagnante de la réforme est l'Administration, le gouvernement n'ayant pas su résister à la tentation de profiter de l'occasion pour réduire les dépenses liées au financement des personnels de surveillance.

---

[124] Intervention de M. Richert, *JO Sénat Déb.*, séance du 10/4/2003, p. 52.

[125] D. n° 2004-484, *op. cit.*, art. 5, al. 2 ; Circ. n° 2003-092, *op. cit.*, III.5.3.

[126] Intervention de J.-M. Todeschini, *JO Sénat Déb.*, séance du 10/4/2003, p. 87.

[127] D. du 11/5/1937, *op. cit.*, art. 7 (issu des D. n° 46-1684 du 18/7/1946 ; 94-664 du 27/7/1994 et 97-257 du 18/3/1997) ; D. du 27/10/1938, *op. cit.*, art. 6 (issu des D. n° 94-664 du 27/7/1994 et 97-257 du 18/3/1997).

[128] CE, 30/3/1990, Féd. gén. des fonctionnaires FO, *DA* 1990, n° 262. Sur le contentieux disciplinaire de la Fonction publique, v. Bottini F., « La juridictionnalisation du régime disciplinaire des agents publics », *RDP* 2007, p. 1179-1205.

[129] Cette volonté d'introduire plus de souplesse dans l'utilisation des assistants d'éducation s'est trouvée renforcée par la suppression de la disposition initialement contenue dans le décret n° 2003-484 obligeant à « précise[r] les fonctions pour lesquelles l'assistant d'éducation est recruté ainsi que les établissements ou les écoles au sein desquels il exerce » (D. n° 2008-316, *op. cit.*, art. 2).

## B) La volonté de réduire les dépenses liées au financement des surveillants

Le choix du gouvernement de faire « travailler plus » les assistants d'éducation « pour gagner moins »[130] participait de sa volonté de réduire les dépenses publiques (1) afin de satisfaire aux exigences du traité sur l'Union européenne (2).

1°) La volonté de réduire le déficit de l'État

Anticipant sur ce que serait la loi, l'opposition avait reproché au gouvernement lors des débats législatifs de sacrifier « l'éducation (...) à l'idéologie libérale »[131], en dotant les assistants d'éducation d'un statut beaucoup moins avantageux sur le plan de la justice sociale que celui des M.I.-S.E.

Sans aller jusque là, force est de constater que la réforme enfonce un coin dans le système éducatif français qui laisse craindre son « anglo-saxonisation »[132]. Car le véritable objectif du gouvernement est rapidement devenu purement financier. Il s'agissait de faire des économies « sur le dos » des étudiants défavorisés. C'est ce qui ressort nettement des interventions de certains membres de la majorité. Sans doute le gouvernement n'a-t-il pas insisté sur cet aspect de son projet et les déclarations sur ce point sont-elles de ce fait éparses et peu nombreuses. Mais elles n'en trahissent pas moins le véritable objectif de la majorité de profiter de la réforme pour assurer une meilleure maîtrise des dépenses étatiques, dans la lignée du bouleversement opéré par la LOLF[133].

À l'appui de cette analyse, on peut citer certains spécialistes, qui déclaraient d'emblée trouver « normal » d'« exige[r] » des surveillants « un travail qui soit en rapport avec leur rémunération » dès lors qu'ils « recevaient un salaire tout à fait décent »[134]. Car le gouvernement semble avoir fait sien ses propos. Pris à parti par l'opposition sur cette question, Luc Ferry déclarait

---

[130] Intervention de J.-P. Dufau, *JOAN Déb.*, séance du 25/3/2003, p. 2374 ; 2381.

[131] Intervention d'Y. Durand, *id.* p. 2385.

[132] Il faut en effet savoir qu'en Angleterre, il n'y a pas de Surveillants, ni même de CPE, dans la mesure où il revient à chaque enseignant de veiller au bon ordre de l'établissement (Rapport d'information de B. Bourg- Broc, *op. cit.*, p. 86). C'est pourquoi les députés J.-P. Dufau et P. Roy ont fait part de leur crainte de voir la réforme conduire à une « privatisation rampante, à l'anglo-saxonne, du système éducatif » (*JOAN Déb.*, séance du 25/3/2003, p. 2390) ou à « l'américanisation de la société » (*id.* p. 2385).

[133] L. org. n° 2001-692 du 1er/8/2001, relative aux lois de finances, *JO* 2/8/2001, p. 12480-12489.

[134] Legrand L., *op. cit.*, p. 161.

d'ailleurs n'avoir « aucune honte à considérer » en sa qualité de ministre de l'Éducation nationale « que les économies budgétaires f[aisaient] partie (...) de [s]es missions »[135].

Or, cette approche était soutenue par les parlementaires de la majorité. C'est ainsi que le rapporteur du texte à l'Assemblée nationale présentait la réforme comme le moyen d'avoir des agents « plus disponibles pour leurs établissements du fait de l'augmentation des obligations de service et de l'annualisation du temps de travail pour une rémunération identique à celle des M.I.-S.E. »[136].

La réforme semble ainsi rétrospectivement trouver sa véritable justification dans des considérations d'ordre essentiellement économique. Il s'agissait pour le gouvernement Raffarin d'améliorer le taux d'encadrement des élèves tout en réduisant les dépenses de l'État grâce à une réforme du statut des M.I.-S.E. qui lui permette de payer moins cher les surveillants afin de pouvoir en embaucher un plus grand nombre. Ce faisant, le pouvoir en place manifestait sa volonté de respecter les critères de Maastricht.

2°) La volonté de respecter les critères de Maastricht

Au-delà de sa volonté de réduire le déficit public en économisant sur les dépenses des personnels de surveillance, la réforme traduit le désir du gouvernement Raffarin de respecter les critères financiers et monétaires imposés par les instances communautaires dans le cadre de la construction européenne.

En conséquence de la mondialisation, l'internationalisation des relations juridiques produit des conséquences directes sur les finances étatiques, en privant les pouvoirs publics d'une grande part de leur marge de manœuvre en la matière. C'est particulièrement vrai au sein de l'Union européenne, puisque le nouvel article 104 C du traité de Rome (issu du TUE du 7 février 1992[137]) fait directement peser certaines contraintes sur les pays membres de la zone euro.

Pour pouvoir en faire partie, la France a ainsi dû ramener son déficit public en dessous de 3% du PIB et avoir un taux d'endettement public inférieur à 60% de ce même PIB. Mais maintenant qu'elle y a adhéré, elle ne peut laisser filer ses dépenses sous peine d'être sanctionnée par les autorités de l'Union. Ces dernières tiennent en effet du droit communautaire le moyen d'infliger aux pays qui manqueraient aux obligations de la zone euro des sanctions graduées,

---

[135] Intervention précitée de L. Ferry, *JOAN Déb.*, séance du 27/3/2003, p. 2531.

[136] Rapport de J.-M. Geveaux, *op. cit.*, p. 27.

[137] Traité sur l'Union européenne, signé à Maastricht le 7/2/1992 *in* D. n° 94-80 du 18/1/1994, *JO* 28/1/1994, p. 1527, art. G, 25°.

allant de simples mises en demeure à des amendes, en passant par la révision des prêts accordés[138].

Or, du propre aveu du ministre Luc Ferry, la suppression du statut des M.I.-S.E. faisait partie des choix politiques opérés par le gouvernement Raffarin pour réduire les déficits publics en vue de satisfaire aux attentes européennes. C'est ce qui ressort de cette déclaration qu'il a faite à l'appui de son projet de loi lors des débats parlementaires : « si notre déficit budgétaire dépasse un certain seuil », « nous risquons d'être mis sous contrôle de l'Union européenne »[139] et c'est pourquoi il nous faut voter la réforme. Voilà en substance ce qu'il a plaidé devant les chambres.

De tous les arguments invoqués à l'appui de la suppression des « Pions », ce dernier semble avoir revêtu une importance particulièrement décisive aux yeux du gouvernement et de sa majorité. Si la réforme a de ce fait indéniablement été justifiée par des considérations libérales, la question se pose : une telle politique est-elle véritablement la plus à même d'endiguer la crise sociale qui couve en France ? L'analyse du sort réservé aux étudiants les moins favorisés laisse craindre le contraire.

*

* *

Loin de renforcer l'aide sociale aux étudiants les plus modestes en mettant un terme aux abus qui avaient pu être constatés sous le « pionicat », la réforme a permis à l'État de réaliser de substantielles économies en recourant à une main d'œuvre bon marché, « taillable et corvéable à merci ». Avec la complicité de sa majorité au Parlement, le gouvernement Raffarin a en effet fait le choix de remplacer les M.I.-S.E. par des assistants d'éducation dont le régime juridique est moins avantageux, pour des raisons essentiellement budgétaires en partie liées à la nécessité de répondre aux contraintes de la zone euro[140].

Que les gouvernants veuillent rompre avec une approche keynésienne de l'économie pour endiguer la crise qui mine le marché national de façon endémique peut se comprendre[141]. Que cela les conduise à limiter de façon drastique les dépenses publiques est parfaitement logique. Mais la mise en

---

[138] *Id.* ; Règlement CE n° 1056/2005 du Conseil du 27/6/2005, modifiant le règlement CE n° 1467/97 visant à accélérer et à clarifier la mise en œuvre de la procédure concernant les déficits excessifs, *JOCE* 7.7.2005, n° L 174, p. 5-9.

[139] Intervention précitée de L. Ferry, *JOAN Déb.*, séance du 27/3/2003, p. 2531.

[140] En ce sens, v. l'intervention de F. Liberti, *JOAN Déb.*, séance du 25/3/2003, p. 2415.

[141] Sur cette question, v. de Villiers M. (dir.), *Droit public général*, Litec, 2006, n° 966.

place du grand marché libéral européen supposait-elle vraiment de « damner le Pion » ? La relance de l'économie française supposait-elle véritablement de revenir sur un système qui a permis à des générations d'étudiants d'améliorer leur condition en finançant leurs études grâce à un emploi taillé à la mesure de leurs impératifs ? Poser la question, c'est déjà y répondre. Car l'éducation n'est pas un secteur d'activité comme un autre, dès lors qu'on ne peut y investir dans la seule perspective de réaliser un profit immédiat.

En mettant prioritairement l'accent sur le moyen de pourvoir les besoins en personnel des établissements scolaires à un moindre coût, le pouvoir politique a ainsi opté pour une vision « court-termiste » de l'intérêt général. Car, dans le domaine éducatif, le bien commun ne commande pas tant « d'utiliser de manière plus rationnelle les ressources humaines »[142] que d'assurer l'accès du plus grand nombre aux études supérieures, notamment universitaires, afin de garantir la formation des élites de demain, de ceux là même qui deviendront les acteurs de la volonté générale.

De ce point de vue, la réforme confirme le changement de philosophie amorcé par le gouvernement Jospin au travers de la loi de 1997 créant les emplois jeunes. Car là où il s'agissait de permettre à des étudiants défavorisés de s'« élever » de leur milieu social afin d'occuper des postes de « décideurs »[143], il est désormais question de profiter de leur détresse en permettant à l'État d'exploiter une main d'œuvre bon marché, afin de combler ses besoins en personnel. Sans doute, les intéressés y gagnent-ils la possibilité de valoriser une expérience professionnelle. Mais cette dernière risque de les cantonner au rôle de simples agents d'exécution pendant toute la durée de leur carrière, faute de diplômes suffisants. Ainsi, tandis que le statut des M.I.-S.E. constituait un élément clé de « l'ascenseur social » français, celui des assistants d'éducation n'est plus qu'un tremplin pour favoriser l'insertion professionnelle des jeunes. La différence est de taille.

Et elle fait planer de graves incertitudes sur l'avenir de la République française. Car si « peu d'hommes imaginèrent avec plus de précision que Jean Zay comment l'institution » scolaire « devait être organisée pour (...) répond[re] » aux « besoins »[144] de la démocratie, on ne peut revenir sur son action sans compromettre la nature du régime[145]. C'est d'autant plus vrai que la

[142] Selon l'expression précitée de J.-M. Geveaux.
[143] Sur cette notion, v. Bottini F., *La protection des décideurs publics face au droit pénal*, LGDJ, 2008, n° 4.
[144] M. Monod cité *in* Ruby M., *op. cit.*, p. 185.
[145] De ce point de vue, on peut s'émouvoir de ce mot de Luc Ferry, prononcé lors des débats législatifs en réponse à un membre de l'opposition qui soutenait que la réforme méconnaissait les aspirations des français : « si nous faisions la politique uniquement

« panne » de « l'ascenseur social » favorise le développement de « dynasties » au sommet de l'État, alors qu'il n'est pas sain dans une démocratie digne de ce nom que le pouvoir passe de père en fils (ou de mère en fille). Il est à ce titre révélateur que les gouvernants actuels n'aient pas hésité à abattre un mécanisme sans lequel nombre d'hommes politiques des IIIe et IVe Républiques n'auraient pu se hisser aux plus hautes fonctions étatiques[146]. Leur attitude montre qu'aujourd'hui les représentants ne se recrutent plus ou très peu parmi les couches populaires[147]. La décision du législateur en dit ainsi long sur l'écart qui sépare la « France d'en bas » de celle « d'en haut », cette dernière étant de plus en plus coupée des attentes de la première.

Sans doute, le nouveau système n'empêchera-t-il pas les plus motivés de réussir leurs études tout en occupant un travail ingrat et mal payé, un « Mac Job » selon l'expression désormais consacrée. Mais leur succès, ils ne le devront plus qu'à eux-mêmes et à la force de leur volonté. Car plus rien ne les distinguera de leurs homologues qui auront travaillé dans les « *Fastfoods* » ou comme Caissier de supermarché. À la question « qu'est-ce que la République a fait pour moi ? », la réponse s'imposera froidement : rien ou pas grand-chose. De sorte qu'au nom de la réduction des dépenses publiques, le gouvernement aura favorisé le repli des individus sur eux-mêmes, dissolvant ainsi un peu plus le lien social et hypothéquant par là même davantage le pacte républicain qui a fait la grandeur de la France.

« Les pions mourront (...) de leur belle mort »[148] prophétisait l'un des promoteurs de la réforme. Qu'on prenne garde à ce qu'ils n'emportent pas avec eux les valeurs républicaines ! Et que la crise sociale qui a animé les années 2005-2006 n'annonce pas une crise plus profonde, d'ordre politique celle-là. Car en remettant en cause ce pilier de l'égalité sociale que constituait le statut des M.I.-S.E., c'est le principe même d'égalité sur lequel tout le système institutionnel et politique français repose que l'on ébranle.

---

en fonction de l'opinion publique, nous serions mal partis » lui avait-il en effet répondu (*JO Sénat Déb.*, séance du 10/4/2003, p. 92).

146 On peut citer ici à titre d'exemple Charles Dupuy ou encore Guy Mollet, sans que cette liste soit exhaustive.

147 En ce sens, v. Lacroix B., « Existe-t-il une crise de la démocratie représentative en France aujourd'hui ? », *in* Rousseau D. (dir.), *La démocratie continue*, Bruylant-LGDJ, 1995, p. 41.

148 Rapport de J.-M. Geveaux, *op. cit.*, p. 30.

# Le juge des référés, juge de la crise sociale ?

par Thierry Tuot,
conseiller d'État,
professeur associé à l'Université du Havre
*(les opinions exprimées ici le sont à titre personnel)*

**1.** La loi du 30 juin 2000, qui a amplifié un mouvement initié dès 1988 de développement des procédures d'urgence devant le juge administratif, a créé un éventail de modes de saisine, depuis encore élargi à d'autres matières.
Le propos se limite ici aux trois « grands » référés des articles L 521-1 du code de justice administrative (référé « suspension », tendant à la suspension d'une décision administrative), L 521-2 (référé « liberté », tendant à la prise de mesure permettant de protéger une liberté fondamentale) et L 521-3 (référé « mesures utiles », tendant au prononcé de mesures utiles dans un cadre administratif, que l'administration ne peut prendre (expulsion domaniale) ou dont un administré a besoin (communication de document).

**2.** Ces procédures connaissent un succès immense, que les statistiques du rapport annuel du Conseil d'État illustrent pour les deux années que nous examinons aujourd'hui. En 2006, sur 11242 décisions rendues par le Conseil d'État, environ 500 l'ont été par le juge des référés au Conseil d'État, tandis qu'environ mille cent décisions statuaient en cassation d'un juge des référés de premier ressort ou d'appel. Bien que ces données concernent tous les référés du livre V, une majeure partie relève de ceux examinés aujourd'hui, parmi eux essentiellement les référés suspensions, dominés par les refus de visas. C'est dire que, en chiffres ronds, 15% de l'activité juridictionnelle (mesurée en décisions, non en temps passé) est consacré aux référés. On croit pouvoir affirmer que la proportion est la même en première instance.

**3.** Il y a évidemment un intérêt certain à étudier comment les libertés fondamentales sont mieux protégées par ces procédures, l'amélioration qu'elles apportent à l'exercice du droit au recours et à son effectivité , notamment au regard des exigences de la Convention européenne des droits de l'homme, ou les particularités procédurales dont elles enrichissent le droit du contentieux administratif entre ces deux pôles, qu'on peut être tenté d'opposer, que sont droits fondamentaux et rapidité du jugement.

**4.** La question qu'on voudrait examiner aujourd'hui est celle du sens qu'on peut donner à cet engouement des requérants pour ce mode particulier d'accès au juge.

On peut certes l'expliquer par des raisons officielles – celles invoquées par les promoteurs de la réforme de 2000 : remédier aux déficiences d'une justice trop lente et étouffer dans l'œuf les atteintes au droit, particulièrement aux libertés fondamentales.
On peut y ajouter les justifications officieuses qui relèvent de l'histoire du droit et des juridictions : le souci de faire face à la concurrence de l'ordre judiciaire, qui par le biais de la voie de fait largement entendue, usurpait une compétence administrative que ses lenteurs empêchaient de défendre utilement. Mais cela n'expliquera pas les motivations collectives, ni ce que révèle du rapport à la justice et au droit cette saisine si fréquente et ses caractéristiques.

**5.** On voudrait en conséquence étudier trois hypothèses décrivant la mutation à l'œuvre – et ainsi fournir à l'école du Havre de positivisme sociologique (bien qu'on en discute, pour les limiter, les thèses en matière de fondement des libertés, on souscrit à l'hypothèse de travail du droit comme expression d'une société et de sa conscience collective, et se propose ici d'étendre le champ de la réflexion au-delà des seuls droits fondamentaux, pour rechercher si le droit du contentieux, en apparence si éloigné des citoyens, n'est pas, lui aussi, l'expression, historiquement située, de leur rapport à la cité, à autrui et au pouvoir - ) de nouveaux thèmes de travail.
En fondant les hypothèses sur les décisions rendues par le juge des référés au Conseil d'État ou en cassation de référés au cours des années 2005/2006, on propose au débat les thèses suivantes :

**6.** Alors que la vérité communément reçue est qu'il fallait accélérer le jugement des affaires et offrir une issue provisoire rapide à des contestations pour limiter les dégâts d'agissements administratifs grossièrement répréhensibles, il semble que l'impatience des parties – qui est celle du grand public – fasse de la rapidité non le **moyen** d'une meilleure justice, mais bien la seule **fin** poursuivie. En d'autres termes, l'issue du débat contentieux importe moins que la vitesse avec laquelle il est résolu. Peu importe le sens, pourvu qu'on ait la décision, qu'importe le procès si on a la vitesse. À ce titre, les parties se contentent de motivations elliptiques, de garanties procédurales très allégées, d'un juge unique le plus souvent quelle que soit l'importance du litige, d'une forte part d'oralité, alors même que la tendance générale est au renforcement de ces garanties procédurales.

**7.** On risquera donc une deuxième thèse, qui découle de la première : la facilité avec laquelle on tient pour acquis le jugement en référé montre que le recours au juge est devenu plus important que le jugement : l'important n'est plus le sens de la décision, mais qu'un juge ait pu la prendre, du moins un tiers de

confiance (et il est vraisemblable que le succès des autorités administratives de règlement de différend que sont les ARCEP, CRE ou dans un autre genre CADA ou HALDE, qui connaissent dans des genres différents des succès remarquables, tient à la même cause). On cherchait autrefois à connaître le droit, le sien ou en général, selon qu'on était en plein contentieux ou en excès de pouvoir : vérité éternelle, après mûre réflexion il apparaissait. On doute désormais, semble-t-il, de cette vérité là comme de toutes celles venues d'un ciel. Celui qui parle a plus d'importance que ce qu'il dit. Qu'un juge ait prononcé compte plus que ce qu'il a énoncé.
Il faudrait étudier l'issue des procédures au fond de l'article L 521-1, qui est une des conditions de la recevabilité des recours, pour déterminer si le taux de désistement n'y est pas plus élevé que la normale. Ce qu'on peut ici affirmer, sur la base d'une étude empirique, c'est que là où le juge des référés peut être saisi sans requête au fond, il n'y a, majoritairement, quelle que soit sa décision, *pas* de requête au fond. Nombreuses sont les décisions qui construisent du reste le référé comme un provisoire extrêmement durable (se substituant au juge naturel de la question préjudicielle, tirant des conséquences en termes de comportement et de décisions à prendre, bien que provisoires, ne statuant plus si l'administration agit dans le sens demandé, capable de mesures d'injonction et d'exécution,...).

**8.** D'où se déduirait une dernière thèse : le recours au juge est devenue la seule médiation sociale en laquelle avoir confiance vis-à-vis de l'État. Ce qui, auparavant, devait recevoir une issue dans le recours à la violence (du moins celle socialement acceptée : la grève, la manifestation, la désobéissance), dans l'action collective (associative, syndicale) dans la militance politique et ses débouchés électoraux, est désormais porté devant un juge. C'est devant lui, et seulement devant lui que la querelle se vide. Et comme elle est l'issue acceptée d'une montée aux extrêmes, elle doit avoir la flagrance, l'immédiateté, l'instantanéité des conflits et affrontements qu'elle remplace. Le juge des référés devient le juge d'un tournoi, son prétoire le champ clos où d'un mot il attribue la victoire.

**9.** C'est en ce sens qu'on pose la question : juge des référés, juge de la crise sociale. Le juge des référés est devenu l'un des symboles d'une société pressée, où la souffrance, la douleur, l'attente, l'horizon lointain sont devenus scandales ; d'une société qui ne croit pas aux idéologies affichées par des pouvoirs auxquels elle dénie toute crédibilité, toute impartialité, parce qu'ils lui refusent – n'en disposant pas – d'user du pouvoir magique de trancher ici et maintenant de toutes les contestations qu'un monde complexe exacerbe ; d'une société où la personne est la seule réalité, aux dépens de toute catégorie autrefois englobante, classe, parti, nation, Europe, génération, genre, personne qui quête sans fin sa reconnaissance en tant que telle et non comme élément anonyme et méprisé ; d'une société obsédée par la reconnaissance et la réparation, qui découvre que le progrès matériel n'allège pas entièrement les souffrances sociales, qu'elle a désappris à supporter.

**10.** Établir ou démentir la réalité de ces thèses est un enjeu d'importance. Les apprécier permettrait de mieux identifier l'impressionnante responsabilité pesant sur le juge des référés – de prévenir l'immanquable désaveu public qu'une exagération de son rôle et de sa valeur entraînera nécessairement, de réfléchir à d'autres façons de remédier à l'urgence... Et, pour ceux qui ne voient dans le droit que le reflet d'un monde, et l'expression d'une volonté politique, de ramener sur le terrain politique des questionnements qui ne relèvent du juge que lorsqu'il est un exécutant, non un concepteur : les rapports de la justice, de la société, des droits de chacun et de l'intérêt général.

# Le droit administratif face aux crises de la société française

par Gilles Lebreton,
professeur à l'Université du Havre

**D'un déclin annoncé...**

Fin connaisseur de l'Histoire de France, Tocqueville n'a pas craint d'affirmer que « la Révolution française, qui a introduit tant de nouveautés dans le monde, n'a rien créé de plus nouveau que cette partie de notre droit politique qui se rapporte à l'administration »[1]. Cette originalité du droit administratif français, qu'il soulignait à juste titre, doit néanmoins être relativisée aujourd'hui. Les principales évolutions qui ont affecté cette branche du droit en 2005 et 2006 ont en effet été inspirées par des modèles étrangers ou par le droit privé. Ce constat tend à confirmer que le déclin du droit administratif français, diagnostiqué depuis au moins vingt ans, n'est pas une « chimère »[2], mais une réalité s'expliquant notamment par la globalisation et par l'hégémonie du libéralisme.

Seul arrêt de la période 2005-2006 ayant eu l'honneur d'être inscrit dans la seizième édition des célèbres *GAJA*, l'arrêt KPMG dégage un nouveau principe général du droit dont on attendait la consécration depuis plusieurs années : le principe de sécurité juridique. D'origine allemande et communautaire, la sécurité juridique est, selon Sylvia Calmes, « la qualité d'un ordre juridique qui assure au citoyen lisibilité et confiance dans ce qui constitue le droit en un moment donné et ce qui, selon toute probabilité, sera le droit dans l'avenir »[3]. Dans son arrêt d'assemblée de 2006, le Conseil d'État déduit de ce principe qu' « il incombe à l'autorité investie du pouvoir réglementaire d'édicter (...) les mesures transitoires qu'implique (...) une réglementation nouvelle ; qu'il en va ainsi en particulier lorsque les règles nouvelles sont susceptibles de porter une atteinte excessive à des situations contractuelles en

---

[1] A. de Tocqueville, « Rapport sur le Cours de droit administratif de M. Macarel », 1846, *RFDA* 2007.1118.

[2] Contra : B. Ferrari, « Le déclin du droit administratif français : entre chimère et réalité », *AJDA* 2006.1021.

[3] S. Calmes, « Sécurité juridique et droits fondamentaux », dans *Valeurs républicaines et droits fondamentaux de la personne humaine en 2003 et 2004* (dir. G. Lebreton), L'Harmattan 2006 p.148.

cours »[4]. Le principe de sécurité juridique débouche ainsi concrètement sur une obligation nouvelle du pouvoir réglementaire, consistant à adapter ses nouveaux règlements aux contrats en cours d'exécution. Il est certes permis de s'en réjouir, comme l'a fait la quasi-totalité de la doctrine. Mais force est de constater que ce progrès n'a été réalisé qu'au prix d'un emprunt à des modèles étrangers plus libéraux que le modèle français, et qu'il réalise un pas supplémentaire dans la réévaluation des intérêts privés par rapport à l'intérêt général. Se faisant l'écho de débats qui ont agité la doctrine allemande, Sylvia Calmes souligne à cet égard que la sécurité juridique est un « concept indéterminé » qui semble relever d'une vision beaucoup plus subjective du droit que celle qui a présidé à l'émergence de « droits fondamentaux » conçus comme substantiels[5]. Pour l'instant, en tout cas, le Conseil d'État ne paraît guère s'en préoccuper : tout à l'enthousiasme de sa nouvelle découverte, il l'a déjà appliquée à plusieurs reprises, notamment dans un arrêt de section qui exige « une période transitoire » avant l'application d'un règlement précédemment suspendu, afin de permettre aux sociétés qui avaient obtenu sa suspension et qui ont ensuite échoué à obtenir son annulation, « de s'adapter aux prescriptions nouvelles » qu'il édicte en matière d'étiquetage de certains produits alimentaires[6].

Deuxième grande nouveauté de la période 2005-2006, le concept de « garde », jusqu'alors essentiellement privatiste, a brusquement envahi le champ de la responsabilité sans faute de l'administration. C'est en effet désormais sur le fondement de la garde que l'administration engage sa responsabilité à l'égard des victimes de dommages causés par des mineurs en danger[7], par des mineurs délinquants[8], ou encore par des ouvrages publics les atteignant en qualité de tiers[9]. On ne voit pas très bien l'intérêt d'une telle transposition dans la mesure où le vieux fondement du risque aurait tout aussi bien pu faire l'affaire pour indemniser les victimes dans le premier cas (qui relevait jusque-là bizarrement d'un régime de responsabilité pour faute prouvée), et quand on sait qu'il s'appliquait déjà à la satisfaction générale dans les deuxième et troisième cas. La garde est d'autant plus malvenue que dans

---

[4] CÉ Ass. 24/3/2006 Soc. KPMG *GAJA*, *RFDA* 2006.463 concl. Y. Aguila note F. Moderne, *AJDA* 2006.1028 chron. C. Landais et F. Lenica.
[5] S. Calmes, *op. cit.* p.146.
[6] CÉ Sect. 27/10/2006 Soc. Techna *RFDA* 2007.265 concl. F. Séners, *AJDA* 2006.2385 chron. C. Landais et F. Lenica.
[7] CÉ Sect. 11/2/2005 GIE Axa Courtage *RFDA* 2005.594 concl. C. Devys note P. Bon, *AJDA* 2005.663 chron. C. Landais et F. Lenica.
[8] CÉ Sect. 1er/2/2006 Garde des Sceaux c. MAIF *RFDA* 2006.602 concl. M. Guyomar note P. Bon, *AJDA* 2006.586 chron. C. Landais et F. Lenica.
[9] CÉ 3/5/2006 Commune de Bollène (deux arrêts) *AJDA* 2007.204 note M. Deguergue.

l'hypothèse des mineurs délinquants elle ne chasse pas le risque mais coexiste avec lui, laissant aux victimes, de façon inutilement compliquée, le choix du fondement de leur action en responsabilité. Il faut donc condamner cette transposition de la garde en droit administratif, qui présente de surcroît l'inconvénient de déresponsabiliser l'État, généralement à l'origine des politiques faisant courir un risque aux administrés, au détriment des simples organismes d'exécution que sont presque toujours les « gardiens » publics (établissements publics ou collectivités territoriales)[10].

À côté de ces deux nouveautés majeures, qui se situent à la périphérie des droits fondamentaux, les autres faits marquants peuvent sembler anecdotiques. Des textes et des arrêts méritent néanmoins d'être mentionnés.

Quatre décrets de 2006 doivent ainsi être signalés. L'un, du 8 juin, abroge le célèbre décret du 28 novembre 1983 concernant les relations entre l'administration et les usagers, dont les principales dispositions ont été reprises par l'arrêt Alitalia[11], par la loi du 12 avril 2000 et par un décret du 9 juin 2006 ; disparaît ainsi la disposition, tenue en échec par le Conseil d'État[12], qui prévoyait la possibilité pour l'administré d'invoquer la doctrine administrative, ce qui peut sembler contradictoire avec le nouveau souci des juges, affiché par l'arrêt KPMG, de protéger la sécurité juridique[13]. Un deuxième décret, en date du 15 novembre, a défrayé les médias en généralisant l'interdiction de fumer, posée par la loi Évin du 10 juillet 1991, à tous les lieux affectés à un usage collectif, y compris dans les bars à narguilé dont la raison d'être est pourtant de réunir des fumeurs ; il semble, par ses outrances, céder à un hygiénisme assez effrayant qui prétend restreindre l'exercice de libertés traditionnelles au nom d'impératifs de santé publique[14]. Plus technique, un troisième décret, en date du 1er août, prend en compte de récents arrêts de la Cour européenne des droits de l'homme (CEDH) hostiles à la présence du commissaire du gouvernement au délibéré[15] : opposant une ultime résistance à la CEDH, il dispose que dorénavant la décision de justice est délibérée hors de la présence du commissaire du gouvernement en ce qui concerne les tribunaux administratifs

---

[10] Pour une critique plus détaillée, cf. notre article « Mise en garde contre l'irruption de la garde dans le droit de la responsabilité administrative », *D* 2007.C.2817.

[11] CÉ Ass. 3/2/1989 Comp. Alitalia *GAJA*.

[12] Cf. par exemple CÉ 19/6/1992 Département du Puy-de-Dôme *RFDA* 1993.689 concl. M. Pochard ; cf. aussi notre manuel *Droit administratif général*, Dalloz 4ème éd. 2007 p.107.

[13] En ce sens, cf. P. Combeau, « Le décret du 28 novembre 1983 est mort, vive la loi ? », *AJDA* 2006.1745.

[14] Décret jugé légal par CÉ 19/3/2007 Mme Le Gac *RFDA* 2007.770 concl. L. Derepas.

[15] CEDH 5/7/2005 Mme Loyen c. France, CEDH 12/4/2006 Martinie c. France *AJDA* 2006.986 note F. Rolin.

et les cours administratives d'appel, alors qu'au Conseil d'État, « sauf demande contraire d'une partie, le commissaire du gouvernement assiste au délibéré » ; en somme, comme la Garde de l'Empereur, le commissaire du gouvernement meurt mais ne se rend pas. Le dernier décret enfin, en date du 23 décembre, renonce un peu plus au principe de collégialité, qui semble voué à une disparition progressive depuis 1995, en confiant au juge unique de nouveaux champs de compétence, notamment le contentieux du permis de conduire et le contentieux indemnitaire inférieur à dix mille euros (au lieu de huit mille euros précédemment)[16]. Au total, le bilan des quatre décrets n'a rien de très réjouissant et ne dissipe en rien l'impression d'assister au déclin du droit administratif français.

Sur le plan législatif, la loi la plus marquante de la période a sans conteste été la loi du 31 mars 2006 relative à l'égalité des chances. Cette loi restera célèbre pour avoir institué un « contrat première embauche », validé par le Conseil constitutionnel, qui rompait tellement avec les principes classiques du droit du travail français et de l'Organisation internationale du travail qu'il a suscité d'importantes manifestations de protestation et le plus long blocage des universités françaises depuis mai 1968, finissant par contraindre le Chef de l'État à décider une étonnante « promulgation-suspension » des dispositions concernées[17]. Mais cette loi comporte aussi d'importantes nouveautés qui intéressent davantage le droit administratif, car elle confie au président du conseil général un pouvoir de sanction à l'égard des parents défaillants, et au maire un pouvoir de transaction pénale (devant être homologuée par l'autorité judiciaire) avec les auteurs de certaines infractions. Elle confirme ainsi, sans qu'il faille nécessairement s'en féliciter, la vogue des sanctions administratives et celle plus récente des transactions administratives pénales[18].

Au sommet de la hiérarchie des normes, la Charte de l'environnement a été « adossée » à la Constitution par la révision constitutionnelle du 1er mars 2005. Deux nouveaux droits à valeur constitutionnelle sont ainsi consacrés : le droit « de vivre dans un environnement équilibré et respectueux de la santé » (article 1), et celui déjà consacré par la Convention d'Aarhus « d'accéder aux informations relatives à l'environnement détenues par les autorités publiques et de participer à l'élaboration des décisions publiques ayant une incidence sur l'environnement » (article 7). La portée réelle de la Charte, et des droits qu'elle

---

[16] La jurisprudence aggrave encore les choses en estimant qu'une demande indemnitaire non chiffrée doit être considérée comme inférieure à 10 000 €, sauf si elle sollicite une expertise : CÉ Sect. 5/5/2006 Mme Bisson *AJDA* 2006.1368 chron. C. Landais et F. Lenica.

[17] J-É. Gicquel, « La promulgation-suspension de la loi », *RDP* 2006.568.

[18] Dont le régime d'homologation est précisé par CÉ Ass. 7/7/2006 Assoc. France nature environnement *AJDA* 2006.2053 chron. C. Landais et F. Lenica.

consacre, a toutefois été fortement relativisée par le Conseil d'État qui estime, en désavouant un juge du référé-liberté plus impétueux[19], que seul son article 5, relatif au principe de précaution, est d'applicabilité immédiate, les autres articles n'ayant en principe vocation, en raison de leur généralité, qu'à inspirer des lois de transposition[20].

Pour le reste, le Conseil d'État s'est surtout attaché à tracer péniblement les contours de la police administrative[21] et de la vénérable jurisprudence du socialisme municipal[22] pour limiter autant que possible l'emprise croissante, qui devient problématique, du droit de la concurrence sur le droit administratif.

Deux affaires, particulièrement symptomatiques des difficultés éprouvées par la justice administrative à se rendre compréhensible auprès de l'opinion publique, ont enfin acquis une sorte de célébrité médiatique. Dans l'affaire Lipietz, le Tribunal administratif de Toulouse s'est inspiré d'une jurisprudence récente[23] – et a sacrifié au culte de la repentance – en reconnaissant la responsabilité de l'État et de la SNCF pour avoir transporté, durant l'Occupation, des « Juifs » dans « des conditions incompatibles avec la dignité de la personne humaine »[24]. Mais ce jugement, bien accueilli par l'opinion publique, a par la suite été annulé par la Cour administrative d'appel de Bordeaux, en ce qui concerne la SNCF, pour des raisons aussi techniques que contestables, liées au fait que le litige opposerait un SPIC à ses usagers et relèverait ainsi de la compétence du juge judiciaire[25]. Dans l'affaire du technival, le problème est exactement inverse : le président du Tribunal administratif de Rennes ne botte pas en touche mais suspend courageusement un arrêté préfectoral de réquisition d'un aérodrome, sans se laisser intimider par le fait que cet arrêté, au demeurant grossièrement illégal, n'a été pris que

---

[19] TA Châlons-en-Champagne 29/4/2005 Conservatoire du patrimoine naturel *AJDA* 2005.1357 note H. Groud et S. Pugeault : à propos de l'article 1.

[20] CÉ 6/4/2006 Ligue pour la protection des oiseaux, et CÉ 19/6/2006 Assoc. Eau et rivières de Bretagne *AJDA* 2006.1584 chron. C. Landais et F. Lenica.

[21] CÉ 7/12/2005 Soc. Ryanair *AJDA* 2006.1449 note N. Ach : juge que l'arrêté ministériel limitant le fonctionnement nocturne d'un aérodrome n'a pas « pour effet d'empêcher, de restreindre ou de fausser le jeu de la concurrence ».

[22] CÉ Ass. 31/5/2006 Ordre des avocats au barreau de Paris *AJDA* 2006.1592 chron. C. Landais et F. Lenica : l'arrêt, d'une subtilité byzantine, concède « un sanctuaire aux activités de service public » par rapport au droit de la concurrence selon les deux commentateurs.

[23] CÉ Ass. 6/4/2001 Pelletier *RFDA* 2001.712 concl. S. Austry, *AJDA* 2001.444 chron. M. Guyomar et P. Collin.

[24] TA Toulouse 6/6/2006 Consorts Lipietz *AJDA* 2006.2292 note P. Chrestia.

[25] CAA Bordeaux 27/3/2007 SNCF *AJDA* 2007.1309 note J-C. Jobart.

quelques jours avant le début de la rave-partie prévue sur ledit aérodrome[26]. Mais le préfet, avec l'appui du ministre de l'Intérieur, décide de passer outre l'ordonnance[27], offrant au public la triste image d'un droit administratif qui, lorsqu'il parvient à trouver ses marques, administre la preuve de son inefficacité...

**... à un nouveau rôle de gestion des crises sociales.**

Si la période 2005-2006 n'a guère été propice, on le voit, à une protection accrue des droits fondamentaux de la personne humaine, elle a en revanche été dominée par la question sociale. Dans ce contexte de crise, le droit administratif s'est retrouvé en première ligne pour faire face aux tensions. S'étant acquitté de cette tâche avec une certaine efficacité, il a quelque peu redoré son blason en offrant l'image d'un droit adapté à la gestion des crises sociales. Ce qui restera en effet le grand fait marquant de la période 2005-2006 est qu'il a dû faire face à des explosions sociales (I) et à un malaise social diffus (II).

## I – LE DROIT ADMINISTRATIF FACE AUX EXPLOSIONS SOCIALES

Les ressources du droit administratif ont été sollicitées pour faire face à l'explosion des banlieues en 2005 (A) et à celle des universités en 2006 (B).

### A) L'explosion des banlieues en 2005

Le 27 octobre 2005, des émeutes se sont déclenchées dans un grand nombre de banlieues. Les causes en sont connues : elles tiennent au sentiment des jeunes de ces quartiers, en partie justifié, d'être abandonnés par la communauté nationale, ghettoïsés par un pouvoir politique accusé de ne pas lutter contre le chômage qui les accable et de les mépriser en les traitant de « racaille » qu'il faut « nettoyer au kärcher ». Le 8 novembre, devant la persistance des troubles, deux décrets sont pris simultanément pour mettre en œuvre « l'état d'urgence » prévu par la loi du 3 avril 1955, qui n'avait plus été utilisé en métropole depuis 1963. Le premier est un décret en conseil des

---

[26] TA Rennes 28/6/2006 Commune de Vannes *AJDA* 2006.1360 obs. S. Brondel.

[27] Sur cette affaire, cf. M-C. de Montecler, « L'État de droit, de Washington à Vannes », *AJDA* 2006.1409 ; et notre article « Sécurité et liberté de réunion » dans l'ouvrage collectif *Qu'en est-il de la sécurité ?*, Presses Universitaires de Toulouse 2008 p.251.

ministres qui « déclare » l'état d'urgence, alors que le second est un décret simple qui « applique » celui-ci[28]. Le 18 novembre, une loi proroge l'état d'urgence pour trois mois. Le calme se rétablissant rapidement, le président de la République prend le 3 janvier 2006 un décret qui y met fin de façon anticipée, comme le lui permettait la loi de prorogation.

À la lumière de ces événements, deux constats s'imposent. D'abord, quoi qu'on puisse penser de la loi de 1955, force et de convenir que l'état d'urgence a permis au gouvernement, grâce à l'augmentation des pouvoirs de police qu'il accorde au ministre de l'Intérieur et aux préfets, de rétablir l'ordre en quelques semaines sans provoquer aucune perte de vie humaine ; c'est un succès incontestable à mettre au crédit de l'habileté politique des gouvernants, mais aussi des procédés de droit administratif employés. En second lieu, l'état d'urgence a généré un contentieux abondant qui a permis au Conseil d'État d'affiner son contrôle et d'apporter aux administrés une protection plus efficace que par le passé contre d'éventuels abus commis dans le cadre de cette législation d'exception. Le bilan du contrôle doit toutefois être nuancé[29] : les progrès (1°) côtoient en effet quelques déceptions (2°).

1°) Les progrès

Dans un arrêt d'assemblée, le Conseil d'État estime que le décret en conseil des ministres déclarant l'état d'urgence est un acte administratif susceptible d'être contrôlé et non pas un acte de gouvernement[30], contrairement à ce que pensait une partie de la doctrine[31]. C'est incontestablement un point positif, voire une divine surprise.

Le même arrêt manque toutefois l'occasion de préciser le degré de contrôle exercé sur ce type de décret, car il estime (pour des raisons qu'on examinera plus loin) qu'il n'y a « pas lieu de statuer » sur sa légalité en l'espèce. Dans ses conclusions sur l'affaire, Mme Mitjavile indique néanmoins qu'il s'agit d'un contrôle minimum, compte tenu du pouvoir discrétionnaire dont jouit le chef de l'État pour déclarer l'état d'urgence. Mais on pourrait tout aussi bien estimer qu'il devrait s'agir d'un contrôle normal, seul à même de vérifier le respect des conditions légales de nature à justifier l'état d'urgence (« atteintes graves à l'ordre public » ou « calamité publique »), voire d'un

---

[28] Pour plus de détails, cf. notre article « Les atteintes aux droits fondamentaux par l'état de siège et l'état d'urgence », à paraître dans le numéro spécial des *Cahiers du CRDF*, « Urgence et droits fondamentaux », Presses universitaires de Caen.

[29] Pour plus de détails, cf. notre article précité note 28.

[30] CÉ Ass. 24/3/2006 Rolin et Boisvert *AJDA* 2006.1033 chron. C. Landais et F. Lenica.

[31] C'était notre cas : cf. *Libertés publiques et droits de l'Homme*, A. Colin 7ème éd. 2005 p.190.

contrôle maximum si on considère que la déclaration de l'état d'urgence déclenche l'application d'un régime de police exceptionnel particulièrement menaçant pour les libertés.

L'arrêt d'assemblée accepte en revanche de statuer sur la légalité du décret simple d'application de l'état d'urgence. En l'espèce, il exerce un contrôle normal en estimant qu' « eu égard (...) à la situation de violence urbaine qui prévalait en France (...), la mise en application [de l'état d'urgence] dans les zones déterminées par le décret attaqué était légalement justifié ». C'est un deuxième point positif, même si un contrôle maximum aurait été possible et préférable[32].

Le juge du référé-liberté confirme pour sa part que rien ne s'oppose à ce qu'il vérifie si le refus du président de la République de mettre fin à l'état d'urgence dès le mois de décembre porte une « atteinte grave et manifestement illégale » à des libertés fondamentales. Ce principe d'un contrôle sur la durée d'application de l'état d'urgence est un troisième point positif, même si en l'espèce le juge fait preuve d'une très grande prudence en se retranchant derrière « l'éventualité » d'une recrudescence des violences urbaines « lors des fêtes de fin d'année » pour considérer que le chef de l'État n'a commis aucune « illégalité manifeste (...) dans l'exercice du pouvoir d'appréciation étendu qui est le sien »[33]. Ces derniers mots, affirmant l'existence – qu'on pourrait contester – d'un pouvoir discrétionnaire en la matière, laissent clairement apparaître qu'un simple contrôle minimum serait exercé dans le cadre d'un recours pour excès de pouvoir.

Le juge du référé-suspension veille quant à lui au respect des garanties spécifiques entourant certaines décisions individuelles prises dans le cadre de l'état d'urgence, ce qui constitue un quatrième point positif. Il précise notamment que l'abrogation en 1993 de l'article 30 du Code de procédure pénale, auquel renvoyait la loi de 1955 pour placer les perquisitions d'exception sous surveillance judiciaire, « n'a pas eu pour conséquence de soustraire au contrôle de l'autorité judiciaire l'exercice par le ministre de l'Intérieur ou le préfet » de ces perquisitions[34]. Il sauve ainsi l'inviolabilité du domicile d'une lecture liberticide du pouvoir de perquisition, à laquelle l'administration aurait pu être tentée de procéder. Dans la même ordonnance, il rappelle en outre, à propos de la « commission consultative » dont la loi de 1955 exige la mise en place dans chaque département concerné par l'état d'urgence, qu' « il incombe aux autorités administratives de pourvoir à la

---

[32] C. Landais et F. Lenica prennent leur désir pour la réalité quand ils prétendent que les termes « légalement justifié » seraient révélateurs d'un contrôle maximum : cf. *AJDA* 2006.1036.

[33] Ord. CÉ 9/12/2005 M^me^ Allouache et autres *AJDA* 2005.2374 obs. E. Royer.

[34] Ord. CÉ 14/11/2005 Rolin *AJDA* 2006.501 note P. Chrestia.

constitution effective de cette instance ». Ce rappel à l'ordre est d'autant plus important que la commission en question est une instance de recours spécifique pour les victimes de ces deux types d'actes particulièrement menaçants pour les libertés que sont les interdictions de séjour et les assignations à résidence.

En revanche, faute de contentieux sur la question en 2005 et 2006, le degré de contrôle exercé sur les décisions individuelles prises dans le cadre de l'état d'urgence, notamment sur les interdictions de séjour et les assignations à résidence, reste pour l'instant controversé. Jusqu'à preuve du contraire, il s'agit d'un simple contrôle minimum[35]. Deux commentateurs autorisés annoncent toutefois qu'à la première occasion les tribunaux administratifs vont « hausser le niveau d'exigence » de leur contrôle[36]. Un contrôle maximum serait en effet assez logique puisque ces décisions individuelles s'analysent comme des mesures de police administrative. Sa consécration constituerait alors un cinquième point positif.

2°) Les déceptions

Dans son arrêt d'assemblée précité, le Conseil d'État n'opère qu'un contrôle symbolique, et pour tout dire assez factice, de la conventionnalité de la loi de prorogation de l'état d'urgence. Il se borne en effet à affirmer, sans plus d'explication, que les dispositions de la loi de 2005 « ne sont incompatibles avec aucune des stipulations de la Convention européenne » du 4 novembre 1950. Même si la France a formulé, lors de la ratification de ce traité, une réserve assimilant l'état d'urgence aux hypothèses de « dérogation » visées par l'article 15 de ladite Convention, un tel laconisme est incontestablement décevant.

Le Conseil d'État est encore plus décevant dans une ordonnance de référé-suspension, dans laquelle il refuse d'admettre que la Constitution du 4 octobre 1958 aurait implicitement abrogé la loi de 1955. Confirmant une analyse du Conseil constitutionnel déjà vieille de vingt ans[37], il affirme en effet qu'il n'existe aucune « incompatibilité de principe qui conduirait à regarder cette loi comme ayant été abrogée par le texte constitutionnel »[38]. Il venait pourtant, dans la même ordonnance, d'exposer plus clairement que jamais son pouvoir « de constater l'abrogation, fût-elle implicite, d'un texte de loi qui découle de ce que son contenu est inconciliable avec un texte qui lui est postérieur, que celui-ci ait valeur législative ou constitutionnelle ». Or la Constitution ne mentionne que deux états d'exception : la dictature présidentielle de l'article 16 et l'état de siège de l'article 36. Comme les

---

[35] Cf. CÉ 25/7/1985 Mme Dagostini *AJDA* 1985.558 concl. B. Lasserre.

[36] C. Landais et F. Lenica *AJDA* 2006.1036.

[37] CC n°187 DC du 25/1/1985 État d'urgence en Nouvelle-Calédonie *GDCC*.

[38] Ord. CÉ 21/11/2005 Boisvert *AJDA* 2006.357 chron. C. Landais et F. Lenica.

dérogations au respect des libertés sont normalement d'interprétation stricte, il aurait dû en déduire que le constituant avait implicitement abrogé la loi de 1955 relative à l'état d'urgence.

Mais la déception la plus grande est l'œuvre de l'arrêt d'assemblée précité, en ce que le Conseil d'État refuse d'y contrôler la légalité du décret en conseil des ministres ayant déclaré l'état d'urgence. Selon lui, en effet, la loi de prorogation vaudrait « ratification » de ce décret et interdirait par conséquent au juge administratif de le contrôler. Son raisonnement consiste à estimer qu'en prolongeant l'état d'urgence le législateur a nécessairement entendu s'approprier les motifs qui avaient justifié son déclenchement, validant ainsi le décret déclencheur. Cette solution du non-lieu à statuer est décevante en soi, puisqu'elle soustrait au contrôle juridictionnel un acte qui est potentiellement l'un des plus liberticides qu'une autorité administrative puisse prendre. Elle est également critiquable en ce qu'elle aboutit à un résultat paradoxal : l'intervention du législateur au stade de la prorogation, qui était initialement conçue comme une garantie pour les libertés publiques, devient en effet la cause de la disparition du contrôle juridictionnel ; de libératrice, la loi devient en somme liberticide. Cette situation est d'autant plus regrettable qu'elle aurait pu être évitée si le Conseil d'État avait suivi son commissaire du gouvernement. Dans ses conclusions, Mme Mitjavile estimait en effet – à juste titre selon nous – que la déclaration et la prorogation de l'état d'urgence constituaient deux décisions successives mais distinctes, devant être traitées séparément sur le plan contentieux. Cette analyse la conduisait à proposer de contrôler la légalité du décret déclarant l'état d'urgence nonobstant la loi de prorogation, solution qui aurait été bien plus protectrice des libertés publiques.

### B) L'explosion des universités en 2006

De début mars à début mai 2006, des groupes d'étudiants ont entrepris de bloquer l'accès à un grand nombre d'universités afin de protester contre le vote de la loi du 31 mars 2006 relative à l'égalité des chances, à laquelle ils reprochaient d'instituer le « contrat première embauche ». Face à cette situation, les trois grands types de référé distingués par la loi du 30 juin 2000 ont été utilisés. Or, de façon remarquable, ils ont tous permis aux victimes du blocage d'obtenir gain de cause dans leur lutte contre l'occupation sans titre du domaine public et pour le rétablissement de la continuité du service public. Les événements de 2006 ont ainsi confirmé, plus spectaculairement qu'aucune autre occasion, l'efficacité de ces nouveaux référés[39].

[39] Sur cette efficacité, cf. Actes du colloque de Lyon de juin 2006, « Premier bilan de la réforme des procédures d'urgence dans le contentieux administratif », *RFDA* 2007.37.

Le référé-suspension (art. L521-1CJA) a ainsi permis à des étudiants voulant travailler d'obtenir la suspension du refus d'un président d'université d'organiser la poursuite des cours dans d'autres locaux[40]. On observera toutefois qu'il perd une grande partie de son intérêt lorsque le juge refuse, comme dans l'affaire rennaise, d'assortir la suspension d'une injonction. Les juges ont fait preuve de plus d'audace et d'imagination dans l'utilisation du référé-liberté (1°) et du référé conservatoire (2°).

1°) Le référé-liberté (art. L521-2CJA)

En théorie, le référé-liberté paraît le plus efficace des trois puisqu'il permet au juge d' « ordonner toutes mesures nécessaires à la sauvegarde d'une liberté fondamentale » (art. L521-2) sans être bridé par la contrainte qui pèse sur le référé conservatoire de ne « faire obstacle à l'exécution d'aucune décision administrative » (art. L521-3), ni bien sûr par celle qui voue le référé-suspension à ne déboucher que sur des suspensions (art. L521-1).

En pratique, pourtant, deux obstacles compliquent son utilisation. D'abord, il faut justifier de l'atteinte à une « liberté fondamentale ». Or la jurisprudence du Conseil d'État interprète cette notion de façon restrictive. C'est ainsi qu'elle refuse en principe d'y insérer les droits-créances[41]. Du coup, les tribunaux administratifs ont généralement considéré à propos du blocage des universités, à l'exception notable de celui de Versailles[42], que le droit à l'instruction n'est pas une liberté fondamentale permettant la mise en œuvre du référé-liberté. D'autre part, même quand une liberté fondamentale est un jeu, encore faut-il qu'elle soit victime d'« une atteinte grave et manifestement illégale » (art. L521-2). Or les tribunaux administratifs ont souvent estimé que les blocages d'universités, parce qu'ils sont partiels ou compensés par l'organisation de cours à l'extérieur ou pas assez longs, n'ont pas « porté une atteinte grave et manifestement illégale à cette liberté »[43].

Certains tribunaux sont néanmoins parvenus, au prix d'un effort d'imagination, à surmonter ces deux obstacles. Celui de Pau s'est fondé par exemple sur l'atteinte à la liberté d'aller et venir qu'entraîneraient les blocages, même si celle-ci semble secondaire par rapport à l'atteinte au droit à l'instruction[44]. Mais c'est sans conteste celui de Toulouse qui a fait preuve du plus d'imagination à l'occasion d'une affaire dans laquelle des étudiants

---

[40] Ord. TA Rennes 13/3/2006 Baucherel *AJDA* 2006.580 obs. C. Biget.

[41] Cf. Ord. CÉ 3/5/2002 Assoc. de réinsertion sociale du Limousin *AJDA* 2002.818 note Deschamps, à propos du droit au logement ; et Ord. CÉ 8/9/2005 Min. de la Justice *AJDA* 2006.376 note M. Laudijois, à propos du droit à la santé.

[42] Ord. TA Versailles 18/3/2006 X c. Université Paris X Nanterre, req. N°0602618.

[43] Ord. TA Melun 23/3/2006 Pineda *AJDA* 2006.687 obs. M-C. de Montecler.

[44] Ord. TA Pau 24/3/2006 Ricou et Ledain, req. N°0600531 et 0600533.

boursiers demandaient « qu'il soit enjoint au président de l'université (...) de faire libérer les locaux de l'université ». Il leur donne en effet satisfaction au motif inattendu que l'inaction de cette autorité administrative « porte une atteinte manifestement illégale à leur droit au respect de leur liberté personnelle », notamment en leur faisant courir « le risque de perdre le bénéfice de bourses universitaires »[45]. Il érige ainsi au rang de « liberté fondamentale » un concept encore peu utilisé en droit français : celui de « liberté personnelle » dont il explique qu'il « implique en particulier » qu'un individu « ne puisse subir de contraintes excédant celles qu'imposent la sauvegarde de l'ordre public ou le respect des droits d'autrui ». Ainsi présentée, la liberté personnelle semble donc pouvoir être définie comme le droit de ne pas subir de contraintes excessives[46]. Il s'agit donc d'une liberté d'être et non d'une liberté d'agir comme la plupart des autres libertés. Mais il semble s'agir aussi d'une liberté subsidiaire, que le juge ne retient que lorsqu'aucune autre liberté plus classique n'est invocable. C'est ce qui explique que ce soit un concept rarement utilisé. Apparu dans quelques décisions du Conseil constitutionnel depuis la fin des années 1980, il n'a pénétré la jurisprudence administrative que depuis 2001, essentiellement en matière de référé-liberté. C'est ainsi que dans une ordonnance de 2005, le Conseil d'État accepte d'examiner si la liberté personnelle d'un détenu malade est gravement atteinte par la décision de l'affecter dans une cellule de fumeurs[47]. Dans cette affaire, la liberté personnelle est clairement utilisée comme un fondement par défaut, le droit à la santé se voyant préalablement refuser le label de « liberté fondamentale ». Toute l'originalité du juge toulousain a finalement consisté à transposer ce précédent aux blocages d'universités, en invoquant la liberté personnelle à défaut du droit à l'instruction.

---

[45] Ord. TA Toulouse 13/4/2006 Wenger et autres *AJDA* 2006.1281 note X. Bioy.

[46] Pour une analyse plus approfondie, cf. IFR, *La liberté personnelle. Une autre conception de la liberté ?* (dir. H. Roussillon et X. Bioy, Presses univ. de Toulouse 2006 ; et C. Gourvil, *La liberté personnelle : le droit français à l'épreuve d'une conception exogène de la liberté*, mémoire (remarquable) de master 2 recherche, Université du Havre 2007. Selon M$^{elle}$ Gourvil, ce concept reflèterait une « vision absolutiste de l'individu, seul propriétaire de ses droits naturels », et s'inspirerait, via la CEDH, de la « privacy » américaine (p.79).

[47] Ord. CÉ 8/9/2005 Min. de la Justice *AJDA* 2006.376 note M. Laudijois : réponse négative.

2°) Le référé conservatoire (art. L521-3CJA)

Parfois présenté comme « subsidiaire » par rapport au référé-suspension et au référé-liberté, le référé conservatoire est en réalité si facile à mettre en œuvre que les requérants l'utilisent souvent de préférence à ses deux rivaux. Il permet en effet au juge des référés d' « ordonner toutes ... mesures utiles » dès lors que deux conditions faciles à remplir sont réunies : que ces mesures soient justifiées par l'urgence et qu'elles ne fassent « obstacle à l'exécution d'aucune décision administrative » (art. L521-3).

Or dans le cas d'un blocage d'université ces deux conditions ne posent aucun problème, dans la mesure où un tel blocage n'est pas le fruit d'une décision de l'administration et où il est constitutif d'une urgence à intervenir. Le référé conservatoire a donc permis sans surprise à des présidents d'université d'obtenir du juge qu'il ordonne sous astreinte aux occupants sans titre du domaine public universitaire de libérer celui-ci[48].

Mais là encore les événements de 2006 ont fourni l'occasion à quelques tribunaux de se démarquer des solutions traditionnelles en faisant preuve d'une certaine originalité. Celui de Rouen, notamment, a rendu une ordonnance intéressante à double titre[49].

Saisi par un professeur qui se plaignait autant de l'inaction du président de l'université que du blocage proprement dit, il ne se contente pas, en effet, d'enjoindre classiquement aux occupants sans titre « de libérer les lieux sans délai », mais « prescrit » également de façon plus insolite « au président de l'université du Havre de prendre les mesures nécessaires pour faire libérer les bâtiments universitaires ». Cela mérite d'être signalé dans la mesure où jusqu'en 2004 le référé conservatoire n'avait été que « timidement mis en œuvre par le Conseil d'État »[50] : lorsqu'on le sollicitait contre l'administration, il ne permettait en effet d'obtenir que la communication de documents, à l'exclusion de toute autre mesure, ce qui avait d'ailleurs amené René Chapus à le qualifier dans ce cas de figure de « référé-communication »[51]. Dans le prolongement d'une évolution amorcée par le Conseil d'État en 2004[52], le juge de Rouen saisit donc opportunément l'occasion qui lui est offerte de régénérer le référé conservatoire. Quelques mois plus tard, une deuxième évolution

---

[48] Ord. TA Grenoble 20/3/2006 Universités Joseph-Fourier, Mendès-France et Stendhal *AJDA* 2006.629 obs. S.B.

[49] Ord. TA Rouen 6/4/2006 Lebreton *D* 2006.2224 note G. Lebreton.

[50] J-H. Stahl, concl. sur ord. CÉ Sect. 6/2/2004 Masier *RFDA* 2004.1170.

[51] R. Chapus, *Droit du contentieux administratif*, Montchrestien 11ème éd. 2004 n°1618. Cette expression a disparu dans la 12ème éd. 2006.

[52] Ord. CÉ Sect. 6/2/2004 Masier, préc. : injonction à un maire d'édicter un arrêté interruptif de travaux privés qui se poursuivaient malgré une suspension du permis de construire.

achèvera de provoquer le « réveil du juge du référé conservatoire »[53] grâce à une décision du Conseil d'État estimant qu'un refus préalable d'agir de l'administration ne fait pas obstacle à l'utilisation de ce référé[54].

L'ordonnance de Rouen est également intéressante en ce qu'elle permet au président de l'université, si « des circonstances particulières l'exigent », de se contenter d' « organiser des cours en dehors des locaux universitaires » au lieu de faire libérer ceux-ci. Une utilisation inattendue mais opportune d'une célèbre jurisprudence, inaugurée à propos des événements de mai 1968[55], est ainsi faite. Les « circonstances particulières » ainsi réhabilitées n'ont certes pas des effets aussi puissants que les « circonstances exceptionnelles » de la jurisprudence Heyriès[56] ; mais elles offrent l'intérêt non négligeable de permettre à l'administration, à l'instar de la théorie de l'urgence, de s'affranchir de certaines règles de forme ou de procédure, consistant en une obligation de consultation dans l'arrêt de 1969, et tenant à la législation sur les établissements recevant du public dans l'ordonnance de 2006. Dans l'affaire havraise, elles ont effectivement été invoquées par le président de l'université pour appliquer l'ordonnance *a minima*, tant était grande l'agitation des bloqueurs qui avaient poussé l'audace (ou l'inconscience) jusqu'à envahir et occuper brièvement le Tribunal de grande instance du Havre...

## II – LE DROIT ADMINISTRATIF FACE AU MALAISE SOCIAL DIFFUS

Les explosions sociales qu'on vient d'évoquer ne sont pas aussi étonnantes qu'on pourrait le croire. Il y a tout lieu de penser qu'elles constituent au contraire les pointes émergées d'un iceberg, autrement dit l'expression d'un malaise social diffus essentiellement provoqué par les tentatives, notamment dénoncées par « l'École du Havre »[57], d'une pensée individualiste et libérale de saper les fondements de l'idéal républicain. Confrontés à cette offensive, les acteurs du droit administratif s'efforcent clairement d'y résister depuis 2004, date à laquelle semble s'être produit un

---

[53] C. Landais et F. Lenica, *AJDA* 2006.1839.

[54] Ord. CÉ Sect. 18/7/2006 M$^{me}$ Elissondo Labat *AJDA* 2006.1839 chron. C. Landais et F. Lenica.

[55] CÉ Ass. 12/7/1969 Chambre de commerce et d'industrie de S$^{t}$ Étienne *AJDA* 1969.553 chron. J-L. Dewost et R. Denoix de Saint Marc.

[56] CÉ 28/6/1918 Heyriès *GAJA*.

[57] Cf. notre « ouverture » de *Regards critiques sur l'évolution des droits fondamentaux de la personne humaine en 1999 et 2000* (dir. G. Lebreton), L'Harmattan 2002 p.5.

« coup d'État républicain »[58]. La période 2005-2006 confirme avec éclat cette tendance. Face au malaise social diffus, le droit administratif conjugue en effet la réaffirmation de l'identité nationale (A) avec la méfiance envers l'Europe (B).

## A) La réaffirmation de l'identité nationale

La réaffirmation de l'identité nationale s'exprime par ce qu'Olivier Cayla appelle la « *french pride* », c'est-à-dire « une manifestation fière et confiante de la singularité française face au reste du monde »[59]. La loi Fillon du 23 avril 2005 en témoigne en affirmant qu' « outre la transmission des connaissances, la Nation fixe comme mission première à l'école de faire partager aux élèves les valeurs de la République »[60]. Au premier rang de ces valeurs constitutives de l'identité nationale figurent notamment la laïcité (1°) et l'égalité (2°).

1°) La laïcité

La loi du 15 mars 2004 est l'acte fondateur de la réaffirmation de la laïcité et, au-delà, de l'identité nationale. Elle remet en effet en cause la jurisprudence antérieure du Conseil d'État[61] en interdisant dans les écoles, collèges et lycées publics, « le port de signes ou tenues par lesquels les élèves manifestent ostensiblement une appartenance religieuse ». Ce faisant, elle réalise un « coup d'État républicain » en prenant délibérément le risque d'une contradiction frontale avec la Convention européenne de sauvegarde des droits de l'homme, dont l'article 9 garantit « la liberté de manifester sa religion » même « en public ». Les premiers arrêts sur la question, en 2005[62] et 2006, ont néanmoins appliqué la loi en omettant prudemment de soulever son éventuelle inconventionnalité, tant la dimension politique et idéologique du problème

---

[58] Cf. notre « ouverture » de *Valeurs républicaines et droits fondamentaux de la personne humaine en 2003 et 2004* (dir. G. Lebreton), L'Harmattan 2006 p.3 ; et notre article « Du coup d'État de droit à un coup d'État républicain ? » dans *Le coup d'État* (dir. C. Boutin et F. Rouvillois), F-X. de Guibert 2007 p.323.

[59] O. Cayla, « La loi du 15 mars 2004 : une règle et un symbole », dans *Valeurs...*, *op. cit.* p.44.

[60] Sur cette loi, cf. P. Raimbault, « L'avenir de l'école à la lumière de la loi Fillon », *AJDA* 2006.1421.

[61] CÉ 2/11/1992 Kherouaa *RFDA* 1993.112 concl. D. Kessler, et *LPA* du 24/5/1993 avec notre note.

[62] Pour un recensement des premiers arrêts de 2005, cf. B. Toulemonde, « Le port de signes d'appartenance religieuse à l'école : la fin des interrogations ? », *AJDA* 2005.2044.

prime sur son aspect strictement juridique. Le voile islamique[63] et le turban sikh[64] ont notamment fait les frais de ce durcissement de la laïcité.

Par un effet d'entraînement, ces mêmes signes religieux « ostensibles » ont également été bannis des photos d'identité appelées à figurer sur des documents officiels, ainsi que de certaines procédures de vérification d'identité. Il a ainsi été jugé en 2005 que l'administration peut refuser de délivrer un visa à une femme qui n'a pas accepté d'ôter son voile dans le consulat de France[65], et en 2006 qu'elle peut supprimer la tolérance qui permettait aux sikhs de conserver leur turban sur la photo de leur permis de conduire[66]. Certes, à chaque fois c'est le souci de faciliter l'identification de la personne concernée qui est officiellement mis en avant ; mais en réalité, c'est le durcissement de la laïcité qui dicte les solutions, et cela dans un esprit de résistance républicaine au communautarisme qu'avoue et approuve le commissaire du gouvernement Olson dans ses conclusions sur la seconde affaire : « Le principe de laïcité (...) n'est peut-être pas absolument étranger aux motifs ayant inspiré l'auteur » de la décision attaquée ; « libre à la Cour européenne (...) de théoriser sur l'ethnicité, mais ceci est absolument étranger à notre tradition républicaine et au droit public français (...) ; nous espérons fermement qu'à cet égard notre pays saura – pour une fois – résister à l'imitation de modèles étrangers à notre culture et qu'il saura préserver à l'intérieur et faire comprendre à l'extérieur cette composante essentielle de notre identité juridique dont nous n'avons pas à rougir »[67].

Ce vœu de « résistance », émis en 2006, a immédiatement été entendu puisque le Haut Conseil à l'Intégration (HCI) a remis au gouvernement, en janvier 2007, un « projet de Charte de la laïcité dans les services publics »[68] qui a débouché, dès mai 2007, sur l'adoption d'une telle Charte. La version définitive de la « Charte de la laïcité dans les services publics », qui diffère sensiblement du projet, se présente comme un document d'une page qui rappelle aux usagers et aux agents des services publics plusieurs obligations découlant du respect de la laïcité. On notera particulièrement l'affirmation selon laquelle « les usagers des services publics ne peuvent récuser un agent public », qui est destinée à lutter contre le refus de certaines musulmanes

---

[63] TA Grenoble 25/5/2005 M^elle^ Essakaki *AJDA* 2005.1745 concl. S. Morel, et CAA Lyon 6/7/2006 M^elle^ Essakaki *AJDA* 2006.1857.

[64] TA Melun 19/4/2005 Singh *AJDA* 2005.917 obs. E. Royer, et CAA Paris 19/7/2005 Singh *AJDA* 2005.2009 concl. B. Bachini.

[65] CÉ 7/12/2005 El Morsli *AJDA* 2005.2433 obs. S. Brondel.

[66] CÉ 15/12/2006 Assoc. United Sikhs *AJDA* 2007.313 concl. T. Olson.

[67] T. Olson, concl. préc. p.315.

[68] Cf. C. Durand-Prinborgne, « Autour du projet de charte de la laïcité dans les services publics », *AJDA* 2007.721.

hospitalisées de se laisser soigner par des hommes. Bien que la Charte ait été présentée par le HCI comme un document « non normatif », il semble qu'elle constitue une circulaire impérative au sens de la jurisprudence Duvignères[69]. Quoi qu'il en soit, l'essentiel n'est pas à rechercher dans le contenu de la Charte, finalement assez banal (et de moins bonne qualité que le texte du projet), mais dans son esprit. Dans le droit-fil de la loi du 15 mars 2004, elle vise en effet à rappeler, selon les propres termes du HCI, que la laïcité est « l'une des valeurs fondatrices de notre modèle de société », et même qu'« elle est la fameuse exception française » qui « bouscule et transcende les communautés naturelles dont tout humain est issu »[70]. On ne saurait faire défiler plus clairement la laïcité au premier rang de la *french pride*...

2°) L'égalité

Selon le HCI, « laïcité et égalité sont... indissociables »[71]. C'est en effet leur union qui rend possible la citoyenneté républicaine transcendant les appartenances religieuses ainsi que toutes les autres singularités naturelles ou culturelles. Les pouvoirs publics ne s'y sont pas trompés. Ce n'est pas un hasard si la loi du 30 décembre 2004, créant la Haute autorité de lutte contre les discriminations et pour l'égalité (HALDE), a été votée juste après la loi du 15 mars 2004 sur la laïcité : à chaque fois, c'est d'ailleurs le même homme, Bernard Stasi, qui a présidé la commission de réflexion chargée de préparer la loi[72]. Tout naturellement, la période 2005-2006 a confirmé cette corrélation. Ce sont plus particulièrement une loi et des arrêts qui ont illustré la montée en puissance du principe d'égalité.

La loi qui doit être mentionnée ici est à nouveau la loi du 31 mars 2006 relative à l'égalité des chances, qui aura décidément marqué la période. Prenant acte du succès de la HALDE, elle confère en effet à celle-ci des pouvoirs accrus. Désormais, la HALDE peut « proposer à l'auteur des faits » constitutifs d'une discrimination directe « le versement d'une amende transactionnelle », dont le montant maximum est de 3 000 euros pour une personne physique et de 15 000 euros pour une personne morale. Elle peut en outre proposer « s'il y a lieu » une « indemnisation de la victime », ainsi que l'affichage ou la diffusion par voie de presse d'un communiqué informant le public de la solution. Certes il ne s'agit que d'un pouvoir de proposition, mais nous pensons que le législateur a eu raison de ne pas aller plus loin, afin d'éviter toute confusion entre les rôles respectifs de la HALDE, chargée de rechercher la résolution

---

[69] CÉ Sect. 18/12/2002 Mme Duvignères *GAJA*.
[70] HCI, rapport précité p.9, 17 et 45.
[71] HCI, rapport précité p.20.
[72] Cf. notre article « Une résurrection de l'égalité ? La création de la HALDE », dans *Valeurs..., op. cit.* p.185.

amiable des problèmes de discrimination, et du juge pénal, compétent pour les réprimer.

La loi cherche en outre à promouvoir le concept d' « égalité des chances », qu'elle choisit symboliquement comme intitulé. Souvent confondue avec la discrimination positive, l'égalité des chances s'en démarque pourtant profondément car, contrairement à elle, elle admet l'inégalité des résultats. Simple vecteur d'une obligation de moyens, elle n'exige nullement des quotas mais uniquement une aide aux plus défavorisés afin de leur donner des chances raisonnables de réussir leur projet professionnel. Le CPE s'en voulait d'ailleurs, à tort ou à raison, une illustration. Quoiqu'il en soit, l'égalité des chances est bien, conformément à l'analyse de Geneviève Koubi, une « formule incitative » qui vise à « permettre à chacun de se réaliser en fonction de ses capacités » ; elle constitue ainsi « une approche rénovée du mythe des sociétés libérales qu'est la réussite »[73] dans la mesure où elle a pour ambition de permettre à chacun d'acquérir les vertus et capacités nécessaires pour réussir.

De façon plus consensuelle, le Conseil d'État s'est attaché pour sa part, dans un arrêt d'assemblée[74], à revitaliser la portée du principe d'égalité entre Français et étrangers en situation régulière. Il estime en effet, à propos des élections professionnelles aux chambres des métiers et de l'artisanat, qu'aucun motif d'intérêt général ni différence de situation ne justifie une différence de traitement des deux catégories, que ce soit en matière de droit de vote ou d'éligibilité. Une différence de traitement au profit des Français (et des ressortissants de l'Union européenne) aurait pourtant pu être admise dans la mesure où les chambres en question disposent du pouvoir de fixer le montant d'une taxe additionnelle à la taxe professionnelle, ainsi que d'un droit de préemption ; mais le Conseil d'État a préféré considérer que « ces différentes prérogatives ne sont pas d'une nature et d'une ampleur telles qu'elles puissent fonder légalement une différence de traitement ».

La haute juridiction s'est montrée plus prudente dans un arrêt de section[75]. Suite au fameux arrêt Diop[76], qui avait condamné en 2001 la « cristallisation » des pensions des anciens agents publics ayant perdu la

---

[73] G. Koubi, « Vers l'égalité des chances : quelles chances en droit ? », dans *L'égalité des chances* (dir. G. Koubi et G. Guglielmi), La Découverte 2000 p.85. Cf. aussi notre article « Le problème des discriminations raciales dans la fonction publique française. L'exemple du Havre », dans *La production de discriminations à l'égard des publics immigrés ou descendants d'immigrés dans l'accès aux services collestifs* (dit. A. Gueyssaz), rapport du 30 juin 2007 à la région Haute-Normandie (à paraître).

[74] CÉ Ass. 31/5/2006 GISTI *AJDA* 2006.1830 chron. C. Landais et F. Lenica.

[75] CÉ Sect. 18/7/2006 GISTI *AJDA* 2006.1833 chron. C. Landais et F. Lenica.

[76] CÉ Ass. 30/11/2001 Diop *GAJA*.

nationalité française lors de la décolonisation, le Conseil d'État s'y contente en effet d'une décristallisation partielle, admettant la différence de traitement fondée sur le critère de la résidence des pensionnés, bien qu'un tel critère recoupe très largement dans les faits l'ancien critère de la nationalité. Une autre solution, qui aurait consisté à exiger une décristallisation intégrale, autrement dit l'égalité des pensions, était pourtant envisageable. Le président de la République Jacques Chirac l'a d'ailleurs finalement imposée à la suite de l'émotion suscitée par la projection en 2006 du film *Indigènes*, qui retrace la participation des ressortissants des anciennes colonies françaises à la Libération du territoire métropolitain. Le septième art se sera ainsi montré plus efficace que le Conseil d'État pour faire triompher le principe de l'égalité des pensions...

## B) La méfiance envers l'Europe

En 2005 et 2006, la méfiance envers l'Europe est omniprésente. L'arrêt de section qu'on vient d'évoquer le montre en traitant avec une certaine désinvolture le principe de non-discrimination posé par l'article 14 de la Convention de 1950, qu'il écarte au nom de la « marge d'appréciation » laissée aux États. Les conclusions précitées de M. Olson, qui défendent vigoureusement la laïcité contre la Cour européenne, le prouvent encore plus clairement. Mais l'événement le plus représentatif de cette méfiance nouvelle est incontestablement le référendum du 29 mai 2005, dont il faut brièvement analyser la signification (1°) avant de voir ses implications en droit administratif (2°).

### 1°) Le référendum du 29 mai 2005

Si le peuple français a rejeté, par le référendum du 29 mai 2005, le projet de Constitution européenne par plus de 55 % des suffrages exprimés, ce n'est pas, comme on l'a trop souvent dit, parce qu'il était mal informé. Partout en France, réunions et débats publics ont au contraire été spontanément organisés par les citoyens eux-mêmes. Des juristes aux points de vue opposés y étaient souvent conviés pour aider les participants à se forger leur propre opinion, leurs débats donnant lieu à une passionnante glose des principaux articles du texte « constitutionnel ». Pour avoir été nous-même, par deux fois, l'un de ces juristes invités à venir défendre la cause du « non », nous pouvons attester du succès de ce type de rencontres, qui a puissamment contribué à redonner aux citoyens le goût de la politique.

En réalité, si le projet de Constitution européenne a été rejeté, c'est tout simplement parce que le rêve européen s'est brisé. Les Français ont majoritairement été déçus par la construction européenne, à laquelle ils imputent une part de responsabilité dans la crise sociale qui les frappe. On leur avait vendu le rêve d'une Europe humaniste, fraternelle et solidaire ; ils se retrouvent devant une Europe qu'ils jugent trop libérale, accélérant les délocalisations et la perte des acquis sociaux au lieu de les combattre (le projet de directive *Bolkenstein* est symbolique de cette trahison), et trop peu respectueuse des valeurs nationales, son individualisme semblant mener au communautarisme[77] et à la remise en cause de la laïcité.

Bref, le rêve s'est transformé en cauchemar, et ce n'est pas le traité de Lisbonne, hâtivement bricolé en 2007 en recollant les lambeaux de la défunte Constitution européenne (le mot « Constitution » et tout ce qui évoquerait une possible souveraineté européenne en moins), qui y changera grand-chose.

2°) Les manifestations de la méfiance envers l'Europe en droit administratif

En s'efforçant de rester neutre, on pourrait paraphraser le bilan du Conseil constitutionnel, esquissé par Pierre Mazeaud lors de ses vœux du 3 janvier 2007, et dire du droit administratif qu'il s'est efforcé d'opérer, lors des deux années qui ont suivi le référendum, « une bonne articulation technique... entre nos engagements européens et le respect de notre identité constitutionnelle nationale ». En clair, cela signifie que comme le Conseil constitutionnel, le Conseil d'État s'est attaché à assurer définitivement la suprématie de la Constitution française sur le droit européen, qu'il s'agisse d'ailleurs du droit communautaire ou du droit du Conseil de l'Europe. Deux arrêts d'assemblée en témoignent.

Le premier, rendu en décembre 2006[78], est le premier arrêt d'assemblée présidé par Jean-Marie Sauvé, nouveau vice-président du Conseil d'État, dont l'attachement à la souveraineté du peuple français est bien connu[79]. Au premier abord, cet arrêt semble favorable à la CJCE en ce qu'il lui reconnaît pour la première fois le pouvoir, lorsqu'elle statue sur un renvoi préjudiciel, de

---

[77] Selon Luc Ferry, l'individualisme contemporain se traduit par le ralliement à une « éthique de l'authenticité » qui mène « au culte de la différence », et par conséquent au communautarisme : car « si chacun possède un droit imprescriptible à être lui-même, ne faut-il pas cultiver les différences, quelles qu'elles soient ? ». Cf. L. Ferry, « Faut-il réinventer l'autorité ? », dans *L'Autorité* (dir. J. Foyer, G. Lebreton et C. Puigelier), PUF 2008 p.15.

[78] CÉ Ass. 11/12/2006 Soc. De Groot *AJDA* 2007.136 chron. C. Landais et F. Lenica, *RFDA* 2007.372 concl. F. Séners.

[79] Dans le n° spécial de l'*AJDA* 1999, « Puissance publique ou impuissance publique ? », il répliquait ceci à É. Picard, p.123 : « À mes yeux, au commencement est le souverain, qui est pour nous le peuple français (...). C'est ce qui explique au demeurant que la Nation soit une réalité irréductible, le lieu où se noue le lien social et le cœur de la démocratie ».

procéder d'office à des interprétations du droit communautaire qui dépassent le cadre de la question qui lui a été posée par la juridiction nationale ; en l'espèce, cette nouveauté amène le Conseil d'État à s'incliner devant son interprétation selon laquelle les légumes litigieux ne méritent pas d'être inscrits sur le catalogue communautaire des « échalotes » (réponse à la question posée) mais peuvent néanmoins être vendus sous le nom d'« échalotes » (réponse à une question non posée). À mieux y regarder, pourtant, cette avancée semble surtout destinée à atténuer le camouflet qu'inflige l'arrêt à la CJCE en lui refusant le droit, qu'elle avait tenté de s'arroger, de statuer sur les faits du litige et de se transformer ainsi en juge fédéral. Le Conseil d'État lui inflige en effet un sévère rappel à l'ordre en affirmant qu'il « appartient... à la juridiction nationale, saisie du principal, éclairée par l'arrêt de la Cour, de qualifier les faits en procédant, le cas échéant, aux investigations contradictoires qu'elle est à même d'ordonner ». De façon encore moins diplomatique, le commissaire du gouvernement Séners est allé jusqu'à reprocher à la CJCE d'avoir « outrepassé son office et manqué aux principes de la coopération juridictionnelle »[80], achevant de donner à l'arrêt une ambiance de résistance nationale.

Rendu moins de deux mois plus tard, le second arrêt d'assemblée[81] s'attache à transposer en droit administratif une célèbre jurisprudence du Conseil constitutionnel[82]. Dérogeant au principe *pacta sunt servanda*, le Conseil d'État s'y reconnaît en effet le pouvoir d'annuler les règlements de transposition d'une directive communautaire qui violent des dispositions à valeur constitutionnelle n'ayant pas d'équivalent en droit communautaire. L'esprit de cette jurisprudence consiste à penser, comme l'explique le commissaire du gouvernement Guyomar dans ses conclusions sur cette affaire, « que la transposition d'une directive ne saurait aller à l'encontre d'une règle ou d'un principe inhérent à l'identité constitutionnelle de la France, sauf à ce que le constituant y ait consenti »[83]. Grâce aux efforts conjugués du Conseil constitutionnel et du Conseil d'État, la laïcité et le refus du communautarisme sont ainsi efficacement protégés contre les menaces résultant de la construction européenne.

---

[80] F. Séners, concl. préc. p.379.

[81] CÉ Ass. 8/2/2007 Soc. Arcelor Atlantique et Lorraine *AJDA* 2007.577 chron. F. Lenica et J. Boucher, *RFDA* 2007.384 concl. M. Guyomar, *GAJA*.

[82] Cf. la très controversée décision CC n°496 DC du 10/6/2004 Loi pour la confiance dans l'économie numérique *RDP* 2004.869 note H. Oberdorff.

[83] M. Guyomar, concl. préc. p.387, qui reprend ici les propres termes utilisés par CC n°540 DC du 27/7/2006 Loi relative au droit d'auteur. L'habillage technique de cette solution consiste à fonder ce nouveau pouvoir du juge administratif sur la « combinaison » des articles 55 et 88-1 de la Constitution : cf. concl. préc. p.394.

*
* *

Quelle sera l'incidence de la question sociale sur nos libertés ? L'impact sera probablement positif sur l'Union européenne et le Conseil de l'Europe, qui seront bien forcés d'en tenir compte sous peine de disparaître, notamment en empêchant leurs « droits fondamentaux » de continuer à glisser sur leur pente individualiste et communautariste, incompatible avec les « droits de l'homme et du citoyen » de 1789 régénérés par la laïcité. Quant à prédire si elle aura un impact sur le caractère libéral de la mondialisation, c'est évidemment une autre paire de manche, tant les préoccupations françaises semblent peiner à trouver un écho[84].

Au niveau interne, la question sociale peut s'avérer aussi bien une chance qu'un risque pour le sort des libertés. Tout dépendra de savoir laquelle de ces deux esquisses de solution l'emportera, de la tentation sécuritaire ou de la démocratie participative.

La tentation sécuritaire semble d'autant plus facilement l'emporter pour l'instant qu'elle peut se prévaloir de l'existence d'un risque terroriste, symbolisé par l'irruption d'Al Qayda sur la scène internationale en 2001. Elle est évidemment peu propice à l'épanouissement des libertés, sans être pour autant forcément apte à résoudre la question sociale tant il est vrai que maintenir l'ordre ne suffit pas à structurer une société. La loi du 23 janvier 2006, « relative à la lutte contre le terrorisme et portant dispositions diverses relatives à la sécurité et aux contrôles frontaliers », en illustre bien les dangers[85], ainsi que la loi du 24 juillet 2006 qui durcit dans des proportions considérables le droit des étrangers[86]. Pour ne prendre qu'un exemple précis, on peut regretter qu'au nom du souci légitime de lutter contre le hooliganisme, la loi précitée du 23 janvier 2006 et la loi du 5 juillet 2006 relative à la sécurité dans les stades aient respectivement mis en place une interdiction administrative de stade et une dissolution administrative d'associations suspectées d'accueillir des hooligans. Elles ont en effet porté une atteinte d'autant plus grave aux libertés de réunion et d'association qu'elle était inutile, une interdiction judiciaire de stade et une procédure de dissolution judiciaire

[84] Cf. à ce sujet le livre édifiant du conseiller d'État et académicien É. Orsenna, *Voyage aux pays du coton. Petit précis de mondialisation*, Fayard 2007.

[85] Cf. F. Rolin et S. Slama, « Les libertés dans l'entonnoir de la législation anti-terroriste », *AJDA* 2006.975.

[86] Cf. l'étude de N. Guillet dans le présent ouvrage. Sur le durcissement des conditions du regroupement familial consécutif à cette loi, cf. F. Aubert, *AJDA* 2006.2365.

d'association, tout aussi efficaces mais offrant davantage de garanties, existant déjà depuis longtemps[87].

Une autre voie est pourtant possible : c'est celle de la démocratie participative, qui est plus une méthode pour remédier au malaise social et pour empêcher les crises, qu'un remède en soi. Elle consiste à informer et à consulter le public sur les problèmes de société. Devant l'échec des « enquêtes publiques » et des « débats publics »[88], la tendance actuelle consiste à essayer de développer les consultations locales[89], et au niveau national à tenter de mettre en place des « conférences de consensus »[90]. Le chemin est toutefois encore long à parcourir, comme le prouve l'échec de la Convention d'Aarhus, préconisant la participation du public au processus décisionnel en matière d'environnement, dont la portée a été réduite à néant par des arrêts du Conseil d'État estimant que ses dispositions les plus novatrices ne créent « pas d'effets directs dans l'ordre juridique interne »[91]. À terme, il faudrait pourtant s'inspirer de cette Convention pour « étendre les exigences d'information et de participation du public à d'autres domaines tels que l'organisation des services publics »[92], afin de corriger les insuffisances de la démocratie représentative en donnant aux citoyens la possibilité de prendre leur destin en mains.

Le panorama un peu sombre qui vient d'être dressé ne doit donc pas inciter au découragement. Car comme le dit joliment un proverbe irlandais, « ce qui meurt en dernier, c'est l'espoir ».

---

[87] Cf. notre article « Sécurité et liberté de réunion », préc. note 27.

[88] Cf. M-F. Delhoste, « Démocratie participative : de l'échec de l'organisation étatique à l'avenir du projet citoyen », *RFDA* 2007.1061 ; et dossier *AJDA* 2006.2314.

[89] Cf. M. Verpeaux, « La dernière réforme - en date - du droit des consultations locales en France », *AJDA* 2006.866.

[90] Cf. M-F. Delhoste, *op. cit.* p.1068.

[91] CÉ 28/12/2005 Synd. d'agglo. Ouest-Provence et Assoc. citoyenne (...) de Notre-Dame-des-Landes (deux arrêts) *AJDA* 2006.1664 note B. Delaunay. L'article 7 de la Charte de l'environnement n'est pas non plus directement applicable : cf. K. Foucher, « La consécration du droit de participer par la Charte de l'environnement », *AJDA* 2006.2316.

[92] Y. Jégouzo, « Information et participation du public », *AJDA* 2006.2315.

# Le(s) droit(s) des étrangers

par Nicolas Guillet,
maître de conférences à l'Université du Havre

Le droit des étrangers est une des disciplines juridiques les plus affectées par la crise sociale qui secoue la France. Entre 1980 et la loi Sarkozy du 26 novembre 2003[1], l'ordonnance du 2 novembre 1945 relative aux conditions d'entrée et de séjour des étrangers en France a été modifiée à treize reprises[2]. Dans la période 2005-2006, deux lois majeures sont encore intervenues en la matière : la loi du 24 juillet 2006 relative à l'immigration et à l'intégration, ainsi que la loi du 14 novembre 2006 sur le contrôle de la validité des mariages. À peine entré en vigueur, le Code de l'entrée et du séjour des étrangers, et du droit d'asile[3] est donc déjà modifié.

Toutefois, commenter les évolutions du droit des étrangers – « des droits des étrangers » – en 2005-2006 ne peut se limiter à la glose des réformes législatives et réglementaires intervenues durant cette période car le découpage chronologique ne permet pas de saisir les ressorts politiques des changements juridiques. Le cycle politique ouvert par la loi Sarkozy de 2003 reste en effet inachevé. En témoigne, depuis le début de l'année 2007[4], la création d'un ministère de l'Immigration, de l'Intégration, de l'Identité nationale et du Codéveloppement[5] tout comme le dépôt d'un nouveau projet de loi « relatif à

---

[1] L. n° 2003-1119 du 26 novembre 2003 relative à la maîtrise de l'immigration, au séjour des étrangers en France et à la nationalité, *JORF* 27 novembre 2003, p. 20136.

[2] Sur les remaniements successifs de l'ordonnance du 2 novembre 1945, voir D. Lochak, « L'entrée et le séjour des étrangers en France : une législation sous influence », *AJDA* 1989, p. 586-597.

[3] Le CESEDA a été créé par l'ordonnance n° 2004-1248 du 24 novembre 2004 relative à la partie législative du code de l'entrée et du séjour des étrangers et du droit d'asile (*JORF* 25 novembre 2004, p. 19924 ; rectif. *JORF* 11 décembre 2004 p. 21092) qui vient abroger, par son article 4, la quasi-intégralité de l'ordonnance n° 45-2658 du 2 novembre 1945 relative aux conditions d'entrée et de séjour des étrangers en France. L'entrée en vigueur des dispositions réglementaires du CESEDA a pour effet d'abroger les dernières dispositions de l'ordonnance de 1945 (D. n° 2006-1377 et n° 2006-1378 du 14 novembre 2006 relatifs à la partie réglementaire du CESEDA, *JORF* 15 novembre 2006 p. 17152 et 17153). La partie législative du Code est entrée en vigueur le 1er mars 2005.

[4] La rédaction de cette étude, présentée oralement lors du colloque du GREDFIC en mai 2007, a été achevée en juillet 2007. La prochaine étude portera sur les deux premières années de la présidence Sarkozy (2007-2008).

[5] D. n° 2007-999 du 31 mai 2007 relatif aux attributions du ministre de l'immigration, de l'intégration, de l'identité nationale et du codéveloppement, *JORF* 1er juin 2007, p. 9964.

la maîtrise de l'immigration, à l'intégration et à l'asile »[6]. Ensuite, de façon connexe, le droit des étrangers est le produit d'une société française qui s'interroge. Le juriste doit donc impérativement chercher les causes de ces évolutions, ce qui implique un examen liminaire du contexte politique et social.

Pour le circonscrire, on peut rappeler qu'en 1981 la proposition n° 80 du candidat socialiste à l'élection présidentielle, François Mitterrand, prévoyait de donner aux étrangers le « droit de vote aux élections municipales après cinq ans de présence sur le territoire français ». Vingt-six ans plus tard, le droit de suffrage des étrangers extra communautaires, régulièrement exhumé, puis aussi régulièrement enterré[7], n'est toujours pas acquis[8]. Le refus de la France de conférer une citoyenneté politique aux étrangers non communautaires est symptomatique du raidissement de la société française opéré depuis à l'égard des étrangers : raidissement populiste autour du « sentiment d'insécurité » ; raidissement xénophobe voire raciste, dont les étrangers – et bien souvent les Français d'origine immigrée et ceux de couleur – sont devenus la cible.
Pourquoi la France, terre traditionnelle de migrations et d'immigration, pays d'accueil de tous les réfugiés, opère-t-elle une fuite en avant dans la « logique du soupçon »[9] ?

Le premier élément du contexte est, à nos yeux, l'histoire coloniale de la France : le rapport de la France aux étrangers repose, pour partie, sur le phénomène de colonisation, du général Bugeaud aux accords d'Évian[10]. Or, en n'hésitant pas à affirmer dans la loi du 23 février 2005 portant reconnaissance de la Nation et contribution nationale en faveur des Français rapatriés[11] que : « Les programmes scolaires reconnaissent en particulier *le rôle positif* de la

---

[6] Document n° 57, XIIIe législature, enregistré à la présidence de l'Assemblée nationale le 4 juillet 2007.

[7] Voir par exemple la proposition de loi constitutionnelle n° 341 visant à accorder le droit de vote et d'éligibilité aux élections locales aux étrangers non ressortissants de l'Union européenne résidant en France, rejetée le 26 novembre 2002 : texte adopté n° 38, session ordinaire 2002-2003 de l'Assemblée nationale.

[8] Ce qui contraste avec l'ouverture institutionnelle aux étrangers communautaires, tant en ce qui concerne l'exercice de la citoyenneté que l'accès à la fonction publique. À cet égard, l'octroi du droit de suffrage, même restreint, aux étrangers ressortissants de l'Union européenne a déjà fait naître une réflexion sur la possible dichotomie entre citoyenneté et nationalité. Sur ce sujet, voir Lire J. de Lucas, « L'indispensable citoyenneté », *Plein droit*, n° 65-66, juillet 2005, p. 5-10.

[9] D. Borrillo et E. Fassin, « Le fichier ELOI, ou les glissements progressifs vers la xénophobie », *Plein droit*, n° 71, décembre 2006, p. 19-20.

[10] On rappellera qu'un premier empire colonial, sous forme de chartes accordées par l'État à des sociétés d'actionnaires, a été constitué entre la première moitié du XVI$^{e}$ siècle et 1815 : L. Rolland et P. Lampué, *Précis de législation coloniale*, Paris, Dalloz, coll. « Petits précis », 1931, p. 8-13.

[11] Article 4 alinéa 2 de la loi n° 2005-158 du 23 février 2005, *JORF* 24 février 2005, p. 3128.

présence française outre-mer, notamment en Afrique du Nord, (...) »[12], le législateur, représentant du peuple français, illustre la difficulté de la France à analyser cette période avec recul et lucidité[13]. Pourtant, on sait que la colonisation, processus d'appropriation de la terre[14], est le fait même de la domination et de l'infériorisation de l'indigène par le colon, la négation de la dignité humaine[15], de l'égalité des droits politiques[16], du droit des peuples à disposer d'eux-mêmes[17] et du droit à la souveraineté sur les ressources

---

[12] Rien de tel dans l'accord sur la Nouvelle-Calédonie signé à Nouméa le 5 mai 1998 qui rappelle expressément que « la colonisation de la Nouvelle-Calédonie s'est inscrite dans un vaste mouvement historique où les pays d'Europe ont imposé leur domination au reste du monde », que « ce territoire n'était pas vide » et que « le moment est venu de reconnaître les ombres de la période coloniale, même si elle ne fut pas dépourvue de lumière », *JORF* 27 mai 1998, p. 8039.

[13] Ce n'est qu'à la suite d'une procédure de délégalisation que le 2e alinéa de l'article 4 de la loi du 23 février 2005 – qui ne relève pas des principes fondamentaux de l'enseignement dont la fixation appartient au législateur (CC, déc. n° 2006-203 L du 31 janvier 2006, Nature juridique d'une disposition de la loi n° 2005-158 du 23 février 2005 portant reconnaissance de la Nation et contribution nationale en faveur des Français rapatriés, *JORF* 2 février 2005, p. 1747) – a été abrogé par le Gouvernement : D. n° 2006-160 du 15 février 2006 portant abrogation du deuxième alinéa de l'article 4 de la loi n° 2005-158 du 23 février 2005 portant reconnaissance de la Nation et contribution nationale en faveur des Français rapatriés, *JORF* 16 février 2006, p. 2369. Il semble par ailleurs que les autorités politiques françaises n'entendent pas renoncer à toute intervention concernant l'histoire coloniale ; en effet, le décret précité portant création d'un ministère de l'Immigration, de l'Intégration, de l'Identité nationale et du Codéveloppement précise qu'il « participe, en liaison avec les ministres intéressés, à la politique de la mémoire » (art. 1er al. 10).

[14] « La colonie est un domaine que la métropole gère et dirige comme une propriété » : L. Rolland et P. Lampué, *Précis de législation coloniale*, *op. cit.*, n° 38, p. 30. Selon François Luchaire, la colonisation est « l'entreprise étatique qui se traduit par une émigration du peuple colonisateur et la domination de ce peuple sur les terres et la population colonisées » : cité par M. S. Cherchari, « Indigènes et citoyens ou l'impossible universalisation du suffrage », *RFDC* 2004, p. 741.

[15] Voir Cl. Haroche, « Réflexions sur le sentiment d'humiliation dans la colonisation », *in* S. Kodjo-Grandvaux et G. Koubi (dir.), *Droit et colonisation*, Bruxelles, Bruylant, coll. « Droits, territoires, cultures », 2005, p. 205-221 ; A. Ruscio, *Le credo de l'homme blanc. Regards coloniaux français, XIXe-XXe siècles*, Bruxelles, Complexe, 1996.

[16] La distinction des citoyens et non-citoyens dans les colonies est justifiée ainsi : « s'il est normal de traiter la population d'origine européenne comme la population métropolitaine, il n'en va pas de même pour la population indigène. Celle-ci est très différente de civilisation et de formation » ; en outre, « en raison du degré de formation des indigènes et de leur nombre, une surveillance spéciale doit s'exercer sur eux. Il leur faut souvent un régime pénal et même un régime disciplinaire particuliers » : L. Rolland et P. Lampué, *op. cit.*, n° 256, p. 199. Voir également M. S. Cherchari, « Indigènes et citoyens ou l'impossible universalisation du suffrage », *RFDC* 2004, p. 741- 770, notamment sur la création d'une « monstruosité juridique » : la catégorie des « indigènes français non citoyens » regroupant les musulmans d'Algérie, justifiée dès 1862 par un arrêt de la Cour d'Alger.

[17] Formulé par le Président des États-Unis d'Amérique Woodrow Wilson dans ses « Quatorze points » énoncés le 8 janvier 1918, le droit des peuples à disposer d'eux-mêmes est expressément repris dans le Pacte sur les droits civils et politiques du 16 décembre 1966.

naturelles[18]. En tentant de justifier la mission civilisatrice de la France, l'État prend le risque de maintenir un lien fondamentalement inégalitaire entre Français et étrangers dans la société de demain[19], aboutissant à une sorte de « colonisation du dedans »[20].

Le deuxième élément du contexte réside dans la persistance, depuis les années 1980, d'une « crise sociale » dont la France ne parvient pas à se défaire[21]. La société française est percluse de doutes sur son avenir, d'interrogations sur son identité[22], soucieuse du chômage[23], traversée par la déstabilisation de l'État-nation, obnubilée par la sécurité, taraudée par un

---

[18] Voir la Résolution 1803 (XVII) de l'Assemblée générale des Nations-unies en date du 14 décembre 1962 : « Souveraineté permanente sur les ressources naturelles » qui déclare notamment que « Le droit de souveraineté permanente des peuples et des nations sur leurs richesses et leurs ressources naturelles doit s'exercer *dans l'intérêt du développement national et du bien-être de la population de l'État intéressé* » (souligné par nous).

[19] La société française reste marquée par la colonisation : si l'inventaire de la colonisation est possible (v. par ex. M. Ferro (dir.), *Le livre noir du colonialisme – XVIe-XXIe : de l'extermination à la repentance*, Paris, Robert Laffont, 2003, 845 p.), les nostalgiques de la période coloniale bénéficient encore d'un incontestable soutien politique en France. Ainsi, à Perpignan en 2003 ou à Marignane en 2005, des stèles ont été érigées à la gloire des « fusillés et combattants morts » ou aux « combattants tombés » « pour que vive l'Algérie française » (lire le dossier sur http://www.ldh-toulon.net). De même, l'article 13 de la loi du 23 février 2005 précitée étend aux personnes issues du secteur privé le dispositif indemnitaire des anciens membres de l'Organisation de l'armée secrète (OAS) militaires, magistrats et fonctionnaires prévu par la loi n° 82-1021 du 3 décembre 1982 modifiée relative au règlement de certaines situations résultant des événements d'Afrique du Nord, de la guerre d'Indochine ou de la seconde guerre mondiale.

[20] G. Balandier, cité par Cl. Haroche, *op. cit.*, p. 220.

[21] E. Balibar, « Racisme et crise », *in* E. Balibar, I. Wallerstein, *Race, nation, classe. Les identités ambigües*, Paris, La Découverte/poche, rééd. 1997, p. 289-302 : l'auteur identifie un « racisme de crise » qui, plus qu'un racisme comme conséquence de la crise, trouve ses racines dans la structure sociale elle-même, même s'il émerge dans des circonstances historiques spécifiques (not. p. 291-292).

[22] On peut lire, sous la plume du ministre de l'Immigration, de l'Intégration, de l'Identité nationale et du Codéveloppement, l'argumentaire suivant : « La promotion de notre identité est une réponse aux communautarismes et vise à préserver l'équilibre de notre Nation. L'immigration, l'intégration et l'identité nationale sont complémentaires. Elles sont même intimement liées. C'est parce que la France a une identité propre dont elle peut être fière qu'elle a les moyens d'intégrer des immigrés qui respectent nos valeurs et qu'elle peut organiser de façon sereine l'immigration » (http://www.premier-ministre.gouv.fr/iminidco/ministere_830/missions_role_56625.html : consulté le 9 juillet 2007).

[23] C'est principalement au regard du niveau de chômage que les Français estiment que le nombre d'étrangers est trop important en France : Commission nationale consultative des droits de l'homme, *La lutte contre le racisme et la xénophobie : rapport d'activité 2005*, Paris, La Documentation française, 2006, p. 82 et 360.

racisme rampant[24]. Lorsque la crise sociale s'enkyste, l'étranger/l'immigré fait figure de bouc émissaire : accusé de ruiner la sécurité sociale, par les allocations familiales ou l'aide médicale d'État qu'il perçoit, par son refus de s'assimiler, soupçonné de polygamie, de tuer le mouton sur le balcon ou dans la baignoire, assimilé à un délinquant, suspecté de « bruit et [d]'odeur », dans une France qui « ne peut pas accueillir toute la misère du monde », qui ne doit pas franchir le « seuil de tolérance », qu'« on aime ou [qu']on quitte »[25]. Méfiance et rejet de l'étranger progressent parmi nos concitoyens au gré d'une lente « lepénisation des esprits » : les clichés se répercutent, du comptoir du café aux réunions familiales ou politiques, des assemblées générales de copropriétaires aux journaux télévisés, conduisant même, pour certains, à une « xénophobie de gouvernement »[26].

Dans ce contexte, en 2005-2006, le dispositif juridique applicable à l'« étrange étranger »[27] s'est encore un peu plus durci. Après qu'en 1974, le Président Valéry Giscard d'Estaing eut énoncé l' « immigration zéro »[28] comme postulat de la politique migratoire de la France, les gouvernements successifs ont bâti une politique de « maîtrise de l'immigration ». Plus récemment, à cet objectif qui s'incarne dans le renforcement de la lutte contre l'immigration subie (I) s'est ajoutée la logique du développement de l'immigration choisie (II). C'est le double objectif de la loi n° 2006-911 du 24 juillet 2006 relative à l'immigration et à l'intégration[29] qui constitue le cœur de la démarche française de sélection des étrangers et que l'on doit retenir comme ossature de l'évolution du droit des étrangers en 2005-2006.

---

[24] En novembre 2005, 9% des personnes interrogées se disent « plutôt raciste », 24% « un peu raciste », 25% « pas très raciste » et 40% « pas raciste du tout » (*ibidem*, p. 371), la progression du racisme correspondant, selon la Commission, à la « levée d'un tabou » (*ibid.*, p. 81).

[25] Petit florilège des propos tenus en France par des responsables politiques de premier plan depuis une vingtaine d'années.

[26] J. Valluy, « Pas un Empire du rejet, un continent d'asile ! », http://www.lautrecampagne.org/article.php?id=21 Voir aussi S. Laurens, « Le racisme, attribut du populaire ? », *Plein droit*, n° 69, juillet 2006, p. 9-12 et G. Noiriel, *Immigration, antisémitisme et racisme en France (XIXe-XXe siècle). Discours publics, humiliations privées*, Paris, Fayard, 2007, not. chapitre VIII, p. 589 et s.

[27] En 1955, dans son poème « *Étranges étrangers* », Jacques Prévert fait référence à l'utilisation de la main d'œuvre étrangère dans la France de l'après guerre.

[28] Voir F. Julien-Laferrière, « Le mythe de l'immigration zéro », *AJDA* 1994, p. 83-95, pour qui les lois Pasqua de 1993 constituent un virage important de la politique d'immigration de la France. À notre sens, les lois Sarkozy en sont le prolongement.

[29] *JORF* 25 juillet 2006, p. 11047 ; rectif., *JORF* 16 septembre 2006, p. 13641.

# I – LUTTER CONTRE L'IMMIGRATION SUBIE

Après avoir durci les règles d'accès à l'asile en 2003, au point que le nombre de demandes d'asile a fondu depuis lors[30], le Gouvernement français a décidé de renforcer les moyens de lutter contre une immigration jugée excessive. Aussi la loi du 24 juillet 2006 se présente comme le deuxième temps de la « réforme de la politique de l'immigration »[31]. La lutte se situe à tous les niveaux où l'immigration peut être jugulée : à l'entrée en France, lors du séjour en France et en vue de l'éloignement de France. Il s'agit donc de rendre plus difficile la résidence des étrangers en France (A), de faciliter l'éloignement des étrangers en situation irrégulière (B), tout en dotant la France de nouveaux moyens matériels de lutte contre l'immigration subie (C).

## A) Rendre plus difficile la résidence des étrangers en France

Outre le durcissement des conditions d'entrée en France d'un étranger[32], les nouvelles dispositions juridiques de la période considérée ont conduit à rendre plus difficile la résidence même des étrangers en France (2). Pour ce faire, la loi du 24 juillet 2006 a notamment augmenté les pouvoirs du maire dans le contrôle des étrangers (1).

1°) Le rôle accru des maires dans le contrôle des étrangers

Tout étranger qui désire résider pour un séjour de moins de trois mois en France doit fournir un justificatif d'hébergement qui prend la forme d'une attestation d'accueil. Déjà le maire pouvait refuser de valider cette dernière (art. L. 211-5 CESEDA). Pour ce faire, il peut, en vertu de l'article L. 211-6

---

[30] Sur les dix premiers mois de l'année 2006, 22 043 demandes d'asile avaient été reçues, contre 42 578 en 2005, 50 547 en 2004 et 52 204 en 2003 : Secrétariat général du Comité interministériel de contrôle de l'immigration, *Les orientations de la politique d'immigration, Rapport au Parlement, Troisième rapport établi en application de l'article L. 111-10 du code de l'entrée et du séjour des étrangers et du droit d'asile*, Paris, La Documentation française, 2007, p. 32.

[31] Exposé des motifs du projet de loi, p. 3.

[32] L'article 49 de la loi du 24 juillet 2006 a complété l'article L. 213-1 CESEDA en considérant que « l'accès au territoire français peut être refusé à tout étranger dont la présence constituerait une menace pour l'ordre public ou qui fait l'objet soit d'une interdiction du territoire, soit d'un arrêté d'expulsion, *soit d'un arrêté de reconduite à la frontière pris, moins d'un an auparavant, sur le fondement du 8° du II de l'article L. 511-1 et notifié à son destinataire après la publication de la loi n° 2006-911 du 24 juillet 2006 relative à l'immigration et à l'intégration* » (dispositions nouvelles soulignées par nous).

CESEDA[33], demander à « des agents spécialement habilités des services de la commune chargés des affaires sociales ou du logement ou l'Agence nationale de l'accueil des étrangers et des migrations » (ANAEM) de procéder à des « vérifications sur place ». Si ces agents ne peuvent pénétrer chez l'hébergeant qu'après s'être assurés du consentement, donné par écrit, de celui-ci, « en cas de refus de l'hébergeant, les conditions d'un accueil dans des conditions normales de logement sont réputées non remplies ». La nouveauté dans la période analysée réside dans l'augmentation de la taxe perçue au profit de l'ANAEM : selon l'article L. 211-8 CESEDA, modifié par la loi de finances pour 2007[34], chaque demande de validation d'une attestation d'accueil donnera lieu à la perception d'une taxe d'un montant de 30 euros acquittée par l'hébergeant contre 15 euros auparavant. De plus, un décret du 2 août 2005 portant sur le traitement automatisé de données à caractère personnel relatif aux demandes de validation des attestations d'accueil a été adopté[35]. Selon l'article L. 211-7 CESEDA, l'objet de la mémorisation et du fichage des demandes de validation des attestations d'accueil est « de lutter contre les détournements de procédure ». Le décret précise notamment les catégories de données enregistrées (art. 2) et fixe à cinq années la durée de conservation de ces données (art. 3). Saisi d'un recours en annulation de ce décret, le Conseil d'État l'a cependant validé, considérant notamment que « la durée de conservation de cinq ans fixée par le décret n'excède pas celle nécessaire, compte tenu des finalités pour lesquelles les données sont collectées et traitées, à la lutte contre l'immigration irrégulière et les détournements consistant notamment dans des attestations de complaisance »[36].

Mais la loi du 24 juillet 2006 a confié de nouvelles responsabilités aux maires en matière de contrôle des étrangers. D'abord, le maire de la commune de résidence du demandeur joue un rôle en matière de délivrance de certaines cartes de séjour. Il donne désormais un avis sur « le caractère suffisant des ressources [du demandeur] au regard des conditions de logement » (art. L. 313-11-1 et art. L. 314-8 CESEDA[37]). La délivrance d'une première carte de

---

[33] Rédaction issue de l'article 145 de la loi n° 2005-32 du 18 janvier 2005, *JORF* 19 janvier 2005, p. 864.

[34] Art. 133 de la L. n° 2006-1666 du 21 décembre 2006 de finances pour 2007, *JORF* 27 décembre 2006, p. 19641.

[35] D. n° 2005-937 du 2 août 2005 pris pour l'application de l'article L. 211-7 du code de l'entrée et du séjour des étrangers et du droit d'asile et portant sur le traitement automatisé de données à caractère personnel relatif aux demandes de validation des attestations d'accueil, *JORF* 6 août 2005, p. 12885.

[36] CE, 26 juillet 2006, GISTI, n° 285714, à paraître au recueil *Lebon* ; *AJDA* 2006, p. 1525, obs. F. Aubert.

[37] Selon ces deux articles, « ces ressources doivent atteindre un montant au moins égal au salaire minimum de croissance et sont appréciées au regard des conditions de logement ».

résident fait également intervenir le maire de la commune de résidence de l'étranger. L'article L. 314-2 CESEDA dispose que la délivrance de ce titre de séjour peut être « subordonnée à l'intégration républicaine de l'étranger dans la société française, appréciée en particulier au regard de son engagement personnel à respecter les principes qui régissent la République française, du respect effectif de ces principes et de sa connaissance suffisante de la langue française dans des conditions définies par décret en Conseil d'État ». En vertu du deuxième alinéa du même article, l'autorité administrative devant apprécier la condition d'intégration de l'étranger devra saisir le maire de la commune dans laquelle il réside : alors qu'il ne s'agissait auparavant que d'une simple faculté laissée à l'appréciation de l'autorité administrative, l'article 7 de la loi du 24 juillet 2006 a instauré une obligation de saisine du maire.

Ensuite, en vertu de l'article L. 421-1 CESEDA, « l'autorisation d'entrer en France dans le cadre de la procédure du regroupement familial est donnée par l'autorité administrative compétente après vérification des conditions de logement et de ressources par le maire de la commune de résidence de l'étranger ou le maire de la commune où il envisage de s'établir ». Pour ce faire, il « examine les pièces justificatives requises dont la liste est déterminée par décret » (art. L. 421-2 CESEDA). La nouveauté, prévue par l'article 46 de la loi du 24 juillet 2006, est que « le maire, saisi par l'autorité administrative, peut émettre un avis sur la condition mentionnée au 3° de l'article L. 411-5 », à savoir que le demandeur se conforme aux principes fondamentaux reconnus par les lois de la République[38].

2°) Les atteintes à la vie privée des étrangers

Alors que le droit au respect de la vie privée et familiale de l'étranger n'est pas garanti de façon absolue[39], le combat gouvernemental pour la maîtrise de l'immigration entend s'attaquer à différents aspects de la vie privée de l'étranger : la loi du 14 novembre 2006 a permis un contrôle des mariages des étrangers (a) ; différents textes ont réduit la portée du droit au regroupement familial (b) ; l'accès à l'aide médicale d'État a fait l'objet de restrictions (c).

---

[38] Selon l'article R. 421-19-1 CESEDA, s'il est saisi, le maire « dispose d'un délai de deux mois pour transmettre [au préfet] son avis sur le respect par le demandeur des principes fondamentaux reconnus par les lois de la République. En l'absence de réponse du maire à l'expiration de ce délai, cet avis est réputé rendu ».

[39] Cour EDH, Gde Ch., 18 octobre 2006, Uner c/ Pays-Bas, n° 46410/99, not. § 55 : concernant l'expulsion d'un immigré de longue durée ayant commis une infraction pénale, la Cour juge qu' « un droit aussi absolu à la non-expulsion ne peut être dérivé de l'article 8 de la Convention ».

a- Contrôler les mariages des étrangers

Même si la lutte contre les mariages forcés a également été avancée pour justifier le projet de loi[40], c'est pour faire face au constat que « les règles du mariage (...) sont trop souvent détournées de leur objet à des fins purement migratoires »[41] qu'a été adoptée la loi du 14 novembre 2006 sur le contrôle de la validité des mariages[42] déclarée conforme à la Constitution par le Conseil constitutionnel[43].

Pour lutter contre les mariages frauduleux, la loi accroît d'abord les documents exigés des futurs époux avant publication des bans. Outre le certificat médical prénuptial, des documents sont exigés pour vérifier leur identité mais aussi celle des témoins[44]. De même est exigée une copie intégrale de l'acte de naissance remise par chacun des futurs époux à l'officier de l'état civil qui doit célébrer leur mariage. La loi du 14 novembre 2006 précise que cette copie « ne doit pas dater de plus de trois mois si elle a été délivrée en France et de plus de six mois si elle a été délivrée dans un consulat » (nouvel art. 70 C. civ.).

Outre le contrôle de la validité des mariages en France[45] et l'extension de la durée de mariage nécessaire à l'acquisition par un étranger de la nationalité française[46], la loi du 14 novembre 2006 renforce le contrôle des mariages à l'étranger. Pour ce faire, un chapitre entier vient remplacer les seuls articles 170 et 170-1 du Code civil qui y étaient consacrés : désormais, pas moins de huit articles traitent ce sujet dans un chapitre II bis intitulé « Du mariage des Français à l'étranger » (art. 171-1 à 171-8 C. civ.). Ainsi, la

---

[40] Un seul alinéa du nouvel article 63 du Code civil (art. 63 2°) y est toutefois consacré : celui qui fait obligation à l'officier d'état civil d'auditionner les futurs époux, sauf exception, et qui lui donne la possibilité d'entendre séparément les époux (ce qui est ancien), de même que l'obligation d'entendre séparément le futur conjoint encore mineur (ce qui est nouveau).

[41] Exposé des motifs du projet de loi n° 2838 déposé le 1er février 2006 à l'Assemblée nationale.

[42] L. n° 2006-1376 du 14 novembre 2006 relative au contrôle de la validité des mariages, *JORF* 15 novembre 2006, p. 17113.

[43] CC, déc. n° 2006-542 DC du 9 novembre 2006, Loi relative au contrôle de la validité des mariages, *JORF* 15 novembre 2006, p. 17115. Voir V. Larribeau-Terneyre, « Conformité à la loi sur le contrôle de la validité des mariages », *Dr. famille* 2007, comm. n° 1.

[44] Le principe en est rappelé à l'article 74-1 C. civ. inséré par la loi du 14 novembre 2006, puisque, « *avant la célébration du mariage*, les futurs époux confirment l'identité des témoins déclarés en application de l'article 63 ou, le cas échéant, désignent les nouveaux témoins choisis par eux » (souligné par nous).

[45] Notons que la Cour de cassation a décidé que le refus d'un maire de célébrer le mariage d'un étranger ne constitue pas une faute personnelle détachable de ses fonctions d'officier d'état civil : Cass. civ. 1re, 6 février 2007, Mme de Panafieu, pourvoi n° H 06-10.403.

[46] L'article 21-21 du Code civil dispose désormais que le mariage d'un ressortissant étranger avec un Français permet au premier d'acquérir la nationalité française de son époux après quatre années de mariage et non plus deux années. Voir aussi D. Boulanger, « Mariage et acquisition de la nationalité française : petit problème de droit transitoire », *Dr. famille* 2007, comm. n° 25.

procédure de mariage d'un Français par une autorité étrangère (époux relevant de l'article 171-2 C. civ.) devient complexe, comme l'illustre le schéma établi par le Conseil constitutionnel[47]. Dans ce cadre, le Procureur de la République peut, à de multiples occasions, s'y opposer, rendant impossible la transcription de l'acte de mariage sur les registres de l'état civil français[48].

De même, la loi du 14 novembre 2006 durcit le contrôle de la validité des actes de l'état civil établis par une autorité étrangère. Par exemple, l'article 7 de la loi du 14 novembre 2006 simplifie la rédaction de l'article 47 du Code civil mais prévoit que l'acte de l'état civil des Français et des étrangers fait en pays étranger et rédigé dans les formes usitées dans ce pays peut faire l'objet de « toutes vérifications utiles » afin de vérifier sa régularité. Il déroge même à la règle de l'article 21 de la loi n° 2000-321 du 12 avril 2000 relative aux droits des citoyens dans leurs relations avec les administrations[49] en posant qu'en cas de « vérifications utiles » par l'administration qui doute de l'authenticité ou de l'exactitude d'un acte de l'état civil étranger, le silence gardé par elle ne vaut rejet qu'après un délai de huit mois[50].

b- La réduction de la portée du regroupement familial

Initiée par une directive 2003/86/CE du Conseil du 22 septembre 2003 relative au droit au regroupement familial[51], la politique du gouvernement français tend à en limiter la jouissance dans le droit fil des préconisations communautaires. Dans la directive, qui voit dans le regroupement familial un élément de l'intégration de l'étranger (§4), il est par exemple entendu que « le regroupement familial devrait viser, en tout état de cause, les membres de la famille nucléaire, c'est-à-dire le conjoint et les enfants mineurs », à charge pour les États de définir s'ils entendent aller plus loin (§8-9). De même la directive considère que « le droit au regroupement familial devrait s'exercer

---

47 http://www.conseil-constitutionnel.fr/decision//2006/2006542/doc.pdf, p. 19 : consulté le 7 mai 2007.

48 Voir le décret n° 2007-773 du 10 mai 2007 pris pour l'application de la loi n° 2006-1376 du 14 novembre 2006 relative au contrôle de la validité des mariages et modifiant diverses dispositions relatives à l'état civil, *JORF* 11 mai 2007, p. 8487.

49 Art. 21 al. 1er L. 12 avril 2000 : « Sauf dans les cas où un régime de décision implicite d'acceptation est institué dans les conditions prévues à l'article 22, le silence gardé pendant plus de deux mois par l'autorité administrative sur une demande vaut décision de rejet. »

50 Nouvel article 22-1 de la loi du 12 avril 2000.

51 *JOUE* L 251/12, 3 octobre 2003. L'examen de la légalité de cette directive par la Cour de justice des communautés européennes a été l'occasion d'un important arrêt concernant la Charte des droits fondamentaux de l'Union : CJCE, 27 juin 2006, (aff. n° C-540/03), Parlement européen c/ Conseil de l'UE, *AJDA* 2006, p. 2285, note L. Burgogue-Larsen. Voir également, H. Labayle, « Le droit des étrangers au regroupement familial, regards croisés du droit interne et du droit européen », *RFDA* 2007, p. 101-133.

dans le nécessaire respect des valeurs et principes recommandés par les États membres (...) » (§11) ou qu'il doit être refusé à la personne qui constitue « une menace pour l'ordre public et la sécurité publique » (§14). La mise en musique des objectifs communautaires est engagée par la loi du 24 juillet 2006.

Tout d'abord, la loi du 24 juillet 2006 décide que seul le conjoint de l'étranger résidant en France âgé de plus de dix-huit ans peut être éligible au regroupement familial.

Ensuite, elle porte à dix-huit mois (contre douze auparavant) la durée de résidence en France de l'étranger qui souhaite bénéficier du regroupement familial[52]. Dans son contrôle de l'erreur manifeste d'appréciation mettant en balance le droit à une vie familiale normale de l'étranger et la sauvegarde de l'ordre public, et considérant que le législateur « n'a pas remis en cause le droit des étrangers établis de manière stable et régulière en France de faire venir auprès d'eux leur conjoint et leurs enfants mineurs », le Conseil constitutionnel n'a pas jugé cette modification disproportionnée[53]. On peut toutefois se demander s'il est raisonnable de priver un peu plus longtemps de sa famille un étranger que l'on entend par ailleurs intégrer. On mesure là la tension irréductible entre les différents objectifs gouvernementaux à l'égard des étrangers : suspicion ou intégration ?

Enfin, la loi du 24 juillet 2006 modifie les motifs de refus du regroupement familial sous trois angles. Premièrement, le nouvel article L. 411-5 CESEDA modifié par l'article 45 de la loi du 24 juillet 2006 durcit les conditions du calcul des « ressources stables et suffisantes pour subvenir aux besoins de [l]a famille » de l'étranger[54]. Deuxièmement, il assouplit l'appréciation du « logement normal » qui se fait désormais par référence à une zone géographique déterminée et non plus à la France entière. Pour le Conseil constitutionnel, cette « substitution de critères locaux à des critères nationaux pour apprécier cet hébergement au regard de celui de familles comparables trouve sa justification dans les disparités du marché immobilier sur l'ensemble du territoire national » et n'est donc pas contraire au principe d'égalité[55]. Troisièmement, le législateur ajoute un nouveau motif de refus : lorsque « le demandeur ne se conforme pas aux principes fondamentaux reconnus par les lois de la République ». Le Conseil constitutionnel a émis une réserve d'interprétation à ce propos, considérant qu'il ressortait des travaux parlementaires qu'en prévoyant un tel motif de refus, « le législateur a entendu

---

[52] Nouvel art. L. 411-1 CESEDA modifié par l'article 44 de la loi du 24 juillet 2006.

[53] CC, déc. n° 2006-539 DC, 20 juillet 2006, Loi relative à l'immigration et à l'intégration, *JORF* 25 juillet 2006, p. 11066, cons. n° 14.

[54] À cet égard, le Conseil d'État estime que l'aide personnalisée au logement ne constitue pas une ressource stable : CE, 13 novembre 2006, M. Ouatah, n° 288053.

[55] CC, déc. n° 2006-539 DC précitée, cons. n° 17.

se référer aux principes essentiels qui, conformément aux lois de la République, *régissent la vie familiale en France*, pays d'accueil »[56].

Sur le plan réglementaire, le décret n° 2005-253 du 17 mars 2005[57] ainsi qu'une circulaire interministérielle DPM/DMI2 n° 2006-26 du 17 janvier 2006 relative au regroupement familial des étrangers[58] sont venus préciser les dispositions issues de la loi n° 2003-1119 du 26 novembre 2003. Puis le décret du 17 mars 2005 a été abrogé et remplacé par le décret du 8 décembre 2006[59] qui précise les conditions du regroupement familial. Il détaille ainsi la taille d'un « logement normal » selon la zone géographique de résidence du demandeur, ainsi que le niveau des « ressources stables et suffisantes » (cf. *supra*).

Le Conseil d'État a quant à lui précisé que les autorités diplomatiques devaient apprécier finement toute demande de visa de regroupement familial. Une requérante, séjournant régulièrement en France et ayant obtenu le bénéfice du regroupement familial, avait formé une telle demande pour trois de ses enfants. Parmi eux, la filiation de certains était suffisamment établie mais aussi pour un enfant dont la filiation semblait contestée. Or, en rejetant indistinctement la demande, sans distinguer entre les cas des différents enfants, ces autorités étaient susceptibles de porter une atteinte au droit à une vie familiale normale des enfants dont la filiation ne pouvait être sérieusement contestée[60].

c- Restreindre l'accès à l'aide médicale d'État

Le gouvernement français a tenté de dissuader les étrangers en situation irrégulière de se maintenir en France en cherchant à leur supprimer l'accès gratuit aux soins. Comme l'a relevé le commissaire aux droits de l'homme du Conseil de l'Europe, « plusieurs décrets ont réformé l'AME en 2004, puis en juillet 2005, supprimant l'admission immédiate à l'AME et en complexifiant l'accès. Les premières réformes ont touché les enfants et les adolescents en introduisant une obligation de durée de résidence, sauf urgence, mettant en jeu le pronostic vital. Si, après l'intervention de nombreuses associations, institutions et organisations, dont la condamnation du Comité européen des droits sociaux, la France a indiqué par la circulaire du 16 mars 2005 que tous les soins aux mineurs prodigués à l'hôpital sont réputés répondre à une condition d'urgence, le principe introduit par cette réforme a été maintenu.

---

[56] *Ibidem*, cons. n° 20. L'italique est de nous.

[57] *JORF* 19 mars 2005, p. 4677.

[58] *BOMI* n° 2006-1 du 15 septembre 2006.

[59] D. n° 2006-1561 du 8 décembre 2006 relatif au regroupement familial des étrangers et modifiant le code de l'entrée et du séjour des étrangers et du droit d'asile (partie réglementaire), *JORF* 10 décembre 2006, p. 18720 ; *AJDA* 2006, p. 2365.

[60] CE ord. réf., 12 décembre 2006, Mme M. épouse L., *AJDA* 2006, p. 2413.

Ainsi, depuis les décrets de 2005, chaque malade doit prouver qu'il réside depuis trois mois en France ». Pour le commissaire aux droits de l'homme, « demander un tel justificatif à une personne vivant irrégulièrement en France est une absurdité et peut la priver d'un accès aux soins ou retarder le traitement et ainsi compromettre ses chances de réussite »[61].

Les deux décrets du 28 juillet 2005[62] n'ont pas été annulés dans leur globalité. Toutefois, le Conseil d'État les a jugés contraires aux stipulations de la Convention internationale des droits de l'enfant relatives à l'intérêt supérieur de l'enfant dans la mesure où ils mettent en œuvre à l'égard des mineurs la condition de durée de résidence prévue à l'article L. 251-1 du Code de l'action sociale et des familles, instaurant ainsi des restrictions dans l'accès aux soins nécessaires à la santé des enfants[63].

## B) Faciliter l'éloignement des étrangers en situation irrégulière

Pour faciliter l'éloignement des étrangers séjournant irrégulièrement sur le territoire national, le législateur a créé une nouvelle catégorie de mesure d'éloignement : l'obligation de quitter le territoire français (1). Quant au gouvernement, outre la fixation aux préfets d'objectifs annuels de reconduites à la frontière[64], il a d'abord souhaité faciliter l'interpellation des étrangers en situation irrégulière (2), puis a créé un fichier sur l'éloignement des étrangers

---

[61] A. Gil-Robles, *Rapport sur le respect effectif des droits de l'homme en France*, CommDH(2006)2, février 2006, § 231. Voir l'article 97 de la loi n° 2003-1311 du 30 décembre 2003 portant loi de finances pour 2004 (*JORF* 31 décembre 2003, p. 22530) qui institue deux dispositifs : - l'aide médicale d'État pour les étrangers en situation irrégulière qui résident depuis plus de trois mois en France de façon ininterrompue ; - la prise en charge par l'État des soins urgents pour les étrangers qui ne peuvent ni bénéficier de la couverture maladie universelle ni de l'aide médicale d'État.

[62] Décret n° 2005-859 du 28 juillet 2005 relatif à l'aide médicale de l'État et modifiant le décret n° 54-883 du 2 septembre 1954 modifié pris pour l'application de l'ensemble des dispositions du décret du 29 novembre 1953 relatif à la réforme des lois d'assistance, *JORF* 29 juillet 2005, p. 12353 ; décret n° 2005-860 du 28 juillet 2005 relatif aux modalités d'admission des demandes d'aide médicale de l'État, *JORF* 19 juillet 2005, p. 12354.

[63] CE, 7 juin 2006, Association Aides et autres, n° 285576, *AJDA* 2006, p. 2233, note H. Rihal ; *Dr. soc.* 2006, n° 11, p. 1037, concl. C. Devys. Voir également CE, ord. réf., 21 octobre 2005, Association Aides et autres, *AJDA* 2006, p. 944, note H. Rihal.

[64] Dans le « bleu » consacré à la mission interministérielle « sécurité » dans le cadre de l'examen du projet de loi de finances pour 2007, le programme n° 176 « Police nationale » fixe comme objectif de « mieux lutter contre l'immigration irrégulière organisée (du point de vue du citoyen et du contribuable) » (p. 33). Cela se traduit par un objectif de 28 000 reconduites à la frontière en métropole, contre 25 000 en 2006 (p. 34).

(3). Ces mesures s'inscrivent dans une tendance à la communautarisation de la gestion des étrangers extra-communautaires[65].

1°) Une nouvelle catégorie de mesure d'éloignement : l'obligation de quitter le territoire français

L'obligation de quitter le territoire français (OQTF) a été créée par l'article 52 de la loi du 24 juillet 2006 modifiant l'article L. 511-1 CESEDA. Celui-ci dispose désormais : « I. L'autorité administrative qui refuse la délivrance ou le renouvellement d'un titre de séjour à un étranger ou qui lui retire son titre de séjour, son récépissé de demande de carte de séjour ou son autorisation provisoire de séjour, pour un motif autre que l'existence d'une menace à l'ordre public, peut assortir sa décision d'une obligation de quitter le territoire français, laquelle fixe le pays à destination duquel l'étranger sera renvoyé s'il ne respecte pas le délai de départ volontaire prévu au troisième alinéa ». Il a été mis en œuvre par le chapitre I^er^ du décret du 23 décembre 2006 modifiant la partie réglementaire du Code de justice administrative[66]. L'OQTF vient s'ajouter à l'arrêté de reconduite à la frontière que peut toujours prendre le préfet en application de l'article L. 511-1 II CESEDA. Les deux catégories coexistent donc, leurs champs d'application étant différents.

La nouvelle catégorie juridique poursuit cependant un objectif précis : accélérer l'éloignement de l'étranger. Ainsi, auparavant, l'étranger séjournant de façon irrégulière en France se voyait d'abord refuser la délivrance ou le renouvellement d'un titre de séjour et était invité à quitter le territoire français (IQTF). Cette invitation n'avait pas, comme son nom l'indique, de caractère juridiquement obligatoire et ne faisait pas grief. L'étranger, s'il était interpellé, faisait ensuite l'objet d'un arrêté de reconduite à la frontière (APRF) qui lui était notifié par voie postale. La procédure prenait un temps certain[67].

---

[65] Voir par exemple le décret n° 2006-1433 du 23 novembre 2006 relatif à l'assistance au transit dans le cadre de mesures d'éloignement par voie aérienne (*JORF* 25 novembre 2006, p. 17689), pris en application d'une directive n° 2003/110 du 25 novembre 2003 du Conseil de l'Union européenne.

[66] D n° 2006-1708 du 23 décembre 2006 modifiant la partie réglementaire du code de justice administrative, *JORF* 29 décembre 2006, p. 19845 (rectif. *JORF* 6 janvier 2007, p. 225) ; D. Chabanol, « Le décret du 23 décembre 2006 : vers une refonte de l'accès au juge ? », *AJDA* 2007, p. 304-306.

[67] Une simple lettre du préfet notifiant à l'étranger le rejet de sa demande d'asile par l'OFPRA, lui indiquant que le récépissé de sa demande de reconnaissance de la qualité de réfugié valant autorisation provisoire de séjour ne pouvait plus être prorogée et l'invitant à quitter le territoire avait déjà été considérée comme valant décision de refus d'un titre de séjour : CAA Versailles (formation plénière), 7 décembre 2006, M. Akplogan, n° 06VE00119, *AJDA* 2007, p. 24, chron. G. Pellissier. Alors même que le préfet est en situation de compétence liée en cas de rejet d'une demande d'asile, la solution de la Cour permettait d'accélérer l'éloignement de l'étranger, même si l'annotateur relève que le préfet dispose aussi, en parallèle, d'un pouvoir d'apprécier la possibilité de régulariser l'étranger (p. 26).

Désormais, le refus de délivrance ou de renouvellement de titre de séjour, ou bien son retrait, peut être assorti d'une obligation de quitter le territoire français. Par ailleurs, l'OQTF peut être exécutée d'office un mois après sa notification (art. L. 551-1 I alinéa 3 CESEDA). Ensuite, l'OQTF fixe le pays de renvoi, alors qu'auparavant un arrêté de destination devait être pris par le préfet.

Toutefois, l'OQTF fait grief et peut donc, à la différence de l'IQTF, faire l'objet d'un recours pour excès de pouvoir. Selon l'article L. 512-1 CESEDA, l'étranger visé par une OQTF peut, dans le délai d'un mois suivant la notification, en demander l'annulation au tribunal administratif.

La mise en place de l'OQTF a cependant été difficile, du fait de mesures transitoires inexistantes. En outre, par une circulaire du 22 décembre 2006 concernant l'entrée en vigueur des dispositions de la loi du 24 juillet 2006 relatives à l'obligation de quitter le territoire français et adressée aux préfets, le ministre d'État, ministre de l'Intérieur et de l'Aménagement du territoire a donné son interprétation de l'entrée en vigueur du nouvel article L. 511-1 CESEDA[68]. Il faut rappeler que, selon l'article 118 de la loi du 24 juillet 2006, les dispositions relatives à l'OQTF devaient entrer en vigueur « à la date de publication du décret en Conseil d'État modifiant le code de justice administrative et au plus tard le 1er juillet 2007 », ce décret étant intervenu le 23 décembre 2006[69]. Mais le ministre considérait qu'un étranger ayant fait l'objet d'un refus de titre de séjour et ayant été invité à quitter le territoire français avant le 1er janvier 2007 pouvait encore faire l'objet d'un APRF après cette date. Selon la circulaire, les étrangers dans une telle situation avaient « objectivement rejoint, du fait de leur maintien en France, la situation d'irrégularité prévue aux 1° et 2° du II de l'article L. 511-1 nouveau du CESEDA » ; elle assimilait donc un tel cas à celui de l'étranger entré de façon irrégulière sur le territoire. Cependant, par une ordonnance du 15 février 2007, le Conseil d'État a suspendu le point 1 de la circulaire[70]. En effet, pour le juge des référés, l'OQTF se substitue à l'APRF dès l'entrée en vigueur du décret d'application, sauf dans les hypothèses expressément prévues au II de l'article L. 511-1 CESEDA. Dans le même sens, le Tribunal administratif de Rennes avait considéré que les garanties procédurales offertes par la loi nouvelle dans le cadre de l'OQTF ne trouvent pas d'équivalent dans l'autre mesure d'éloignement qu'est l'APRF pris au titre du II de l'article L. 511-1

---

[68] Circulaire n° NOR/INT/D/06/00114/C du 22 décembre 2006.

[69] Décret n° 2006-1378 du 14 novembre 2006 relatif à la partie réglementaire du code de l'entrée et du séjour des étrangers et du droit d'asile, *JORF* 15 novembre 2006, p. 17153.

[70] CE, ord. réf., 15 février 2007, GISTI et autres, n° 300968, *AJDA* 2007, p. 396, note M.-C. de Montecler.

CESEDA[71]. Il avait ainsi fait droit à la demande d'annulation de l'arrêté préfectoral de reconduite à la frontière et refusé toute substitution de base légale demandée par le préfet. Le ministre a pris acte de l'ordonnance en adressant aux préfets une circulaire substitutive[72].

2°) L'interpellation des étrangers en situation irrégulière

Une circulaire du 21 février 2006 relative « aux conditions de l'interpellation d'un étranger en situation irrégulière, garde à vue de l'étranger en situation irrégulière, réponses pénales »[73] a été édictée conjointement par les ministres de l'Intérieur et de la Justice à l'intention des préfets et procureurs. Détaillant les conditions procédurales d'interpellation, la circulaire prévoit notamment que « les Procureurs de la République feront procéder chaque fois que nécessaire, en concertation avec les préfets, aux interpellations aux guichets de la préfecture, au domicile ou dans les logements, foyers et les centres d'hébergement, dans les hôpitaux ». L'objectif est de veiller à la régularité juridique de l'interpellation, contrôlée au besoin par le juge judiciaire. Plusieurs associations ont toutefois considéré que la circulaire, en autorisant les interpellations au guichet d'une préfecture, avait pour objet d'autoriser des « convocations-pièges », l'objectif réel de la convocation n'étant que l'arrestation de l'étranger en situation irrégulière en vue de son placement en rétention administrative dans l'attente de son éloignement.

Le Conseil d'État a rejeté le recours pour excès de pouvoir engagé par ces associations[74]. Selon lui, « la circulaire attaquée rappelle qu'une convocation adressée à un étranger pour qu'il se présente à la préfecture, alors qu'un refus de séjour, voire un arrêté de reconduite à la frontière, lui a été notifié et qu'il est donc déjà en situation irrégulière, ne doit pas être rédigée en termes trompeurs, sous peine de vicier la procédure ; qu'à cette fin elle définit des modèles de convocation dont la "sobriété" est destinée, selon les ministres, à proscrire toute indication mensongère sur l'objet réel de cette mesure, sans pour autant donner d'indice révélant le risque d'une mesure de rétention et de reconduite forcée ; que l'utilisation de ces formulaires ne constitue pas par elle-même un procédé déloyal ou une violation du paragraphe 1 de l'article 5 de la convention européenne de sauvegarde des droits de l'homme et des libertés fondamentales, relatif au droit à la liberté et à la sûreté ».

---

[71] TA Rennes, 30 janvier 2007, Traore, n° 07167, *AJDA* 2007, p. 336.

[72] Circulaire n° NOR/INT/D/07/00020/C du 16 février 2007 portant application des dispositions de l'article L. 511-1 du code de l'entrée et du séjour des étrangers et du droit d'asile.

[73] Circulaire CRIM. 06. 5/E1 du 21 février 2006, NOR : JUSD0630020.

[74] CE, 7 février 2007, LDH et autres, n° 292607, à paraître au recueil Lebon ; *AJDA* 19 février 2007, p. 334, obs. S. Brondel.

Dans un arrêt du 6 février 2007, la Cour de cassation a cependant jugé, à l'inverse, que « l'administration ne peut utiliser la convocation à la préfecture d'un étranger, faisant l'objet d'un arrêté de reconduite à la frontière, qui sollicite l'examen de sa situation administrative nécessitant sa présence personnelle, pour faire procéder à son interpellation en vue de son placement en rétention ». En l'espèce, le requérant, ressortissant algérien, avait fait l'objet d'un arrêté de reconduite à la frontière du préfet de police de Paris du 2 juin 2004, notifié le même jour, mais s'était présenté à la préfecture de Seine-Saint-Denis, sur convocation, à la demande de son avocat qui sollicitait un réexamen de sa situation administrative. La haute juridiction judiciaire en conclut que la Cour d'appel a, en l'espèce, jugé à bon droit que « les conditions de [l'] interpellation [du défendeur] étaient contraires à l'article 5 de la convention européenne des droits de l'homme »[75]. La déloyauté de l'administration est ici implicitement critiquée. Il en résulte que le juge judiciaire, quand bien même la circulaire reste en vigueur, pourra toujours contrôler, en tant que gardien de la liberté individuelle, la loyauté de l'administration à l'occasion de la contestation de la légalité de l'interpellation d'un étranger en situation irrégulière[76]. Par ailleurs, l'interpellation au guichet de l'étranger en situation irrégulière pour examen ou réexamen de sa situation sera considérée comme illégale car déloyale[77].

3°) Le fichier sur l'éloignement des étrangers[78]

Par un arrêté du 30 juillet 2006, le ministre de l'Intérieur a créé un nouvel outil de lutte contre l'immigration clandestine : le fichier baptisé « ELOI »[79]. Il a

---

[75] Cass. civ. 1re, 6 février 2007, Préfet de la Seine-Saint-Denis, pourvoi n° 05-10.880. *Contra* : Civ. 2e, 12 décembre 1997, pourvoi n° 96-50091. Voir aussi CEDH, 2 décembre 2002, Conka c/ Belgique, n° 51564/99.

[76] On lira aussi le dossier de la Ligue des droits de l'homme de Toulon à propos du système illégal mis en place dans le Var pour lutter contre le mariage entre Français et étrangers en situation irrégulière et révélé en juin 2007 : http://www.ldh-toulon.net/spip.php?article2072 (consulté le 17 juillet 2007). Convoqué par la police au motif de son mariage, après que l'officier d'état civil eut averti le procureur du projet de mariage, l'étranger se voyait interpellé au commissariat, mis en garde à vue pour séjour irrégulier, notifié un arrêté de reconduite à la frontière et placé en centre de rétention. Le juge des libertés et de la détention a souligné le caractère déloyal de la procédure (violation de l'art. 5 CEDH) et fait droit à l'exception de nullité soulevée par la défense.

[77] Analysant l'arrêt de la Cour de cassation de 1997, les ministres avaient tenté, dans la circulaire, d'imposer une « objectivation » des convocations à la préfecture : neutralité du contenu de la lettre de convocation, réalité de l'examen de la situation administrative à la préfecture (not. p. 15). Mais le but ultime de la convocation restait bien, dans la lettre comme dans l'esprit de la circulaire, d'interpeller l'étranger.

[78] Lire le dossier de la revue *Plein droit*, n° 71, décembre 2006, p. 18-25.

pour objet de « faciliter l'éloignement des étrangers se maintenant sans droit sur le territoire par la gestion des différentes étapes de la procédure d'éloignement » (art. 1er).

Certains droits sont attachés aux personnes enregistrées dans le fichier ELOI : conservation limitée dans le temps des données (art. 3) ; nombre restreint de destinataires des données (art. 4) ; droit d'accès aux données (art. 5) mais sans droit d'opposition (art. 6) ; interdiction des interconnexions ou mise en relation ou rapprochement avec tout autre traitement automatisé de données à caractère personnel (art. 7).

Cependant, le dispositif reste particulièrement pernicieux. Il paraît destiné à renforcer la surveillance des citoyens en contact avec les étrangers et cherche à dissuader la solidarité active. En effet, outre le fichage des étrangers en situation irrégulière, il prévoit d'enregistrer les données relatives à « l'hébergeant lorsqu'un étranger en situation irrégulière est assigné à résidence », ainsi que celles relatives « au visiteur d'une personne étrangère placée en rétention administrative » (art. 2).

Après un rejet du référé engagé par plusieurs associations en novembre 2006, le Conseil d'État a finalement jugé cet arrêté illégal le 12 mars 2007[80]. Toutefois, l'annulation pour un motif de légalité externe n'interdit pas l'existence d'un tel fichier par ailleurs prévu par l'article L. 611-3 CESEDA, mais un décret en Conseil d'État après avis de la CNIL sera nécessaire. Au fond, les menaces pesant sur le soutien aux étrangers sont donc encore présentes.

### C) Des moyens matériels nouveaux

Les moyens matériels dédiés à la lutte contre l'immigration subie ont été mis à la hauteur des ambitions gouvernementales. Il s'agit de moyens financiers (1) et administratifs (2).

1°) Des moyens financiers

La France entend accroître son effort financier pour rendre efficace la politique d'éloignement des étrangers en situation irrégulière. C'est ce qui ressort notamment des lois de finances pour 2006 et 2007.

Tout d'abord, le gouvernement a prévu d'augmenter le nombre de places dans les centres de rétention administrative, afin d'accroître le nombre

[79] Arrêté du 30 juillet 2006 relatif à l'informatisation de la procédure d'éloignement par la création d'un traitement de données à caractère personnel au sein du ministère de l'intérieur, *JORF* 18 août 2006.

[80] CE, 12 mars 2007, GISTI et autres, n° 297888, *AJDA* 2007, p. 560, obs. M.-C. de Montecler.

des éloignements[81]. Ensuite, il veut favoriser le retour volontaire des étrangers dans leur pays d'origine par une aide monétaire. Outre le dispositif d'aide au retour « humanitaire », l'ANAEM pilote un dispositif d'aide au retour « volontaire » de l'étranger en situation irrégulière qui, volontairement, demande à rentrer dans son pays d'origine[82]. Ce dernier cas est prévu à l'article L. 551-1 I al. 5 CESEDA : « L'étranger qui fait l'objet d'une obligation de quitter le territoire français peut solliciter le dispositif d'aide au retour financé par l'Agence nationale de l'accueil des étrangers et des migrations, sauf s'il a été placé en rétention ». Par ailleurs, l'aide est également proposée aux étrangers déboutés de leur demande d'asile[83].

En parallèle, des économies budgétaires sont réalisées et des hausses de recettes sont envisagées. Ainsi, les crédits d'hébergement d'urgence dont bénéficient les demandeurs d'asile « primo-arrivants » ont baissé de 18,5% entre 2006 et 2007, au motif notamment que le nombre de demandeurs d'asile baisse également[84]. De même, la France, qui tend à développer le « séjour payant »[85] afin de dissuader l'étranger de venir en France, augmente diverses taxes : la taxe sur les attestations d'accueil augmente de 15 à 30 euros, celle sur le renouvellement des titres de séjour de 55 à 70 euros et celle perçue à l'occasion de la délivrance du premier titre de séjour de 220 à 275 euros[86].

Enfin, on relèvera que les outils de la modernisation financière de l'État viennent à l'appui de la lutte contre l'immigration irrégulière. Il devient en effet possible de savoir, grâce aux indicateurs de performance (qui permettent de mesurer l'efficacité et l'efficience de la dépense publique), que le coût d'une incarcération dans un centre de rétention administrative ainsi que

---

[81] Voir l'exposé des motifs du projet de loi relatif à l'immigration et à l'intégration, n° 2986, déposé le 29 mars 2006 à l'Assemblée nationale ; voir également le « bleu » budgétaire consacré à la mission interministérielle « sécurité » dans le cadre de l'examen du projet de loi de finances pour 2007, programme n° 176 « Police nationale », p. 54-55. Les dépenses de fonctionnement et d'investissement des centres de rétention administrative augmenteront en 2007 ; ainsi, trois CRA seront livrés (Hendaye, Nîmes, Orly) et deux seront agrandis (Vincennes 2 ; Guadeloupe). Pour une approche financière des CRA, voir Cour des comptes, *Rapport public annuel 2006*, Paris, La Documentation française, 2007, p. 415-443.

[82] Voir la circulaire interministérielle n° DPM/ACI3/2006/522 du 7 décembre 2006 relative au dispositif d'aide au retour pour les étrangers en situation irrégulière ou en situation de dénuement.

[83] Voir circulaire n° DPM/ACI3/2007/124 du 2 avril 2007 relative à l'utilisation des crédits d'hébergement d'urgence inscrits au programme 104 « Accueil des étrangers et intégration », point I.2.1.2, p. 3.

[84] *Ibidem*, introduction, p. 2.

[85] S. Slama, « Le séjour payant », *Plein droit*, n° 67, décembre 2005, p. 11-14.

[86] Voir le D. n° 2007-320 du 8 mars 2007 modifiant le montant de la taxe perçue au profit de l'OMI en application de l'article 1635-0 bis du code général des impôts, *JORF* 10 mars 2007, p. 4583 et le D. n° 2007-321 du 8 mars 2007 relatif au montant de la taxe perçue à l'occasion du renouvellement des autorisations de travail délivrées aux étrangers, *JORF* 10 mars 2007, p. 4583.

la durée moyenne d'incarcération sont en constante augmentation depuis 2004[87]. De même, le rapport annuel de performance rendu obligatoire par la LOLF en vue du vote de la loi de règlement permet de connaître le coût précis d'une reconduite à la frontière (1 526 € en métropole)[88]. Enfin, les divers fichiers mis en place par l'État en matière de surveillance et de contrôle des étrangers servent également de source pour l'établissement des indicateurs de performance[89].

2°) Des moyens administratifs

Le gouvernement a souhaité, dans la période considérée, coordonner la politique et l'action contre l'immigration avec la création de plusieurs organes administratifs (a). Dans le même temps, la construction de centres de rétention administrative supplémentaires traduit concrètement la volonté politique de la France d'accélérer les éloignements d'étrangers en situation irrégulière (b).

a- De nouveaux organes administratifs.

Tout d'abord, un Comité interministériel de contrôle de l'immigration a vu le jour[90]. Il « fixe les orientations de la politique gouvernementale en matière de contrôle des flux migratoires » et « adopte chaque année le rapport au Parlement sur les orientations de la politique gouvernementale en matière d'immigration, mentionné à l'article L. 111-10 du code de l'entrée et du séjour des étrangers et du droit d'asile »[91]. Son secrétaire général travaille sous l'autorité du ministre de l'Immigration, de l'Intégration, de l'Identité nationale et du Codéveloppement[92].

Ensuite, en matière policière, outil opérationnel de la lutte contre l'immigration, est mise en place une véritable « police de l'immigration » à travers la création d'une Unité de coordination opérationnelle de lutte contre

---

[87] Source : « bleu » budgétaire consacré à la mission interministérielle « sécurité » dans le cadre de l'examen du projet de loi de finances pour 2007, programme n° 176 « Police nationale », p. 34.

[88] Projet de la loi de règlement du budget de l'année 2006, Rapport annuel de performance de la mission « sécurité », programme n° 176, p. 56.

[89] Pour une liste des différents fichiers de police des étrangers, voir *Plein droit*, n° 71, décembre 2006, p. 24-25.

[90] Décret n°2005-544 du 26 mai 2005 instituant un comité interministériel de contrôle de l'immigration, JORF 27 mai 2005, p.9184 ; Décret du 9 juin 2005 portant nomination du secrétaire général du comité interministériel de contrôle de l'immigration, JORF 10 juin 2005 (il s'agit de M. Patrick Stefanini, ancien secrétaire général adjoint du RPR).

[91] Art. 1er alinéa 5.

[92] Article 2 alinéa 1er du décret n° 2007-999 du 31 mai 2007 relatif aux attributions du ministre de l'immigration, de l'intégration, de l'identité nationale et du codéveloppement, *JORF* 1er juin 2007, p. 9964.

l'immigration irrégulière (UCOLII). Celle-ci appartient à la sous-direction de l'immigration irrégulière et des services territoriaux qui relève de la direction centrale de la police aux frontières du ministère de l'Intérieur[93]. Cette sous-direction « conduit, au plan national, la lutte contre toutes les formes organisées d'immigration illégale et met en œuvre l'éloignement effectif des étrangers en situation irrégulière »[94]. L'UCOLII « est chargée, pour le compte de la direction générale de la police nationale, de centraliser l'information et de conduire la coordination opérationnelle nationale en la matière. Investie également de l'évaluation du risque migratoire irrégulier, l'UCOLII tient à jour le tableau de bord national de la lutte contre l'immigration irrégulière. Elle peut concevoir, gérer et coordonner soit des opérations d'envergure nationale ou interzonale, soit des dispositifs relatifs à des événements migratoires locaux à retentissement national »[95].

Enfin, remplaçant l'Office des migrations internationales, l'Agence nationale de l'accueil des étrangers et des migrations (ANAEM) a été créée par la loi n°2005-32 du 18 janvier 2005 de programmation pour la cohésion sociale[96]. Établissement public administratif de l'État, l'ANAEM « est chargée, sur l'ensemble du territoire, du service public de l'accueil des étrangers titulaires, pour la première fois, d'un titre les autorisant à séjourner durablement en France ». Elle a également pour mission de participer à diverses actions administratives, sanitaires et sociales relatives aux étrangers (notamment : immigration de travail, regroupement familial, contrôle médical, retour et réinsertion dans le pays d'origine), aux demandeurs d'asile (accueil) et aux Français de l'étranger (emploi)[97]. L'organisation et le fonctionnement de l'ANAEM ont été précisés par un décret du 20 avril 2005[98].

b- Les centres de rétention administrative

Les centres de rétention administrative (CRA) sont l'outil incontournable de la lutte contre l'immigration subie en ce qu'ils sont très souvent l'antichambre d'un renvoi vers le pays d'origine.

---

[93] Arrêté du 27 juin 2006 relatif à l'organisation de la direction centrale de la police aux frontières en sous-directions, services à compétence nationale et bureaux, *JORF* 16 juillet 2006.
[94] Article 4 de l'arrêté du 27 juin 2006 précité.
[95] *Ibidem.*
[96] Il s'agit de l'article 143 de la loi, au sein d'un chapitre V intitulé « Accueil et intégration des personnes immigrées ou issues de l'immigration » du titre III intitulé « Promotion de l'égalité des chances ».
[97] Nouvel article L. 341-9 C. trav.
[98] Décret n° 2005-381 du 20 avril 2005 relatif à l'Agence nationale de l'accueil des étrangers et des migrations et modifiant le code du travail (deuxième partie : Décrets en Conseil d'État), *JORF* 24 avril 2005, p. 7181 ; A. Morice, « Du SSAE à l'Anaem, une liquidation annoncée », *Plein droit*, n° 72, mars 2007, p. 8-13.

Dans la période considérée, le gouvernement a cherché à améliorer les conditions matérielles de la rétention[99] puis il a créé une commission nationale de contrôle des centres et locaux de rétention administrative et des zones d'attente[100].

Pourtant, les conditions de rétention sont toujours dénoncées[101], notamment par la Cimade, seule association habilitée à les visiter[102]. En effet, la problématique posée par les centres de rétention renvoie à la logique de résultat qui anime la politique de lutte contre l'immigration[103]. Les CRA symbolisent et matérialisent le rejet dont les étrangers font l'objet de la part du corps social national et leur mise à l'écart. Par le caractère collectif de la rétention, sa durée (32 jours maximum[104]), le CRA s'assimile à un « camp », comme la France en a connu dans des périodes plus lointaines. L'humanité disparaît : des tensions et brutalités physiques et/ou psychologiques apparaissent, comme en témoigne par exemple la possibilité pour certains centres de rétention administrative d'accueillir des familles – et donc des enfants[105].

Avec l'extension du réseau et des capacités d'accueil des centres de rétention administrative, la politique de lutte contre l'immigration subie se

---

[99] D. n° 2005-617 du 30 mai 2005 relatif à la rétention administrative et aux zones d'attente pris en application des articles L. 111-9, L. 551-2, L. 553-6 et L. 821-5 du code de l'entrée et du séjour des étrangers et du droit d'asile, *JORF* 31 mai 2005 p. 9658. Il abroge le D. n° 2001-236 du 19 mars 2001 relatif aux centres et locaux de rétention. Le décret du 30 mai 2005 a été jugé légal par le Conseil d'État : CE, 12 juin 2006, GISTI et autres, n° 282275, 282982, 283157. Par ailleurs, rappelons qu'un règlement intérieur existe dans chaque CRA : arrêté du 2 mai 2006 pris en application de l'article 4 du décret n° 2005-617 du 30 mai 2005 précité, *JORF* 6 mai 2006, p. 6720.

[100] D. du 14 mars 2006 relatif à la composition de la commission nationale de contrôle des centres et locaux de rétention administrative et des zones d'attente, *JORF* 16 mars 2006, p. 4003.

[101] Voir A. Gil-Robles, *Rapport sur le respect effectif des droits de l'homme en France*, CommDH (2006)2, février 2006, § 235 à 243.

[102] En revanche, l'accès aux zones d'attente est ouvert à davantage d'associations humanitaires : arrêté du 30 mai 2006 fixant la liste des associations humanitaires habilitées à proposer des représentants en vue d'accéder en zone d'attente, *JORF* 3 juin 2006, p. 8410.

[103] Cimade, *Centres et locaux de rétention administrative. Rapport 2005*, Les hors-séries de Causes communes, 2007, 208 p. La Cimade établit chaque année un rapport faisant le bilan de son activité en la matière ; elle témoigne ainsi des pratiques administratives illégales, des brutalités policières, de celles intervenues entre personnes retenues et des autres situations inhumaines.

[104] Entre 2004 et 2005, la Cimade constate la hausse du nombre des personnes retenues, ainsi que la hausse de la durée moyenne de rétention : *ibidem*, p. 64.

[105] Arrêté du 15 mars 2007 pris en application de l'article R. 553-1 du code de l'entrée et du séjour des étrangers et du droit d'asile *JORF* 22 mars 2007. Il abroge l'arrêté du 30 août 2006 pris en application de l'article 2 du décret n° 2005-617 du 30 mai 2005 relatif à la rétention administrative et aux zones d'attente pris en application des articles L. 111-9, L. 551-2, L. 553-6 et L. 821-5 du code de l'entrée et du séjour des étrangers et du droit d'asile.

décline dans toute sa dureté. Dans le même temps, le renforcement de la lutte contre l'immigration subie résulte d'une réorientation de la politique française en faveur d'un développement de l'immigration choisie.

## II – DÉVELOPPER UNE IMMIGRATION CHOISIE

La loi du 24 juillet 2006 est importante en ce qu'elle a pu préciser les modalités de l'immigration choisie à laquelle la France entend dorénavant s'attacher (B). Toutefois, ce concept reste relativement nouveau, tout du moins dans la phraséologie gouvernementale, ce qui justifie de s'y attarder et d'exposer quels objectifs sous-jacents il recèle (A).

### A) Les objectifs de l'immigration choisie

À travers la proclamation d'une politique qu'il juge « équilibrée » conjuguant lutte contre l'immigration subie et développement de l'immigration choisie[106], le Gouvernement entend assurer les conditions de l'intégration des étrangers admis à séjourner en France. Autrement dit, l'immigration choisie recouvre un double objectif : d'une part, sélectionner les immigrants en encourageant surtout l'immigration professionnelle (1) ; d'autre part, intégrer les immigrés choisis (2).

1°) Encourager l'immigration professionnelle

Le choix des autorités nationales en faveur d'une immigration de travail aboutit à substituer l'organisation d'une immigration professionnelle à l'immigration familiale. C'est ce que le rapporteur de la commission des lois de l'Assemblée nationale qualifie de nécessité pour la France « de passer à une approche plus stratégique de sa politique migratoire »[107]. Le Président de la République française ne s'en est pas caché lorsqu'il a pu afficher l'objectif que « l'immigration économique représente 50% du flux total des entrées à fin d'installation durable en France »[108]. Le Comité interministériel de contrôle de

[106] Exposé des motifs du projet de loi n° 2986 relatif à l'immigration et à l'intégration, déposé le 29 mars 2006 à l'Assemblée nationale, p. 5.
[107] Th. Mariani, *Rapport fait au nom de la commission des lois constitutionnelles, de la législation et de l'administration générale de la République sur le projet de loi (n° 2986), relatif à l'immigration et à l'intégration*, n° 3058, 2 mai 2006, p. 22.
[108] Lettre de mission de M. Nicolas Sarkozy adressée à M. Hortefeux, 9 juillet 2007 : http://www.elysee.fr/elysee/elysee.fr/francais/interventions/2007/juillet/lettre_de_mission_adress

l'immigration confirme ces orientations dans son troisième rapport annuel : « la France a manqué pendant trop longtemps d'une vision stratégique de sa politique d'immigration » ; accueillant trop d'étrangers pour motifs familiaux, alors qu'elle « n'a pas les moyens d'accueillir tous ceux qui souhaitent s'y établir pour améliorer leurs conditions de vie », une nécessaire « remise en ordre » est donc nécessaire[109].

Le rapport sur les objectifs pluriannuels de la politique d'immigration déposé chaque année au Parlement par le Gouvernement[110] permettra de fixer les objectifs de la politique migratoire française[111]. En effet, en 2006, le projet de loi relatif à l'immigration et à l'intégration entendait que le rapport indique « à titre prévisionnel le nombre, la nature et les différentes catégories de visas de long séjour et de titres de séjour qui *seront* délivrés au cours des trois années qui suivent l'année de sa remise au Parlement, en distinguant en particulier l'admission au séjour aux fins d'emploi, aux fins d'étude et pour motifs familiaux. Ces objectifs tiendront compte de la situation démographique de la France, de ses perspectives de croissance, des besoins du marché de l'emploi et des capacités d'accueil de notre pays au regard des conditions du bon fonctionnement des services publics et des dispositifs sociaux susceptibles d'être sollicités dans le cadre de l'accueil et de l'intégration des migrants »[112]. Encourager l'immigration professionnelle vise donc, en réalité, à répondre à des besoins de main d'œuvre et de cerveaux, selon des « objectifs quantitatifs pluriannuels »[113], ce que l'on peut qualifier de « quotas d'immigrés ». Cette finalité appelle plusieurs commentaires.

Tout d'abord, la France a déjà été conduite à favoriser une immigration de travail ; le concept n'est pas nouveau puisque, après la Seconde guerre mondiale, la France a accueilli des immigrés pour participer à la reconstruction. À l'époque, comme le rappelle M. Noiriel, la politique d'immigration s'était « focalisée sur deux objectifs essentiels : recruter des ouvriers pour alimenter les secteurs du marché du travail les plus déficitaires et repeupler la

---

ee_a_m_hortefeux_ministre_de_l_immigration_de_l_integration_de_l_identite_nationale_et_du_codeveloppement.79040.html.

[109] Secrétariat général du Comité interministériel de contrôle de l'immigration, *Les orientations de la politique de l'immigration. Rapport au Parlement*, Paris, La Documentation française, 2007, p. 1 et 2. Ce troisième rapport du CICI analyse les années 2005 et 2006.

[110] Art. L. 111-10 CESEDA, modifié par l'article 145 de la loi n° 2005-32 du 18 janvier 2005.

[111] Par ailleurs, la loi du 24 juillet 2006 a créé, dans chacun des départements d'outre-mer, un « observatoire de l'immigration » qui « évalue l'application de la politique de régulation des flux migratoires et les conditions d'immigration dans chacun de ces départements d'outre-mer » : art. L. 111-11 CESEDA.

[112] Exposé des motifs du projet de loi relatif à l'immigration et à l'intégration n° 2986 précité, p. 5 (souligné par nous).

[113] *Ibid.*

France »[114]. Comme le relève sans détour le professeur Julien-Laferrière : « on a toujours pris les étrangers pour de la main-d'œuvre taillable et corvéable à merci ; ce ne sont pas des êtres humains, ce sont des bras (...), une force de travail, rien de plus »[115].

Plus récemment, le livre vert de la Commission européenne sur une approche communautaire de la gestion des migrations économiques[116] développe également une conception utilitariste de l'immigré. On rappellera pour mémoire que le Traité établissant une constitution pour l'Europe, rejeté par les peuples français et néerlandais, stipulait que « l'Union développe une politique commune de l'immigration visant à assurer, à tous les stades, une *gestion efficace* des flux migratoires »[117]. Au regard des préoccupations économiques de la construction communautaire, l'immigration professionnelle est un objectif incontestable de l'Union puisqu'une pénurie de main d'œuvre serait de nature à affaiblir la compétitivité économique des États de l'Union. Derrière la notion policée d'immigration choisie se dissimule la volonté de garantir au pays d'accueil le choix d'une main d'œuvre adaptée à ses besoins.

Enfin, l'objectif de substituer l'immigration professionnelle à l'immigration familiale a pour effet que la migration ne peut plus être fondée sur le droit individuel à la liberté d'aller et venir qui inclut le choix d'aller vivre et travailler dans un pays dont on n'est pas originaire. Désormais, l'immigration est largement conditionnée à la décision de la France de choisir les étrangers dont elle a besoin sur un plan économique et de refuser les autres. Au-delà de l'apparence du tri[118], le choix proprement dit des étrangers « élus » par la République appelle une interrogation : comment permettre le développement des pays de la périphérie si une partie de leurs forces vives, tant manuelles qu'intellectuelles, sont utilisées par les pays du centre ? L'annonce d'un renforcement de l'aide aux pays du Sud laisse sceptique quand, dans le même temps, le système économique international reste profondément défavorable aux pays du Sud, les excluant de toute perspective de développement profitable aux populations locales. On peut alors craindre une forme de néo-colonialisme qui permette aux États du Nord, après avoir puisé

---

[114] G. Noiriel, *Immigration, antisémitisme et racisme en France (XIXe-XXe siècle). Discours publics, humiliations privées*, Paris, Fayard, 2007, p. 371.

[115] F. Julien-Laferrière, « Réflexions désordonnées sur près de trente ans de droit(s) des étrangers : billet de mauvais humeur », *in* V. Champeil-Desplats et N. Ferré (textes réunis par), *Frontières du droit, critique des droits. Billets d'humeur en l'honneur de Danièle Lochak*, Paris, LGDJ, coll. Droit et société. Recherches et travaux 14, 2007, p. 121.

[116] COM(2004) 811 final.

[117] Art. III-267, souligné par nous.

[118] D. Lochak, « Le tri des étrangers : un discours récurrent », *Plein droit*, n° 69, juillet 2006, p. 4-8.

dans les ressources naturelles des États du Sud, d'utiliser les hommes et femmes de ces pays pour leur force de travail[119].

2°) L'exigence d'intégration.

L'étranger qui souhaite séjourner en France doit dorénavant faire ses preuves, c'est-à-dire manifester une volonté de s'intégrer. C'est le sens du contrat d'accueil et d'intégration (a). On peut toutefois s'interroger sur une conception de l'intégration qui glisse vers l'assimilation (b).

a- Le contrat d'accueil et d'intégration

L'étranger qui veut vivre en France doit impérativement s'intégrer, ce qui lui était déjà demandé mais ce qui exigera désormais « une implication plus forte »[120] de sa part.

En effet, outre l'exigence d'intégration républicaine déjà prévue par les textes, l'article 146 de la loi n° 2005-32 du 18 janvier 2005 de programmation pour la cohésion sociale a créé un contrat d'accueil et d'intégration (CAI) de l'étranger[121]. Selon l'article L. 311-9 CESEDA[122], l'étranger admis pour la première fois au séjour en France et qui souhaite s'y maintenir durablement « prépare son intégration républicaine dans la société française ». À cet effet, il doit conclure avec l'État un contrat d'accueil et d'intégration, traduit dans une langue qu'il comprend. Par ce contrat, l'étranger « s'oblige à suivre une formation civique et, lorsque le besoin en est établi, linguistique » ; il bénéficie aussi « d'une session d'information sur la vie en France et, le cas échéant, d'un

---

[119] D'autant plus que les « pays sources » (c'est-à-dire d'émigration) doivent s'engager, dans le cadre d'une politique contractuelle (« accords de gestion concertée des flux migratoires »), à récupérer leurs immigrants non désirés par la France : Secrétariat général du Comité interministériel de contrôle de l'immigration, *Les orientations de la politique de l'immigration...*, précité, p. 5.

[120] Exposé des motifs du projet de loi relatif à l'immigration et à l'intégration, n° 2986, précité.

[121] Art. L. 117-1 Code de l'action sociale et des familles. Le contrat d'accueil et d'intégration avait été expérimenté dans douze départements dès juillet 2003 : voir http://www.anaem.social.fr.

[122] Introduit par l'art. 5 I de la loi du 24 juillet 2006 et modifié par l'art. 64 de la loi n° 2007-290 du 5 mars 2007 instituant le droit au logement opposable et portant diverses mesures en faveur de la cohésion sociale, *JORF* 6 mars 2007, p. 4190. Le décret n° 2006-1791 du 23 décembre 2006 (*JORF* 31 décembre 2006, p. 20346) précise les conditions de mise en œuvre du contrat d'accueil et d'intégration. Ses dispositions ont été insérées aux articles R. 311-19 à R. 311-30 CESEDA. Elles concernent les CAI conclus à compter du 1er janvier 2007. Sur la formation linguistique, voir le D. n° 2006-1626 du 19 décembre 2006 relatif au diplôme initial de langue française et modifiant le livre III du code de l'éducation (partie réglementaire), *JORF* 20 décembre 2006, p. 19177.

bilan de compétences professionnelles »[123]. La formation civique « comporte une présentation des institutions françaises et des valeurs de la République, notamment l'égalité entre les hommes et les femmes et la laïcité »[124].

L'administration est chargée de veiller au respect de la bonne application du contrat par le migrant. Ainsi, l'article L. 314-2 CESEDA a été modifié afin de se référer à l'obligation à laquelle l'étranger est lié en vertu de l'engagement signé au titre de l'article L. 311-9 alinéa 1er CESEDA : « Lorsque des dispositions législatives du présent code le prévoient, la délivrance d'une première carte de résident est subordonnée à l'intégration républicaine de l'étranger dans la société française, appréciée en particulier au regard de son engagement personnel à respecter les principes qui régissent la République française, du respect effectif de ces principes et de sa connaissance suffisante de la langue française dans des conditions définies par décret en Conseil d'État ». En application de l'article R. 311-28 CESEDA, si l'étranger ne participe pas ou plus aux formations prescrites, le préfet pourra résilier le CAI, sur proposition de l'ANAEM, et en tirer les conséquences au regard du premier renouvellement du titre de séjour (art. 311-9 CESEDA) ou de la délivrance de la carte de résident (art. L. 314-2 CESEDA) au motif que l'intégration républicaine ne serait plus en cours.

Les obligations contractuelles déduites du contrat d'accueil et d'intégration manifestent donc une défiance considérable à l'égard de l'étranger qui n'y est astreint qu'en raison de sa qualité de non national : on présuppose que l'étranger a besoin d'une « formation » pour intégrer certaines valeurs et principes tandis que le national en est par essence pétri. Pourtant, l'apprentissage des droits et devoirs de l'étranger en France contraste avec l'inégalité civique dans laquelle il est maintenu : l'intégration exigée de l'étranger ne va pas jusqu'à le considérer comme un citoyen. C'est pourquoi la logique gouvernementale se veut essentiellement assimilatrice.

### b- De l'intégration à l'assimilation

L'exigence d'intégration des immigrants que la France choisit n'est pas historiquement nouvelle. En effet, non seulement notre pays a déjà cherché à faire venir des immigrés mais il a aussi envisagé qu'ils puissent s'intégrer[125]. Ainsi, dès la fin de la première guerre mondiale, la France, saignée à blanc,

---

[123] Les modalités de mise en œuvre des formations prévues au CAI sont fixées par un arrêté du 19 janvier 2007 (*JORF* 30 janvier 2007). Pour un premier bilan de la mise en œuvre du CAI : Cour des comptes, *Rapport public annuel 2006*, Paris, La Documentation française, 2007, p. 291-316.

[124] Art. L. 311-9 CESEDA.

[125] Voir notamment G. Noiriel, *op. cit.*, chapitre V : « L'invention de l'immigration "choisie" », p. 288-373.

envisage de recourir à une immigration massive afin de faire face au déficit de main d'œuvre. Mais les défenseurs de cette politique rappellent à l'époque que le recrutement d'étrangers ne devra pas « avoir pour effet de créer chez nous des sortes de colonies échappant à toute assimilation », que ces étrangers ne doivent pas « altérer trop profondément ou dégrader notre race » et qu'il faut donc recruter des individus « proches de notre civilisation »[126]. C'est pourquoi la France organisera avant tout la venue de Polonais, d'Italiens, d'Espagnols et de Portugais, blancs et de tradition catholique[127].

Par ailleurs, l'exigence d'intégration n'est pas non plus juridiquement nouvelle. Elle figure par exemple dans le dispositif relatif à la naturalisation. L'étranger qui revendique l'accès à la communauté nationale doit logiquement adhérer aux valeurs de la société française, c'est-à-dire s'intégrer ; aussi le gouvernement peut par exemple légalement adopter un décret de refus de naturalisation d'un étranger qui entretient depuis longtemps des liens étroits avec une organisation islamiste menant une action de propagande en faveur de thèses extrémistes et prônant le rejet des valeurs essentielles de la société française[128]. Mais l'exigence d'intégration se vérifie également lors de la délivrance de titres de séjour ou en matière de regroupement familial : un étranger polygame ne peut en faire bénéficier ses différentes épouses et il encourt le retrait de son titre de séjour s'il est convaincu de vivre en état de polygamie[129].

Cependant, l'exigence d'intégration semble reposer sur des postulats erronés. Le premier consiste à penser que l'étranger venant en France souhaite s'y intégrer. Il a pourtant été démontré que la majorité des immigrants venus en France n'ont pas été intégrés : après y avoir séjourné, ils ont rejoint soit leur pays d'origine, soit un autre pays[130]. Le second postulat erroné consiste à présupposer qu'un étranger s'acclimate moins bien qu'un national à la société française et qu'il y aurait donc lieu de l' « intégrer ». Or, des faits récents, intervenant dans un contexte de dé-nationalisation des identités, ont montré que certains Français – expatriés pour raisons fiscales ou jeunes djihadistes engagés au côté des talibans ou de la résistance irakienne – sont moins bien intégrés dans leur pays, moins respectueux de ses valeurs, que bien des étrangers. Enfin, l'exigence d'intégration contraste avec le maintien réitéré des immigrants dans

---

[126] Adolphe Landry, député, en 1915 : cité par G. Noiriel, *op. cit.*, p. 291.

[127] Les besoins de main d'œuvre sont tels que la France doit également faire appel à des immigrés du dedans, c'est-à-dire aux travailleurs coloniaux : *ibid.*, p. 293-294.

[128] Par exemple : CE, 13 novembre 2006, M. H., n° 279543. Dans le même sens, CE, 14 février 2007, M. O., n° 279704.

[129] Pour une application, voir CE, 2 octobre 2006, Min. d'État, ministre de l'Intérieur et de l'Aménagement du territoire c/ Mme K., épouse T., n° 288582.

[130] G. Noiriel, *op. cit.*, p. 527.

une sous-citoyenneté : tolérée dans le monde professionnel[131], la citoyenneté des ressortissants non communautaires reste interdite dans le domaine politique, au motif même qu'ils ne sont pas, par essence, des nationaux mais des étrangers[132].

Par ailleurs, en choisissant « ses » immigrés, en exigeant d'eux une intégration, en favorisant le regroupement de leurs seules familles, la France paraît s'engager dans une logique d'*assimilation* socioculturelle des étrangers admis à séjourner sur le territoire national. Or la logique de l'assimilation implique de ne pas accepter l'altérité (linguistique, culturelle, religieuse) dont l'étranger est porteur. En poussant à l'assimilation, la France efface l'apport des vagues successives d'immigrés. C'est ce que l'on peut constater à travers les exigences – légales ou non – formulées à l'égard des étrangers en matière de maîtrise du français[133]. Au-delà de l'intérêt bien compréhensible de parler la langue du pays de résidence, ces exigences montrent que, comme par le passé,

---

[131] Sur l'existence d'une citoyenneté non politique des étrangers et l'égalité de traitement prévalant entre Français et étrangers, voir en dernier lieu CE, Ass., 31 mai 2006, GISTI, *RFDA* 2006, p. 1194, concl. D. Casas, à propos du droit de suffrage aux élections des chambres des métiers et de l'artisanat.

[132] Art. L. 111-1 CESEDA : « Sont considérés comme étrangers au sens du présent code les personnes qui n'ont pas la nationalité française, soit qu'elles aient une nationalité étrangère, soit qu'elles n'aient pas de nationalité ».

[133] Par exemple, l'article L. 314-2 CESEDA dispose que la délivrance de la carte de résident peut être « subordonnée à l'intégration républicaine de l'étranger dans la société française, appréciée en particulier au regard de son engagement personnel à respecter les principes qui régissent la République française, du respect effectif de ces principes et *de sa connaissance suffisante de la langue française* (...) » (souligné par nous). L'article 147 de la loi n° 2005-882 du 2 août 2005 précitée a également complété l'article L. 341-2 du Code du travail en prévoyant que l'étranger qui veut exercer en France une profession salariée « doit également attester, dans l'hypothèse où il manifeste la volonté de s'installer durablement en France, *d'une connaissance suffisante de la langue française* sanctionnée par une validation des acquis ou s'engager à l'acquérir après son installation en France, dans des conditions qui sont fixées par un décret en Conseil d'État » (souligné par nous). Voir aussi les cas de régularisation à titre exceptionnel prévus par la circulaire du 13 juin 2006 relative aux mesures à prendre à l'endroit des ressortissants étrangers dont le séjour en France est irrégulier et dont au moins un enfant est scolarisé depuis septembre 2005 (*Bull. off. du ministère de l'Intérieur* n° 2006-6 du 15 janvier 2007, p. 5), notamment au motif d'une « réelle volonté d'intégration de ces familles, caractérisée notamment par, outre la scolarisation des enfants, *leur maîtrise du français*, le suivi éducatif des enfants, le sérieux de leurs études et l'absence de trouble à l'ordre public » (souligné par nous). Voir enfin C. Saas, « Français correct exigé ! », *Plein droit*, n° 69, juillet 2006, pp. 13-18, à propos du rapport Bénisti, remis en octobre 2004 au Premier ministre au nom du groupe d'études parlementaire sur la sécurité intérieure, qui exhortait à la maîtrise de la langue française pour prévenir la délinquance des mineurs.

« le critère de la langue (...) est privilégié pour mesurer l'assimilation nationale »[134], relevant d' « une vision civilisatrice de la langue française »[135].

On peut alors supposer que la voie de la naturalisation – qui s'apparente à une intégration juridique complète – soit plus facilement ouverte aux étrangers intégrés. Autrement dit, l'immigré choisi est inscrit par la loi française dans une dynamique de passage du statut de non-national à celui de national, ce qui dégage le caractère transitoire de la catégorie « étranger ». Ce phénomène renforce au passage le constat d'un glissement xénophobe qui affecte la société française en ce sens qu'elle ne tolère plus l'étranger en soi mais seulement s'il accepte d'être assimilé à un national. L'étranger « choisi » est appelé à devenir un national auquel les valeurs de la France sont inculquées, notamment à travers le contrat d'accueil et d'intégration, tandis que l'étranger « non choisi » a vocation à être reconduit à la frontière ; quant à l'étranger n'entrant pas dans les critères de sélection de l'État d'accueil, il n'a plus aucune perspective de migration. L'institutionnalisation d'une « cérémonie d'accueil dans la citoyenneté française » vient quant à elle sanctionner la logique assimilatrice, au travers d'une sorte de rite de passage résultant de l'acquisition de la nationalité française qui ne s'applique qu'aux seules personnes d'origine étrangère[136].

## B) Les modalités du choix des immigrés

Le choix des immigrés n'est pas non plus totalement nouveau. Par exemple, on rappellera que le processus de sélection des étudiants étrangers est lui-même singulier en ce qu'il rompt avec la règle de l'absence de sélection à l'entrée en première année d'une université publique. En effet, avant que les universités françaises n'apprécient les dossiers de candidature des impétrants étrangers, les consulats et ambassades français à l'étranger opèrent un filtrage, vérifiant l'existence d'une formation équivalente dans le pays d'origine, la régularité des diplômes et contrôlant le niveau de français[137].

---

[134] Voir G. Noiriel, *op. cit.*, p. 413, à propos de la loi du 19 juillet 1934 qui faisait obligation aux nouveaux naturalisés d'attendre une période de dix années pour accéder à la profession d'avocat, à une fonction publique ou à un office ministériel.

[135] Selon le sociologue Saïd Bouamama, cité par C. Saas, *op. cit.*, p. 14.

[136] Articles 21-28 et 21-29 du Code civil issus de la loi du 24 juillet 2006 relative à l'immigration et à l'intégration.

[137] La volonté de sélection des étudiants a été confortée par la rencontre de M. Sarkozy, alors ministre de l'Intérieur, avec le Président Sénégalais Wade, en septembre 2006 à Dakar. Le principe d'un accord avait été passé : la France délivrera des visas à des étudiants sénégalais si le Sénégal met en œuvre une politique active afin d'aider la France en matière de reconduite à la

Mais pour sélectionner les « bons étrangers », c'est-à-dire ceux dont la France estime qu'il est opportun de les laisser pénétrer sur le territoire national, le droit français institue de nouveaux mécanismes particuliers. Ce particularisme réside dans leur caractère tout à fait exceptionnel. Plusieurs dispositifs ont été instaurés ou utilisés dans la période 2005-2006 : c'est le cas de la carte de séjour « compétences et talents » (1), de l'admission exceptionnelle au séjour (2) et des procédures de régularisation opérées avec parcimonie (3).

1°) La carte de séjour « compétences et talents »

La carte de séjour « compétences et talents » fait partie des cartes de séjour que tout étranger âgé de plus de dix-huit ans qui souhaite séjourner en France doit, après l'expiration d'un délai de trois mois depuis son entrée en France, posséder. Selon l'article L. 315-1 (créé par la loi du 24 juillet 2006), « la carte de séjour "compétences et talents" peut être accordée à l'étranger susceptible de participer, du fait de ses compétences et de ses talents, de façon significative et durable au développement économique ou au rayonnement, notamment intellectuel, scientifique, culturel, humanitaire ou sportif de la France et du pays dont il a la nationalité. Elle est accordée pour une durée de trois ans. Elle est renouvelable. Lorsque son titulaire a la nationalité d'un pays membre de la zone de solidarité prioritaire, son renouvellement est limité à une fois »[138].

Un décret est venu préciser les modalités de l'accès à ce titre de séjour[139]. C'est la Commission nationale des compétences et des talents (art. L. 315-4 CESEDA), dont les membres sont nommés par arrêté du ministre de l'Intérieur, qui détermine « la nature et l'importance relative des critères d'évaluation, d'une part, du projet de l'étranger qui sollicite la délivrance de cette carte, compte tenu notamment de sa localisation, du secteur d'activité en cause, des créations d'emplois envisagées et, d'autre part, de son aptitude à le réaliser, compte tenu notamment de son niveau d'études, de ses qualifications ou de son expérience professionnelles et, le cas échéant, des investissements prévus ».

---

frontière des Sénégalais (voir « Défendre la liberté d'étudier », *Plein droit*, n° 71, décembre 2006, éditorial).

[138] Voir aussi le D. n° 2007-372 du 21 mars 2007 relatif à la carte de séjour portant la mention « compétences et talents » prévue à l'article L. 315-1 du code de l'entrée et du séjour des étrangers et du droit d'asile, *JORF* 22 mars 2007, p. 5214.

[139] D. n° 2007-372 du 21 mars 2007 relatif à la carte de séjour portant la mention « compétences et talents » prévue à l'article L. 315-1 du code de l'entrée et du séjour des étrangers et du droit d'asile, *JORF* 22 mars 2007, p. 5214.

En écrivant que « les bénéficiaires de cette carte seront choisis en prenant en compte la personnalité et les aptitudes de l'étranger, le contenu de son projet, la nature de l'activité qu'il se propose d'exercer, et l'intérêt de ce projet et de cette activité pour la France et le pays d'origine »[140], le projet de loi relatif à l'immigration avait montré l'ambiguïté de ce nouveau titre de séjour, laissant présager une coopération entre pays d'émigration et pays d'immigration, au titre du codéveloppement que prétend poursuivre le gouvernement[141], mais laissant également craindre une spoliation des « compétences et talents » existant dans les pays d'émigration.

2°) L'admission exceptionnelle au séjour

Alors que l'article 31 de la loi du 24 juillet 2006 abroge la disposition qui accordait de plein droit, sauf en cas de menace pour l'ordre public, la carte de séjour temporaire portant la mention « vie privée et familiale » « à l'étranger ne vivant pas en état de polygamie, qui justifie par tout moyen résider en France habituellement depuis plus de dix ans ou plus de quinze ans si, au cours de cette période, il a séjourné en qualité d'étudiant », son article 32 réécrit l'article L. 313-14 CESEDA afin de permettre que soit délivrée une carte de séjour temporaire à l'étranger « dont l'admission au séjour répond à des considérations humanitaires ou se justifie au regard des motifs exceptionnels qu'il fait valoir ».

La loi rompt ainsi avec le principe de la régularisation de plein droit de l'étranger résidant depuis une longue période sur le territoire français pour y substituer un examen au cas par cas. Au critère objectif de la durée du séjour, la loi substitue des critères subjectifs (« considérations humanitaires », « motifs exceptionnels ») dont il est difficile d'apprécier la portée. Elle donne par là même un large pouvoir d'appréciation aux autorités préfectorales, ce qui implique un risque de disparités dans le traitement des dossiers de demande de régularisation. La commission nationale de l'admission exceptionnelle, dont la

---

140 Exposé des motifs du projet de loi relatif à l'immigration et à l'intégration, n° 2986, précité, p. 10.

141 Dans les années 1980, l'idée du codéveloppement avait déjà été lancée par M. Claude Cheysson. Plus récemment, la formule a été reprise par M. Jean-Pierre Chevènement, alors qu'il était ministre de l'Intérieur dans le gouvernement de M. Lionel Jospin, en organisant l'aide au retour des immigrés dans leur pays d'origine. Depuis les initiatives du gouvernement de M. Jean-Pierre Raffarin, le codéveloppement s'articule autour de deux axes : canaliser l'épargne des migrants vers l'investissement et mobiliser les élites de la diaspora sur le développement de leurs pays d'origine. Voir le *Rapport sur le codéveloppement* de MM. Jacques Godfrain et Richard Cazenave au ministre des Affaires étrangères, janvier 2007, 42 p.

composition a été fixée par décret[142], pourra probablement homogénéiser les politiques en matière d'accueil exceptionnel sur le territoire. En effet, elle est chargée d'exprimer un avis sur les critères de l'admission exceptionnelle au séjour fixés par l'article L. 313-14 CESEDA et peut également être saisie par le ministre de l'Intérieur lorsque ce dernier est lui-même saisi d'un recours hiérarchique contre un refus d'admission exceptionnelle au séjour[143].

3°) Régulariser avec parcimonie : le cas des familles d'enfants scolarisés

Durant la période couvrant les années 2005-2006, un problème particulièrement médiatisé a surgi : celui des enfants régulièrement scolarisés dans des écoles publiques alors même que leurs parents sont en situation irrégulière au regard de l'entrée et/ou du séjour en France. Face au risque d'inhumanité dans lequel il n'aurait pas manqué de verser en appliquant de façon étroite la loi française, c'est-à-dire en reconduisant à la frontière tous ceux et celles – y compris les enfants – qui étaient en situation irrégulière, le gouvernement a tenté d'apurer la situation en recourant à une espèce d'infra-droit, dénué de clarté, de lisibilité et d'intelligibilité, et donc de sécurité juridique, soumis à une application discrétionnaire, voire arbitraire.

Dans un premier temps, une circulaire du 31 octobre 2005 avait posé un moratoire sur les reconduites à la frontière des familles d'enfants scolarisés jusqu'à la fin de l'année scolaire 2005-2006. Puis une seconde circulaire du 13 juin 2006[144] a pour sa part fixé des critères en vue d'une régularisation des familles d'enfants scolarisés. Il ne s'agit pas d'une opération de « régularisation massive » mais d'une étude « au cas par cas » des demandes de régularisation. Le « cas par cas » n'intervient d'ailleurs qu'à titre subsidiaire : la régularisation ne peut en effet intervenir qu'après formulation du dispositif d'aide au retour volontaire dans le pays d'origine[145] ; ce n'est qu'à défaut d'une

---

[142] D. n° 2006-1286 relatif à la Commission nationale de l'admission exceptionnelle au séjour prévue à l'article L. 313-4 du code de l'entrée et du séjour des étrangers et du droit d'asile, *JORF* 21 octobre 2006, p. 15634.

[143] Art. 2 al. 2 du décret précité.

[144] Circulaire du 13 juin 2006 relative aux mesures à prendre à l'endroit des ressortissants étrangers dont le séjour en France est irrégulier et dont au moins un enfant est scolarisé depuis septembre 2005, *Bull. off. du ministère de l'Intérieur* n° 2006-6 du 15 janvier 2007, p. 5 ; voir D. Catteau, « Le contrôle des régularisations exceptionnelles, entre fait majoritaire et fait du prince », *AJDA* 2007, p. 403-408.

[145] Pour cela, l'État a doublé le montant de l'aide financière : Circulaire du 14 juin 2006 relative à l'aide exceptionnelle au retour volontaire des familles d'étrangers en situation irrégulière dont au moins un enfant est scolarisé, *Bull. off. du minist. de l'Intérieur*, n° 2006-6 du 15 janvier 2007, p. 6. Voir également la circulaire du 24 août 2006 relative à l'aide exceptionnelle au retour volontaire des familles d'étrangers dont la demande d'admission au séjour en application de la

acceptation de cette aide notamment financière que les préfectures doivent réexaminer la situation des étrangers au séjour « à titre exceptionnel et humanitaire ». Il apparaît donc clairement que le Gouvernement n'entendait pas, *a priori*, régulariser ces familles.

La mise en œuvre de cette opération de régularisation a été particulièrement floue. La circulaire était en effet insuffisamment précise, tant du point de vue de la procédure à suivre (entretien, documents à fournir...) que du point de vue des critères de régularisation[146]. Il en est résulté une large faculté d'appréciation des situations individuelles donnée aux préfectures qui a notamment conduit à une inégalité de traitement des dossiers selon les départements[147] mais également à des problèmes de régularité de la motivation des décisions de refus de régularisation[148]. Malgré 15 000 signatures d'une pétition et plusieurs initiatives parlementaires demandant la création d'une commission d'enquête parlementaire concernant l'ensemble du processus de régularisation des familles sans-papiers par la circulaire du 13 juin 2006[149], l'Assemblée nationale en a rejeté la demande, ce qui a conduit la CIMADE à procéder à une « enquête citoyenne », dont les conclusions ont été publiées récemment[150].

---

circulaire du 13 juin 2006 a été rejetée (*Bull. off. du ministre de l'Intérieur* n° 2006-8 du 14 février 2007, p. 19), qui invite les préfets à proposer à nouveau l'aide au retour avant toute notification d'un arrêté de reconduite à la frontière à l'encontre d'une famille ayant vu sa demande de régularisation rejetée.

[146] La désignation le 27 juin 2006 d'un « médiateur » par le ministre de l'Intérieur disait déjà implicitement les risques d'inégalité d'application de la circulaire : C. Coroller, « Klarsfeld : l'ultime médiateur », *Libération*, 29 juin 2006.

[147] CIMADE, *De la loterie à la tromperie*, Enquête citoyenne sur la circulaire du 13 juin 2006 relative à la régularisation des familles étrangères d'enfants scolarisés, avril 2007, not. p. 23-31.

[148] *Ibid.*, p. 33-34.

[149] Par exemple, proposition de résolution de Mme Martine Billard, MM. Yves Cochet et Noël Mamère tendant à la création d'une commission d'enquête relative à l'application de la circulaire n° NOR/INT/K/06/00058/C concernant les mesures à prendre pour les ressortissants étrangers en situation irrégulière dont au moins un enfant est scolarisé, et relative à la situation des familles ayant déposé un dossier dans le cadre de cette circulaire, et des jeunes adultes en situation irrégulière, n° 3336, déposée le 21 septembre 2006 ; proposition de résolution de M. Jean-Marc Ayrault tendant à la création d'une commission d'enquête sur les conditions de traitement des dossiers de régularisation des ressortissants étrangers en situation irrégulière, parents d'enfants scolarisés, dans le cadre de la circulaire du 13 juin 2006, n° 3360, déposée le 11 octobre 2006.

[150] CIMADE, *De la loterie à la tromperie*, Enquête citoyenne sur la circulaire du 13 juin 2006 relative à la régularisation des familles étrangères d'enfants scolarisés, avril 2007, 56 p.

*
* *

De ce sombre tableau esquissé des années 2005-2006 en matière de droit(s) des étrangers, doit-on conclure que la France est en passe de devenir un pays rabougri et replié sur lui-même qui va faire payer aux étrangers leurs droits fondamentaux au titre de sa propre crise sociale ? Rien n'est moins sûr car face à des lois de plus en plus iniques, face à des comportements administratifs et policiers inhumains et indignes, l'irruption citoyenne et l'esprit de résistance marquent les esprits, dans une forme d' « asile sociétal »[151].

Depuis l'élan de solidarité autour des sans-papiers de l'église Saint Bernard à Paris en 1996[152], la fraternité avec les étrangers s'est poursuivie durant les années 2005-2006 : parrainage de jeunes enfants étrangers scolarisés, mobilisation de la communauté éducative et constitution du Réseau Éducation Sans Frontières (RESF), ainsi que du Réseau Université Sans Frontières (RUSF) en soutien aux étudiants menacés de reconduite à la frontière ; refus de passagers d'avion de voler en compagnie d'un étranger baillonné et garrotté ; refus des employés de cautionner les expulsions sur les vols de ligne[153] ; création d'une commission d'enquête citoyenne par la CIMADE suite au rejet de la demande de commission d'enquête parlementaire portant sur les conditions d'application de la circulaire du 13 juillet 2006 ; etc.

Pour s'opposer à la « gestion des flux migratoires », comme le dit une « novlangue technicienne qui déshumanise celles et ceux que l'on désigne, en

---

[151] L'asile sociétal désigne un phénomène social, « déjà été observé dans d'autres périodes de l'histoire et dans d'autres pays, (qui) souligne la réapparition dans notre société d'une disjonction politiquement cruciale entre le champ de la légitimité et celui de la légalité ». Il est « le fait de voisins, d'amis, de militants des solidarités, d'instituteurs et parents d'élèves, d'organisations confessionnelles, de certains fonctionnaires de l'État, de certaines collectivités locales... agissant souvent en dehors du droit et de l'action étatiques et de plus en plus souvent contre eux ». Il devient un champ d'études au titre d'un fait social nouveau : voir à ce sujet la rencontre organisée par le réseau scientifique *Terra*, le 24 avril 2007, à l'université Paris I Panthéon Sorbonne, au cours de laquelle sont intervenus Etienne Balibar, Laurent Bonelli, Alain Brossat, Richard Moyon, Emmanuel Terray et Jérôme Valluy (les propos cités sont extraits de l'invitation à la rencontre : http://terra.rezo.net/rubrique80.html, consulté le 20 avril 2007).

[152] Rappelons simplement, outre l'immense élan de sympathie dans la population, notamment parisienne, la constitution d'un « collège des médiateurs » qui réclamait une législation totalement renouvelée : « Étrangers : une politique à refaire », *Le Monde*, 15 juin 1996.

[153] « Air France ne veut pas remettre en cause les expulsions sur ses vols », (dépêche), *Le Monde*, 10 juillet 2007 : les élus du comité central d'Air France ont adopté à l'unanimité, le 5 juillet, une motion demandant aux actionnaires « l'arrêt de l'utilisation des avions du groupe Air-France KLM pour les expulsions d'étrangers ».

substituant aux enfants, femmes et hommes visés par ces termes et par des législations toujours plus restrictives l'image impersonnelle de populations prétendument menaçantes qu'il faut endiguer »[154], les solidarités sociale et morale dont le peuple Français a toujours fait preuve défient le délit d'aide au séjour irrégulier d'un étranger[155].

[154] O. Le Cour Grand Maison, « La politique migratoire du ministre de l'Intérieur viole les principes de la République », *Libération*, 15 février 2007, rubrique « Rebonds ».

[155] Art. L. 622-1 CESEDA : « Toute personne qui aura, par aide directe ou indirecte, facilité ou tenté de faciliter l'entrée, la circulation ou le séjour irréguliers, d'un étranger en France sera punie d'un emprisonnement de cinq ans et d'une amende de 30 000 Euros. (...) ». Voir aussi notamment les articles L. 622-3 et L. 622-6 pour les peines complémentaires prévues pour les personnes physiques coupables du délit d'aide au séjour irrégulier et l'art. L. 622-4 pour les tempéraments à la règle posée par l'art. L. 622-1 afin d'exclure du champ des poursuites pénales les membres de la famille de l'étranger en situation irrégulière ou son conjoint. L'art. L. 622-4 a toutefois été modifié par l'article 41 de la loi du 24 juillet 2006 afin d'exclure du champ de ces tempéraments les étrangers vivant « en état de polygamie » ou ceux qui sont « le conjoint d'une personne polygame résidant en France avec le premier conjoint ». On ajoutera que des obligations pèsent également sur les entreprises de transport à l'égard des règles d'entrée sur le territoire français : art. L. 625-1 et s. CESEDA ; pour un exemple de condamnation d'un transporteur aérien, voir CE, 7 décembre 2005, Min. de l'Intérieur, de la Sécurité aérienne et des Libertés locales c/ Compagnie nationale Air France, *AJDA* 2006, p. 754, concl. I. da Silva.

# La laïcité en question
# à travers les rapports Machelon et Fenech-Vuilque

par Philippe Gast,
maître de conférences à l'Université du Havre

Si la religion est un phénomène universel dans le temps et l'espace depuis le Neandertal où il y a 100 000 ans, un hominidé a pour la première fois manifesté une interrogation sur sa nature réelle, son identité profonde[1], et même de façon sans doute fruste, en offrant aux morts, dans leurs tombes, des nourritures pour l'après vie, jusqu'à nos jours où l'on constate la prolifération des théories plus ou moins fantaisistes sur la même question, rendues possibles par la liberté de croyance, d'expression et d'association, (la science n'ayant qu'abordé superficiellement la question via les EMI – Expériences de Mort Imminente – ou la psychologie transpersonnelle), il est naturel et pourquoi pas, sain, qu'il y ait une effervescence permanente sur la question existentielle qui taraude l'humanité depuis toujours, surtout du fait du brassage humain et cultuel de ces dernières décennies.

La question des religions incitant le choc des civilisations d'un côté et la prolifération des sectes de l'autre, génère des comportements frileux de repli sur le connu (sa religion) et de rejet de l'autre. Comme le disait le Doyen Carbonnier *« la secte c'est la religion de l'autre »* (ainsi le protestantisme est-il perçu comme une secte par les catholiques, les catholiques par rapport aux orthodoxes, les chrétiens pour les juifs pharisiens, les musulmans pour les juifs et les chrétiens, les bouddhistes par rapport aux brahmanes... ainsi toutes les « grandes » religions, celles qui ont été « religions d'État », à un moment ou à un autre, ont été des sectes à leur origine pour leurs contemporains.)

En effet, les deux notions de religion et secte ont la même structure eidétique: un lien[2] à l'Éternel (subjectif, spirituel, vertical) ; un lien collectif (objectif, horizontal) ; et enfin souvent oublié mais essentiel, un lien dogmatique (les paroles du fondateur sont La vérité, incontestable). La seule différence, si l'on se place du point de vue de l'État de droit dans lequel tout ce qui n'est pas interdit est autorisé[3] et si l'on retient le sens négatif du mot secte[4], c'est qu'il ne peut y avoir de *secte que si un mouvement dogmatique commet ou fait commettre des actes illégaux en rapport avec sa doctrine.*

---

[1] *Suis-je un corps mortel ou une âme immortelle ?*

[2] Religion vient de *Religare*= relier étymologiquement.

[3] Article 5 de la Déclaration des Droits de l'Homme de 1789.

[4] Dont l'étymologie renvoie au fait de suivre *–sequi–* une nouvelle doctrine en se coupant –*secare*– d'une ancienne.

Il est alors facile de reconnaître une secte : tout mouvement condamné définitivement pour avoir commis ou fait commettre des infractions en rapport avec sa doctrine est une secte, un mouvement dangereux.
Le fonctionnement religieux d'ailleurs, est intrinsèquement contraire au processus démocratique ou scientifique dans lequel la vérité est relative et résulte du consensus majoritaire, mais respecte (et se nourrit de) la critique minoritaire. En effet dans le mécanisme religieux c'est une minorité cléricale qui impose sa vision de la Vérité, présentée comme incontestable.

La laïcité, qui prône la séparation entre le monde laïc (non religieux) et le monde religieux peut s'entendre de plusieurs façons : de façon inclusive (par abus de langage d'ailleurs)[5] : on reconnaît et on subventionne tous les cultes (système concordataire, mais ...quid des nouvelles religions ?) ; ou de façon exclusive stricto sensu : *« la loi ne reconnaît ne salarie ni ne subventionne aucun culte »* (article 2 de la loi du 9 décembre 1905)[6], indifférence de l'État donc et de la citoyenneté par rapport au religieux, indifférence qui garantit la différence et donc la liberté.

La laïcité n'est pas étrangère souvent aux fondateurs eux-mêmes de certaines religions, comme le Bouddha qui fonda les premiers monastères avec des règles monastiques différentes des règles conseillées aux laïcs et un mode de vie séparé; ou encore quand le Christ conseille *« rendez à César ce qui est à César et à Dieu ce qui est à Dieu » (Mt 18 :21)* ou *« mon royaume n'est pas de ce monde » (Jn 18 :36).*

Dans un contexte de séparation laïque selon la conception exclusive française (plus proche du sens premier), l'indifférence de l'État est un devoir qui ne doit supporter d'exception que lorsque la liberté religieuse génère un préjudice (*la liberté consiste à pouvoir faire tout ce qui ne nuit pas à autrui*[7]). Aussi quand la religion génère un trouble à l'ordre public, que ce soit à travers des comportements illégaux issus de religions historiques comme des mouvements intégristes (islamistes, commandos anti IVG catholiques...) ou sectaires, l'État a le devoir d'intervenir pour restaurer l'ordre démocratique y compris par la répression et la dissolution des organisations délictueuses.

C'est dans ce contexte conceptuel qu'un rapport a été commandé par le gouvernement[8] à monsieur Machelon (président de l'Université Paris V) rendu en septembre 2006 dans le but de réfléchir à une actualisation de la laïcité, et

---

[5] Car la laïcité suppose la séparation du religieux et du laïc.

[6] Mais déjà présent dans l'Édit de Tolérance de Galérius au 3° siècle dont il existait également une forme en Inde au –2-3e siècles sous l'empereur Asoka.

[7] Article 4 DDH 1789.

[8] « C'est la mission que le ministre d'État, ministre de l'Intérieur et de l'Aménagement du territoire a confiée à la commission de réflexion juridique sur les relations des cultes avec les pouvoirs publics, en l'invitant à mener un examen complet du cadre juridique régissant l'exercice de la liberté de culte. »

que l'Assemblée Nationale a rendu un rapport sur *« les sectes et l'enfance »* le 12 décembre 2006, n°3507.

Ces deux rapports, bien que d'une valeur très inégale (le premier étant rigoureux et dialectique, même si on peut parfois discuter certains aspects, le second purement idéologique), aboutissent chacun à sa façon à remettre en cause la conception française de la laïcité conçue comme séparation stricte, en impliquant l'État de façon beaucoup plus active dans le phénomène religieux d'une part (I) mais aussi et surtout sur la base d'une conceptualisation douteuse et finalement discriminante de l'autre (II).

## I – L'INTERVENTIONNISME ÉTATIQUE ACCRU EN MATIÈRE RELIGIEUSE

Les deux rapports prônent une intervention de l'État plus marquée dans le phénomène religieux, qu'il soit traditionnel (A) ou sectaire (B).

### A) L'interventionnisme en matière de religion traditionnelle est souhaité par le rapport Machelon

Le professeur Machelon propose en effet, pour assurer l'égalité entre les cultes[9], que l'État n'hésite pas à *faciliter les baux emphytéotiques* administratifs (éventuellement avec clause d'achat), ni même à *subventionner* ou *cautionner la réalisation de lieux de cultes* afin d'organiser la paix sociale.

[9] Dont la définition classique proposée par Léon Duguit en 1925 dans son *Traité de droit constitutionnel* était que « le culte est l'accomplissement de certains rites, de certaines pratiques qui, aux yeux des croyants, les mettent en communication avec une puissance surnaturelle ». Par la suite et dans le même sens le Conseil d'État définit «l'exercice public du culte» comme la «célébration de cérémonies organisées en vue de l'accomplissement par des personnes réunies par une même croyance religieuse de certains rites ou pratiques » (CE, avis contentieux du 24 octobre 1997). Cette définition a finalement près d'un siècle et a fondé le refus de la qualification d'association cultuelle à l'Union des athées dont le but statutaire était « le regroupement de ceux qui considèrent Dieu comme un mythe » : CE, 17 juin 1988, Union des athées de Paris, *AJDA*, 1988, p. 612. Mais au contraire le rapport de la Commission des droits de l'homme, (datant du 6 juillet 1994, Union des athées c/ France, req. n 14635/ *AJDA* 1993, p. 496) s'est positionné en sens contraire. La Commission des droits de l'homme notait que la principale différence entre les associations de droit commun et les associations cultuelles résidait dans la possibilité de recevoir à titre gratuit. Elle indiquait « qu'aucune justification objective et raisonnable » ne permettait de maintenir une telle distinction entre deux associations. Malheureusement la Cour ne s'est pas prononcée au fond sur cette affaire. Ce point de vue a été néanmoins nuancé puisque dans une décision postérieure, la Commission des droits de l'homme a estimé qu'un mouvement ne disposant« pas du statut d'association cultuelle ne saurait réclamer un traitement identique à celui de l'Église catholique » (Association Sivananda et yoga Vedenta, 16 avril 1998, req. n°30260/96).

Le rapport Machelon justifie cet interventionnisme par le fait :
1) que de nombreuses mairies exercent inéquitablement leur droit de préemption pour empêcher l'implantation de lieux de cultes (musulmans en particulier p. 12) ;
2) que par exemple l'État a financé la mosquée de Paris en 1920 (p.19) ;
3) que l'État a financé un centre d'art sacré lors de la construction de la cathédrale d'Ivry (encore qu'il s'agisse d'un centre culturel artistique et non cultuel) ;
4) et surtout que la religion catholique bénéficie par la loi de 1905[10] d'un usage perpétuel et gratuit des lieux de cultes historiques, ce qui est tout à fait inéquitable pour les autres cultes (alors même que l'Église catholique avait refusé de créer des associations cultuelles en 1905 et donc que de nombreuses églises sont devenues la propriété des collectivités locales ; cette domanialité publique – avec de surcroît une obligation pour les collectivités de les entretenir sous peine d'être responsables d'éventuels accidents – a pourtant depuis, bénéficié à des associations privées (p.29) par un système d'affectation légale – les associations diocésaines bénéficiant d'ailleurs d'un statut privilégié issu d'accords internationaux avec le Vatican.
Enfin pour justifier ses propositions d'interventionnisme de l'État, le rapport se fonde sur le fait que dans la Constitution, la conception exclusive de la laïcité n'est pas explicitement citée, mais apparaît seulement dans la loi de 1905 et qu'il est donc possible à l'État, dès lors qu'il respecte l'égalité, d'intervenir sans violer la laïcité.
Plusieurs aspects méritent discussion dans ce rapport : sa finalité (a), la question des lieux de culte (b) celle des carrés dans les cimetières (c), celle des ministres du culte (d) et celle de statuts locaux exorbitants (e).

**a) Concernant sa finalité**, le propos est louable car il vise la paix sociale et dans la lettre de la Constitution de 1958, si le terme d'exclusivité n'est pas évoqué, on doit objecter que le sens même de la laïcité fait référence à cette séparation d'avec le religieux.
Proposer l'interventionnisme aux motifs que l'État devrait organiser une liberté pour la faire exister (point de vue soutenu par la pensée socialiste) est un point de vue juridiquement très discutable au regard de l'article 4 de la Déclaration de 1789 qui donne la définition (cf. note 7) de la liberté et qui n'implique pas du tout cet interventionnisme, mais au contraire, renvoie la liberté à la sphère privée. D'autre part l'interventionnisme est toujours suspect de favoritisme, car

[10] Les lieux de culte catholiques ayant été nationalisés à la Révolution de 1789, en 1905, 89% des lieux catholiques étaient propriété publique contre 49% des cultes protestants et 11% des synagogues (rapport Michalon p.31).

aucune aide n'est identique d'une religion à l'autre. Ou alors faudrait-il affecter aux religions une subvention égale...
Par ailleurs, toujours sur le plan juridique, s'il est vrai que toute discrimination à l'encontre des mouvements religieux est interdite par l'idée de laïcité, faire intervenir l'État constitue une entorse grave au principe de l'article 2 de la loi du 9 décembre 1905 et s'il est vrai que son principe n'est pas défini dans la Constitution qui ne cite que la laïcité en terme d'égalité, de tolérance, la notion de séparation est inhérente au concept de laïcité comme on l'a vu et cette séparation est explicitée dans l'article 2.

Même s'il est encore vrai que la loi de 1905 est perlée d'exceptions et contradictions puisque les associations cultuelles doivent être « reconnues » comme telles par un préfet si elles veulent recevoir des dons défiscalisés... ce sont plutôt ces exceptions qu'il faudrait supprimer ! En effet il serait beaucoup plus souhaitable de clarifier la loi de 1905 en appliquant strictement la séparation aux cultes, sans avantages fiscaux[11], car enfin, pourquoi la République devrait-elle consentir des avantages fiscaux à des idéologies dont le dogmatisme est une caractéristique de fonctionnement qui lui est contraire ? L'usage de la loi du 1er juillet 1901 serait largement suffisant, à condition qu'elles puissent recevoir des dons et legs, comme c'est possible depuis 2005[12] sous certaines conditions...

Mais la raison de ces contradictions au principe de l'article 2 de la loi de 1905 est à rechercher en réalité dans la volonté du législateur de 1905 de surveiller de près les cultes en les obligeant à la tenue d'une comptabilité particulière (et une vérification quinquennale) et un usage de ses fonds très restrictif (mais on pourrait rétorquer que rien n'empêche des contrôles fiscaux sur des associations de la loi de 1901 !).

**b) Concernant les lieux de cultes,** il est très contestable de vouloir les assimiler à des lieux ou à des installations d'intérêt général et encore plus comme des équipements publics (rapport p. 28). En effet, ils ne sont qu'à

[11] Comme le rappelle le rapport : « Les associations cultuelles peuvent délivrer des reçus fiscaux permettant aux personnes physiques et morales qui leur font un don de bénéficier de réductions d'impôt (articles 200 et 238 bis du code général des impôts). En application de l'article 795 du code général des impôts, ces associations bénéficient d'une exonération des droits de mutation sur les dons et legs qui leur sont consentis. Ainsi le 4° de l'article 1382 du code général des impôts exonère de la taxe foncière sur les propriétés bâties les édifices affectés à l'exercice du culte, non seulement lorsqu'ils appartiennent à l'État, aux départements ou aux communes, mais aussi lorsqu'ils ont été attribués, en vertu des dispositions de l'article 4 de la loi de 1905, aux associations ou unions prévues par le titre IV de cette loi ».

[12] « L'ordonnance du 28 juillet 2005 a modifié l'état du droit en instituant un régime de libre acceptation des libéralités consenties aux associations qui en ont la capacité » rappelle le rapport p.41.

l'usage des personnes morales privées qui participent au culte. De plus les populations qui participent à un culte régulier sont très minoritaires (environ 6% des Français – et 2% des jeunes – vont régulièrement à une messe).

Par ailleurs, il serait beaucoup plus judicieux de mettre sur le marché immobilier tous les édifices cultuels qui ne constituent pas du patrimoine historique. Et ceux qui constituent un patrimoine historique, s'il est normal qu'ils restent propriété des collectivités publiques, devraient être affectés soit à des activités publiques, soit à des activités privées (culturelles ou cultuelles via par exemple des associations locales), mais contre un loyer, pour la couverture des frais d'entretien (cela contribuerait à l'égalité de traitement des cultes dont certains ne seraient plus favorisés par cette situation, d'une part, car, de l'autre, certains trouvent anormal que le contribuable paye avec ses impôts des réparations de lieux de culte qu'il rejette peut-être !).

On pourrait même imaginer, pourquoi pas, que d'autres cultes ou d'autres religions louent les édifices du patrimoine historique religieux, s'il n'y a plus localement suffisamment de catholiques pour en assumer les charges, à l'instar des salles municipales, louées pour des conférences, des concerts par exemple.

**c) Concernant les carrés dans les cimetières** les propositions du rapport font apparaître la contradiction entre le principe du libre choix individuel de sa sépulture[13] et les impératifs collectifs (hygiène -enterrement à même le sol des corps pour les musulmans et interdiction de réaffecter la tombe, ou occupation perpétuelle).

Il est clair que si l'atteinte à la liberté de culte et à la vie privée apparaît ici, l'impératif d'ordre public[14] (de santé publique en particulier) doit toujours primer (si tant est qu'il soit avéré). Mais dans la mesure où ces impératifs ne sont pas en jeu pourquoi refuser des carrés confessionnels pour ceux qui le souhaitent ? Dans ce sens, pour répondre aux revendications israélites et musulmanes, les circulaires du ministre de l'Intérieur des 28 novembre 1975 et 14 février 1991 ont, en effet, signalé aux maires la possibilité de regrouper, dans les faits, les sépultures de défunts souhaitant être inhumés dans un carré propre à leur religion, sur demande de personnes qualifiées pour pourvoir à leurs funérailles. Mais il faudrait que cette faculté soit un droit : Le communautarisme des morts ne devrait pas affecter les vivants !

---

[13] Liberté de la vie privée de l'article 9 de la Convention européenne des droits de l'homme et d'un autre côté l'article 3 de la loi de 1884, qui dispose qu'« est interdite, dans l'exercice par le maire de ses pouvoirs de police des cimetières et des funérailles, toute distinction à raison des croyances du défunt ou des circonstances du décès » (actuel article L. 2213-9 du code général des collectivités territoriales).

[14] Comme celui de réaffecter l'espace après une période de prescription de 30 ans (sinon dans quelques siècles la terre entière sera devenue un cimetière !).

**d) Concernant le statut des ministres du culte**[15] pourquoi ne pas les salarier[16] et ne pas leur faire suivre le régime général de sécurité sociale ? En effet le clergé est sous subordination de sa hiérarchie ou peut être sous celle des associations cultuelles qui leur fixent le lieu et les horaires des activités cultuelles, ce qui répond bien au lien de subordination, définition du salariat.

**e) Concernant les statuts locaux exorbitants** de la Guyane qui est toujours sous le régime des lois royales sur la religion d'État catholique, et celui des départements d'Alsace-Moselle restés sous le régime concordataire, (et bien que les populations y soient visiblement attachées), il serait souhaitable que la cohérence républicaine et laïque s'y applique comme ailleurs, renvoyant la religion à la sphère privée.

Il est choquant en effet que l'État salarie le clergé des religions « reconnues » (quid des autres ?) et encore plus qu'il soit obligé d'assurer un enseignement religieux confessionnel... comme, d'un autre côté, pour les élèves, il est choquant de se trouver dans l'obligation de les suivre (même s'il existe des dispenses : l'inversion proposée par le rapport ne serait qu'une mesure symbolique, p.68.

L'enseignement de l'Histoire des religions en tant que science en revanche, est un vrai devoir de l'État, comme pour toute autre science !
Le rapport a tendance à prendre le système concordataire comme une forme de modèle (p.68), ce qui paraît regrettable, mais se trouve dans la ligne politique

---

[15] Comme le rappelle le rapport (p.53 à 55) « la caisse mutuelle d'assurance vieillesse des cultes (CAMAVIC), financée par des cotisations, mais dont les ressources propres sont insuffisantes du fait de la diminution du clergé actif... La loi du 19 décembre 1997 de financement de la sécurité sociale pour 1998 a aligné ce régime sur le régime général et l'a financièrement intégré. La loi du 29 juillet 1999, portant création de la couverture maladie universelle, a quant à elle procédé à la fusion de la CAMAC et de la CAMAVIC. La caisse de référence est désormais la caisse d'assurance vieillesse, invalidité, maladie des cultes (CAVIMAC), opérationnelle depuis le 1er janvier 2001. Son rôle particulier lui permet de tenir compte des spécificités de chaque culte pour la mise en œuvre de la réglementation sociale. Pour ne prendre qu'un seul exemple, la CAVIMAC présente la particularité de retenir une assiette de cotisation évaluée de façon globale et forfaitaire, identique pour tous. Tel n'est pas le cas du régime général (...) On ne peut pas en dire autant pour d'autres cultes, notamment pour ceux qui sont d'implantation récente sur le territoire. À l'heure actuelle, en effet, l'assuré qui assure une activité cultuelle complète et qui s'abstient de s'affilier à la CAVIMAC bénéficie du revenu minimum d'insertion, de la couverture maladie universelle et éventuellement de l'allocation supplémentaire du fonds de solidarité vieillesse à 65 ans. Les prestations actuelles de la CAVIMAC sont telles aujourd'hui que la tentation est grande de rester dans le cadre du régime de la solidarité nationale, surtout qu'en qualité de « ministre du culte » les personnes concernées devront s'acquitter de leurs cotisations vieillesse et maladie ».

[16] La loi du 19 février 1950, dite « loi Viatte », a explicitement disposé que l'exercice du ministère du culte catholique ne devait pas être considéré comme une activité professionnelle au regard de la législation sociale, dès lors qu'il se limitait à une activité exclusivement religieuse.

des choix politiques du ministre de l'Intérieur Sarkozy qui avait poussé à la création du Conseil Français du Culte Musulman en 2000.

Celui-ci étant maintenant Chef de l'État, cela augure d'un quinquennat qui sera certainement marqué par cet interventionnisme[17], lequel en matière de religion risque de développer un communautarisme étranger à la logique des droits de l'Homme qui ne connaît que l'État et les personnes, les personnes morales privées étant renvoyées au rapport contractuel privé.

Mais la contradiction est fréquente dans les régimes où les tendances autoritaires souhaitent avoir un regard et une certaine maîtrise du phénomène religieux qui suscite tant d'enjeux philosophiques, économiques, politiques (l'attitude de la monarchie avec le gallicanisme et l'attitude napoléonienne avec le Concordat en constituent les exemples les plus flagrants).

L'exécutif français semble de façon récurrente avoir du mal à respecter l'idée libérale de la non intervention de l'État alors même qu'il s'y réfère : que ce soit celui de l'interventionnisme colbertien, napoléonien, ou enfin le libéralisme de façade affiché par plusieurs gouvernements de la 5$^{ème}$ République, sur le plan économique comme sur le plan religieux.

## B) Interventionnisme souhaité également par le rapport Fenech

De l'aveu même de celui-ci, dans sa présentation du rapport, il se situe dans le droit-fil des rapports parlementaires[18] qui l'ont précédé et qui ont été décriés: celui de 1995 établissant une liste des sectes et celui de 1999 dénonçant leur financement supposé.

Se basant toujours sur des contradictions frappantes quant à la définition de la secte[19], il procède à l'amalgame qui consiste à citer une allégation[20] prétendument constatée dans un mouvement[21] et ensuite à généraliser cette allégation en pérorant que, dans « les sectes », on voit le comportement ainsi dénoncé... Cette méthode de raisonnement erronée et

[17] Qui est d'ailleurs en contradiction avec le point de vue politique libéral affiché par lui, qui prône le non interventionnisme de l'État dans les activités privées, État qui doit dans cette perspective, se cantonner à assumer son rôle constitutionnel et régalien.

[18] Dont la Cour européenne des droits de l'Homme a rappelé qu'ils n'ont aucune valeur juridique (requête n°53430/99 présentée par les Témoins de Jéhovah).

[19] Terme jamais défini et pourtant utilisé contre des mouvements, sans jamais le démontrer, alors qu'il suffit pour cela d'appliquer la définition proposée page 1 de la présente analyse puis recenser les condamnations définitives, mouvement par mouvement.

[20] Au demeurant non vérifiée, en l'absence de condamnation pénale définitive, et de surcroît avancée sans contradictoire.

[21] À peine une dizaine de mouvements ont été 'étudiés' c'est à dire que l'on a recueilli quelques témoignages d'opposants, sans contradictoire ni décision de justice définitive ...

délibérément utilisée, constitue une véritable manipulation mentale, dans le seul vrai sens du terme, celui de la tromperie !

L'intention idéologique et non juridique est patente, en particulier pour les Témoins de Jéhovah qui ont été reconnus par l'État (préfets puis tribunaux administratifs et enfin par le Conseil d'État)[22] comme culte, mais que les politiciens du rapport Fenech continuent de qualifier de « secte », ce qui démontre clairement un point de vue idéologique et partisan.

Ainsi, concernant la notion *d'enfermement de l'enfant,* au lieu de chercher si des mouvements ont été condamnés pour séquestration d'enfants, le rapport prétend que le simple fait que des enfants soient issus de parents membres d'un mouvement religieux (qualifié arbitrairement de secte) les rend « enfermés » (p. 21)[23]. En particulier, le fait pour des enfants de ne pas regarder la télévision, de ne pas écouter la radio, de ne pas aller dans des fêtes et autres « boums » constitue un enfermement pour les enfants (p. 28)... On remarquera le bel exemple d'éducation présupposé par ce propos vu les programmes particulièrement édifiants des média et le fait que la drogue est généralisée dans ce type de « boums » et autre « raves parties » !

L'enfermement se doublerait d'une *manipulation mentale*[24] dès qu'on tente d'inculquer une dualité bien-mal (p32). Ainsi le fait d'inculquer les valeurs serait donc néfaste car *culpabilisant* pour l'enfant (p 34). Ainsi le fait par exemple d'enseigner ce qui est légal et illégal, forcément dualiste, serait forcément culpabilisant et traumatisant pour l'enfant et donc dangereux... On ne s'étonnera pas, alors, que ces politiciens avec ce genre de politique soient à l'origine de la forte délinquance des jeunes, en particulier, dans les écoles où la drogue, le racket et la violence (dont même les enseignants sont victimes), sont devenus monnaie courante... ce qui pousse de plus en plus de parents à rechercher des systèmes éducatifs alternatifs voire à se réfugier dans les sectes. Car ne l'oublions pas, la fuite dans les sectes n'est que le reflet de l'échec des structures religieuses classiques en voie de disparition et le résultat d'une éducation défaillante des parents et de l'école publique !

---

[22] En particulier par deux arrêts du 23 juin 2000, par lesquels le Conseil d'État a reconnu implicitement le statut cultuel de deux associations locales des Témoins de Jéhovah à Clamecy (Nièvre) et à Riom (Puy-de-Dôme), estimant qu'elles pouvaient bénéficier de l'exonération de la taxe foncière pour les lieux de culte consentie aux associations cultuelles, puisque aucun acte délictueux ne pouvait leur être reproché.

[23] Le chiffrage est éloquent sur la méthode choisie: il cite entre 60 000 et 80 000 enfants enfermés en France sur la base d'un calcul selon lequel pour les Témoins de Jéhovah qui seraient environ 45000 « en supposant que dans ces familles il y a au moins un enfant, nous sommes arrivés au chiffre de 45000 » (sic !).

[24] Vieille superstition chamanique sans fondement qui veut faire croire que l'on peut imposer à quelqu'un une idéologie contre son gré! Alors que la seule manipulation mentale est celle de la tromperie - bien maîtrisée par ces rapports d'ailleurs !

Tout cela porterait plutôt à sourire si le rapport ne présentait des propositions liberticides graves comme l'interdiction du prosélytisme (p.187) (alors que dans l'affaire Kokkinakis la Cour européenne des droits de l'Homme[25] avait admis que le prosélytisme faisait partie de la liberté d'expression religieuse) et en particulier le prosélytisme numérique assimilé à une publicité que la loi About Picard du 12 juin 2001 sanctionne lourdement.
Il souhaite également un « maillage du territoire » (p.131) aux accents staliniens avec des réseaux de surveillance accrus en matière d'éducation et de santé, de formation.

On y trouvera également une atteinte grave à la liberté des psychothérapeutes (p.178, 179) qui, n'étant pas porteurs d'une science exacte aux résultats reproductibles systématiquement, ne sauraient valablement être encadrés de façon rigide: il suffirait pour protéger le patient d'obliger le psychothérapeute à informer son patient de sa formation, universitaire ou non; il appartient après au citoyen libre et alors éclairé, de choisir en toute connaissance de cause.

On trouve également dans ce rapport, une atteinte grave au droit de la presse en interdisant les publications sectaires ou visant la sujétion psychologique[26] (sic!) (p.91) car vu le flou conceptuel que cela recouvre, c'est l'incertitude juridique totale et un risque considérable qui pèserait sur la liberté de la presse dans son ensemble.

Pour finir en apothéose, on citera l'opposition du rapport à « la validation de résultats de recherches universitaires » (p.82) poursuivant la doctrine à la mode selon laquelle le législateur intervient sur les sciences pour déterminer ce qui est historiquement « juste » ou pas, par exemple...

On remarque donc que la méthode suivie est manifestement de type publicitaire et idéologique (et non de type dialectique et contradictoire comme cela se fait en matière scientifique)[27] qui consiste à partir de ce que personne ne met en doute (à savoir la nécessité de protéger les mineurs contre toute atteinte corporelle ou morale, ce qui nécessite effectivement une grande attention de la part de l'État), puis à glisser vers l'objectif réellement poursuivi à savoir, porter atteinte aux nouvelles religions et aux mouvements qui ne sont pas religieusement corrects. On est donc face à ce rapport idéologique (émanant de personnalités marxisantes en grande partie), dans une propagande classique des systèmes totalitaires comme la défunte URSS.

---

[25] Arrêt du 25 mai 1993 (série A n° 260-A).

[26] Autant l'abus de faiblesse est un concept valable autant celui de « sujétion psychologique » contenu dans la loi About Picard (qui n'a pas voulu reprendre le terme manipulation mentale), est tout aussi fumeux !

[27] Comme pour les rapports précédents, les laboratoires universitaires n'ont pas été consultés, ce qui en dit long sur l'objectivité de la démarche; contrairement au rapport Michalon, d'une toute autre envergure.

Cet interventionnisme envahissant ne peut aboutir qu'à une discrimination accrue.

## II – UNE DISCRIMINATION ACCRUE

Cet interventionnisme de l'État ne peut qu'aboutir à de la discrimination (par exemple entre les associations cultuelles et non cultuelles) d'une part, car lorsque l'État organise une liberté il la limite inexorablement (A), mais aussi d'autre part parce que partant d'une laïcité inclusive l'État reconnaît alors nécessairement certains mouvements religieux mais pas d'autres (B).

### A) Par des limitations inexorables liées aux réglementations

L'exemple de la loi du 9 décembre 1905 est typique de cette tendance à réglementer les cultes, en y adjoignant des règles extrêmement restrictives *(les associations cultuelles ne peuvent faire que du culte sous peine de perdre leur statut, comme l'a confirmé la Cour de cassation – Cass. civ. 1er Juillet 1968 association orthodoxe russe Sainte Anastasie: Bull. civ. I, n°18 –, et ne peuvent placer leurs fonds librement*[28] *... par exemple).*
Alors qu'au contraire la loi du 1er juillet 1901 étant très peu contraignante, est souvent préférée par les cultes (musulman en particulier à 90%[29]).

En ce sens le rapport Machelon prêche pour une certaine souplesse quant à leur objet social avec raison, mais c'est dans l'hypothèse où l'existence d'associations cultuelles serait nécessaire, ce qui est contestable du point de vue laïc et républicain car comme on l'a vu cela soulève différentes contradictions.

L'exemple de la loi About Picard anti-secte, dangereuse pour les libertés est également à citer car très floue dans son concept de *« sujétion psychologique »*, elle est un exemple parfait d'échec de cette tendance à légiférer pour un oui ou pour un non, de l'aveu même du rapport Fenech qui cite une vingtaine de plaintes qui l'utilisent comme fondement (en six ans),

---

[28] « Les associations cultuelles ne peuvent en effet reverser des fonds vers des associations de la loi de 1901. Pour éviter que les dons et legs des fidèles ne soient en quelque sorte « piégés » au sein des associations cultuelles, il est nécessaire de faciliter la circulation des flux financiers entre les associations en abrogeant les dispositions de l'article 19 de la loi de 1905 et du second alinéa de l'article 33 du décret du 16 mars 1906, qui interdisent que les ressources des associations cultuelles soient versées à des associations qui ne sont pas constituées sous ce statut », p.42 du rapport Michalon.

[29] Surtout depuis la suppression de l'autorisation préalable pour les associations étrangères, ce qui est en soi une mesure discutable quant à la compatibilité de leur objet avec l'ordre public français.

mais dont seulement une affaire (concernant Néo Phare – mouvement largement inconnu !) a abouti à une condamnation par un arrêt de la cour d'appel de Rennes (p.105), condamnation non encore définitive. Comme on le voit le mammouth a accouché d'un puceron...

Où est la « grande loi » qui devait dissoudre les grandes sectes qui ont défrayé la chronique depuis 20 ans et qui devait viser la Scientologie, les Témoins de Jéhovah etc ?

On pourrait même ironiser facilement en affirmant que les 172 mouvements listés comme sectes en 1995 *n'en sont pas puisqu'ils n'ont pas été condamnés pour dérives sectaires au titre de la loi About Picard, ni en conséquence, dissous...*

Comme on le voit tout cela n'est que de l'idéologie démagogique sans pertinence juridique car la loi du 1er juillet 1901 permettait tout à fait de dissoudre un contrat d'association pour violation de l'ordre public et des bonnes mœurs (article 6 du Code civil).

Mais cette immixtion étatique aboutit le plus souvent et nécessairement à une discrimination par une reconnaissance nécessairement inéquitable.

## B) Par une reconnaissance nécessairement inéquitable

Cette tendance à réglementer est d'autant plus manifeste dans la loi de 1905 que le préfet précisément est chargé de distinguer les associations qui sont des cultes, de celles qui ne le sont pas. Ainsi certaines religions nouvelles bénéficient de ce statut mais pas d'autres, même si certains politiciens contestent ce fait.

On citera en particulier les nouvelles religions comme les Témoins de Jéhovah qui après de nombreuses années de refus, ont finalement été reconnues par les préfets et implicitement par le Conseil d'État comme culte[30]. Le fait que ce mouvement soit qualifié de secte par certains politiciens montre le point de vue purement idéologique du rapport Fenech alors qu'un point de vue juridique sérieux ne se serait intéressé qu'à des mouvements effectivement condamnés.
On constate que la laïcité inclusive aboutit nécessairement à une discrimination puisque certains mouvements sont reconnus et d'autres pas, au gré des positions politiques... En effet ou bien l'État doit reconnaître toutes les religions, historiques mais aussi les nouvelles (dès lors qu'elles ne génèrent pas de trouble à l'ordre public constaté par des condamnations), ou bien il doit en reconnaître certaines et pas d'autres ce qui génère la discrimination.

---

[30] Les préfectures ont délivré le statut cultuel à près d'un millier d'associations (*Le Monde* 23.24/7/2006), ce qui a été validé par le Conseil d'État.

Ainsi pour les religions historiques par exemple, en Alsace le culte musulman a-t-il déjà du mal à être reconnu (les bouddhistes, hindous et taoïstes aussi) ce qui est discriminatoire, et pour les nouvelles religions le problème est encore plus épineux ! Dans une perspective concordataire cette situation est particulièrement intenable. Imaginerait-on salarier les clercs de toutes les nouvelles religions (Témoins de Jéhovah[31])..., enseigner leur doctrine à l'école... ?!

L'octroi de subventions d'État ou de collectivités locales via des baux emphytéotiques (encore que cette mesure soit un moindre mal), de revendications de carrés dans les cimetières, etc., ne peut qu'aboutir également à un encombrement de demandes de reconnaissance par les religions étrangères mais aussi par les nouvelles qui ne font que compliquer le problème.

Seule une laïcité exclusive à valeur constitutionnelle[32] peut éviter ces errements, qui de surcroît génèrent du ressentiment et un fort sentiment d'exclusion et de discrimination de la part des populations minoritaires concernées, et qui aboutissent au contraire de l'effet pourtant recherché dans le rapport Machelon : la paix sociale.

---

[31] Puisque ce mouvement est aujourd'hui reconnu comme culte.

[32] Intégrer le principe de l'article 2 de la loi de 1905 prévoyant que « l'État ne reconnaît ne salarie ni ne subventionne aucun culte » dans la Constitution serait salutaire !

# Crise sociale et crise de la démocratie

Par Gwendoline Lhériau,
doctorante à l'Université de Paris I

La démocratie semble aujourd'hui à la fois inéluctable et incontournable, et ce plus seulement en Occident.
Même si ce concept n'a commencé à se concrétiser réellement que relativement tard après sa théorisation moderne, il a commencé à être présenté comme inéluctable très tôt, notamment dans le discours d'Alexis de Tocqueville qui dans l'introduction de *la démocratie en Amérique* affirmait que ce régime se développerait par la force des choses « dans les monarchies d'Europe occidentale qui ont été le berceau de l'État de droit »[1].

Incontournable, la démocratie l'est devenue aujourd'hui ne serait-ce parce qu'elle a été érigée en étalon de confiance dans les rapports de force mondiaux, et est aujourd'hui une condition requise par de nombreuses organisations internationales[2]. Enfin et surtout, beaucoup de constitutions s'y réfèrent comme à une valeur fondamentale et peu nombreux sont les individus citoyens d'une démocratie à aspirer à un régime qui serait tout autre.
Pour autant la démocratie est loin aujourd'hui encore d'être un régime stable et définitif. Dans certains États, elle n'a pas encore de bases assez solides pour ne pas craindre d'être renversée avant d'avoir pu s'affermir, dans d'autres, notamment ceux qui s'inscrivent au rang des plus anciennes démocraties, le régime est de plus en plus souvent contesté. Ce n'est pas exactement la démocratie en son principe qui se trouve remise en cause, mais bien plutôt ses applications. Il devient fréquent de trouver des analyses tendant à montrer que la démocratie ne serait que façade et qu'il faudrait en améliorer les mécanismes pour revenir, voire même parvenir, à une démocratie plus réelle.

Tout ceci amène à constater que bien que la démocratie soit jugée inéluctable et incontournable elle reste un concept flou et fragile. Qu'est ce que l'on qualifie communément de démocratie ? Au-delà des détails qui diffèrent souvent selon les États, c'est généralement aujourd'hui un système représentatif, un mode de gouvernement dont les acteurs décisifs sont désignés par les urnes, tenant compte ainsi de la volonté des citoyens lors d'élections

---

[1] Alexis de Tocqueville, *De la Démocratie en Amérique*, 1835, Introduction.

[2] Il faut néanmoins convenir que cette exigence est souvent interprétée non comme exigence d'une démocratie réalisée mais parfois, pour certains États, d'une tendance à la démocratisation. Ainsi une organisation peut-elle parfois accepter en son sein un État en voie de démocratisation, même si de grands progrès restent à faire, afin d'encourager et assister cette démocratisation.

libres et régulières. Mais d'aucuns considèrent que ce n'est plus suffisant aujourd'hui et, à intervalles réguliers, la démocratie est remise en cause, contestée. L'objet n'est pas de revenir à d'autres modes de gouvernement – ceux qui cherchent un retour de l'autoritarisme ou l'avènement de l'anarchie restent logiquement très minoritaires – mais les institutions actuelles de la démocratie sont souvent critiquées, au motif généralement invoqué de lacunes démocratiques. Cela pourrait peut-être faire progresser la démocratie, mais la fragilise plutôt en premier lieu.

Présenté ainsi, le manque de démocratie invoqué pourrait laisser à penser que les citoyens sentent l'orientation politique générale de leur État leur échapper et voudraient récupérer quelque peu le déterminisme politique. L'on pourrait en déduire que ce sont les mécanismes d'expression du citoyen qui ne sont pas assez démocratiques. Mais il faut bien avouer que dans la réalité française d'aujourd'hui, une telle conclusion, si elle n'est pas fausse, est en tout cas trop simpliste pour être correcte, car trop théorique d'une part et ne tenant pas compte du contexte social de la démocratie d'autre part.

La démocratie est en réalité aujourd'hui peu contestée pour d'éventuelles insuffisances techniques. Alors qu'elle est généralement décrite comme étant un instrument purement politique, c'est le plus souvent en raison du contexte social dans lequel elle s'inscrit qu'elle se trouve régulièrement critiquée, car concrètement la démocratie est infiniment tributaire de ce contexte. Elle n'est jamais qu'un instrument et n'est rien seule, sans la société, la cité qui va l'animer. C'est bien pour cela en somme qu'il est complexe de définir précisément la démocratie, hors quelques généralités. Elle est par essence appelée à se développer et évoluer différemment dans le temps et dans l'espace selon les sociétés qui l'adoptent, leurs réticences et leurs ambitions, leurs traditions et leur volonté de changement, leurs craintes et leur confiance en l'avenir. Et c'est bien pour cela que Tocqueville concevait la démocratie comme une « tendance » et non comme un régime strictement défini. Il était parfaitement conscient qu'elle ne pouvait être en elle-même ni bonne ni mauvaise, qu'il pouvait en sortir le meilleur comme le pire, et surtout qu'elle pouvait dans certains contextes relever davantage du pur fait social que de l'organisation constitutionnelle.

De fait, la démocratie peut se retrouver en difficulté alors même que le contexte constitutionnel et institutionnel reste parfaitement stable, mais que le contexte social appelle lui à la contestation. La France connaît aujourd'hui une crise sociale importante. Parfois sous-estimée sur certains thèmes, parfois inutilement dramatisée. Pour un bilan détaillé récent – quoique pas nécessairement toujours très objectif – il suffit de se reporter aux éléments invoqués par les divers candidats lors de la dernière campagne présidentielle. Mais peu importe le détail de ce bilan à dire vrai. Que la précarisation sociale soit réelle ou supposée, c'est son constat qui importe. Et les conséquences de ce constat[3]. Ce n'est peut-être pas un hasard si, au fait de cette situation sociale, les candidats à la dernière élection présidentielle ont souvent proposé des évolutions institutionnelles et constitutionnelles.

Le constat du lien entre la crise sociale et la crise de la démocratie s'impose, reste à en prendre la mesure (I) afin de pouvoir agir utilement et de front sur ces deux crises pour qu'état social démocratique et régime démocratique constitutionnel soient à nouveau en mesure de se soutenir l'un l'autre au lieu de se fragiliser mutuellement (II).

## I – DE LA CRISE SOCIALE À LA CRISE DE LA DÉMOCRATIE… ET RÉCIPROQUEMENT

La crise sociale aigüe a, en tout temps et en toute nation, conduit à la crise du régime politique qui lui est contemporain, mais elle se révèle plus menaçante pour ledit régime lorsque celui-ci est une démocratie, ne serait-ce que parce que les solutions imposées par la force à cette crise sont exclues car précisément non démocratiques. La France pouvant être classée aujourd'hui au rang des démocraties, la crise sociale engendre une inefficacité progressive de ce régime (A), voire son discrédit, la contestation de ses principes (B).

### A) De l'influence particulière du social sur le politique en démocratie

Alexis de Tocqueville a semblé hésiter entre une définition essentiellement sociale et une définition essentiellement politique de la démocratie. Il a finalement conclu à la nécessaire coexistence de ces deux dimensions du concept et l'a soulignée en distinguant *l'état social démocratique*, qu'il concevait comme étant une égalité relative des conditions sociales, et *le régime démocratique constitutionnel*, lequel pouvant être considéré comme la conséquence logique de cet état social démocratique[4],

---

[3] Ces conséquences peuvent être multiples. Elles peuvent se traduire par une simple désillusion sociale, mais emporter aussi protestations, manifestations, fortes contestations de la société et du pouvoir qui l'organise, voire même des événements sociaux tels que les émeutes urbaines de la fin de l'année 2005.

[4] « Les conséquences politiques d'un pareil état social sont faciles à déduire. Il est impossible de comprendre que l'égalité ne finisse pas par pénétrer dans le monde politique comme ailleurs. On en saurait concevoir les hommes éternellement inégaux entre eux sur un seul point, égaux sur les autres ; ils arriveront donc, dans un temps donné à l'être sur tous. Or, je ne sais que deux manières de faire régner l'égalité dans le monde politique : il faut donner des droits à chaque citoyen ou n'en donner à personne ». Alexis de Tocqueville, *De la démocratie en Amérique,* I, 1935, Chapitre III : « État social des Anglos-Américains ».

conséquence le confortant, voire le garantissant pour l'avenir. L'égalité des conditions est donc l'essence même de ce régime, le « fait générateur » [5], pour reprendre les termes d'Alexis de Tocqueville, dont tout le reste se déduit. Alors il devient évident que si cet état social vient à être fragilisé, la démocratie politique et constitutionnelle qui en dépend l'est immanquablement à son tour.

Ce lien entre état social et régime politique est d'autant plus fort dans les « vieilles démocraties » que celles-ci se sont globalement bâties parallèlement au développement de l'État providence. Cela ne semble pas relever de la pure coïncidence, bien au contraire[6]. Les politiques sociales de l'État providence sont indispensables à l'affermissement tant politique que social de la démocratie, car c'est lui qui permet de garantir que les citoyens puissent être, dans leur ensemble, responsables et indépendants. Sans un minimum d'éducation et sans un minimum de sécurité matérielle, point d'égalité au moins théorique dans les possibilités d'épanouissement de tout citoyen, donc point de relative égalité des conditions sociales, et sans cette dernière, point de démocratie. La démocratie suppose l'intégration de tous les citoyens au régime et dans la cité, et cette intégration suppose généralement une action positive de l'État, ce qui implique une forme plus ou moins développée d'État providence, le nécessaire dépassement du simple État gendarme.

Ce développement concomitant de la démocratie et de l'État providence a entériné ce lien entre le politique et le social. C'est par une certaine égalité sociale qu'il peut y avoir égalité politique. De même l'égalité politique implique l'égalité sociale, entendue comme la fameuse mobilité sociale énoncée par Tocqueville, à savoir l'absence de distinctions d'ordre, de classe, ou encore d'hérédité, la possibilité ouverte dans l'absolu à chacun d'accéder à toute profession, dignité ou honneur, bref, le fait que l'individu puisse s'élever socialement, et espérer de fait vivre mieux, sans rencontrer de barrage social ou d'entrave juridique qui seraient fondés sur des critères discriminatoires comme la richesse, la noblesse ou toute autre forme de

---

[5] Dans la majorité des cas, c'est cet état social de relative égalité des conditions que Tocqueville désigne lorsqu'il emploie le terme « démocratie » dans son œuvre.

[6] En témoigne particulièrement l'idéal de la démocratie suédoise tel qu'évoqué en 1928 par Per Albin Hansson, chef du parti social démocrate : « les règles de la maison sont la communauté et la compassion. Dans cette maison du bonheur, personne ne sera favorisé, personne ne sera lésé. Aucun ne sera traité en chouchou ni en bâtard. Personne ne sera dédaigneux ni ne cherchera à tirer la couverture à soi, les forts n'enfonceront ni ne dépouilleront les faibles. Dans cette maison du bonheur règneront l'égalité, la sollicitude, la coopération, la solidarité. (...). Pour que la société suédoise devienne cette maison du bonheur, les différentes classes doivent être effacées, les inégalités économiques doivent s'estomper, et les salariés doivent participer financièrement à l'intendance. La démocratie se doit d'être une réalité tant sur le plan économique que sur le plan social ». Cité par Marie-Laure Lefoulon, *Le rebond du modèle scandinave*, Lignes de repères éditions, 2006, p. 39.

puissance. Cette mobilité sociale est la clef de voûte de l'état social démocratique.

Or, à tort ou à raison, cette mobilité sociale est de plus en plus considérée comme insuffisante en France ces dernières années. Alors que l'on vit incontestablement mieux de nos jours qu'il n'y a ne serait-ce que deux générations de cela, alors que les risques de la vie sont mieux assurés notamment par les pouvoirs publics, l'État providence d'hier est en situation d'échec en ce que cette sécurité est de moins en moins perçue et reconnue par ses propres bénéficiaires. Contrairement à la situation connue pendant les trente glorieuses, les jeunes générations d'aujourd'hui n'osent plus prétendre à « vivre mieux » que leurs parents, ce qui remet inéluctablement en cause leur confiance dans le régime politique, car ce dernier n'est plus en mesure de garantir leurs ambitions. De même, toute une génération de travailleurs cotise pour sa retraite, tout en s'inquiétant de ce qu'il en adviendra concrètement compte tenu des réalités démographiques et économiques. Ce ne sont là que des exemples parmi d'autres traduisant le fait que les individus n'osent plus aspirer à s'élever socialement mais s'inquiètent désormais plutôt de ne pas chuter. Certes, la mobilité sociale entend autant la possibilité de s'abaisser que celle de s'élever[7], mais si elle ne va majoritairement que dans le premier sens, cela ne peut naturellement constituer un état social satisfaisant.

Le problème est que la crise sociale que l'on connaît aujourd'hui, crise débutée dans les années 1980, touche de plus en plus largement la classe moyenne[8] de la nation. Or c'est cette classe moyenne qui constitue l'essentiel du vivier de la mobilité sociale. La classe la plus favorisée possède généralement ses propres moyens de se garantir. La classe la plus précaire dépend très largement de l'État providence, c'est-à-dire des deux autres classes. La classe moyenne entre les deux assure la stabilité, donne un sentiment d'homogénéité par-delà les différences. Si la société se radicalise en deux grandes classes, celle en sécurité et celle en insécurité, la logique de l'affrontement entre ces deux classes n'est pas loin. La démocratie ne peut survivre longtemps à un conflit de classe, car dans un cas de conflit, chaque classe entend dominer l'autre et non collaborer avec elle. Or la démocratie

---

[7] Tocqueville l'énonce clairement lorsqu'il décrit qu'il observe qu'aux États-Unis le riche maître peut devenir serviteur du jour au lendemain, tout comme le serviteur peut devenir maître à son tour.

[8] La « classe moyenne » n'est pas simplement un juste milieu entre l'élite intellectuelle et/ou économique et les classes populaires. « La centralité des classes moyennes tient d'abord à l'imaginaire de progrès et d'émancipation qui leur fut longtemps associé et dont témoignent les grandes conquêtes sociétales des années 1950-1970 : propriété du logement, départ en vacances, acquisition d'une automobile, contraception, accès à l'université, etc. » (Louis Chauvel, *Classes moyennes à la dérive*, Paris, Seuil, 2006 ). L'appartenance aux classes moyennes a longtemps relevé d'abord « d'un espoir d'avenir ou une aspiration optimiste de la société » (*Id.*).

n'est pas la dictature de la majorité, encore moins celle d'une minorité, mais bien l'expression de la majorité dans le respect de la minorité.

Il est urgent d'intervenir dans un tel contexte de crise, car lorsque la crise sociale engendre la crise de la démocratie, cette dernière finit, à son tour, par cultiver et aggraver la première, et ainsi de suite. En effet, l'une des bases théoriques de la démocratie en tant que régime constitutionnel est que celle-ci émane du peuple, que le pouvoir politique qui y est exercé soit représentatif de la nation entendue comme l'ensemble des citoyens n'en excluant aucun. Or l'insécurité se double d'un véritable sentiment d'exclusion. Exclusion de la sécurité matérielle, exclusion de la participation réelle au pouvoir politique, et finalement exclusion du « rêve américain », de cette fameuse mobilité qui fait que l'on peut tous aspirer à des ambitions d'élévation sociale.

L'exclusion est un phénomène nouveau dans nos vieilles démocraties[9], car celles-ci se sont construites précisément en opposition à ce phénomène social. Postulant l'égalité politique et sociale de leurs citoyens, elles devaient tendre à une intégration toujours plus efficace, notamment par la citoyenneté accordée indépendamment de l'appartenance sociale, de la religion, du niveau économique, puis, plus tard, de l'origine ethnique ou encore du sexe, mais encore par des interventions positives, interventions parmi lesquelles l'instruction occupe une place emblématique.

En offrant l'instruction, en l'imposant même, l'État permettait de donner un maximum de chances d'épanouissement à ses citoyens. Dès la Troisième République, l'école est apparue comme un instrument fort au service de la démocratie pour ses potentialités d'intégration et de formation tant de l'individu que du citoyen. Or justement l'instruction, bien que plus poussée et plus complète, est aujourd'hui de plus en plus souvent contestée sur ce rôle d'intégration dans la cité. L'on ne saurait certes désavouer l'enseignement dans son ensemble, mais certaines de ses mises en œuvre concrètes prêtent à critiques. Ainsi notamment la fameuse question de la carte scolaire parfois mal gérée, parfois trop facilement contournée, montre qu'il existe de réelles différences de niveau et conditions d'études entre les établissements scolaires, ce qui naturellement heurte le concept d'égalité des chances[10], l'idéal d'une école intégratrice sans distinction.

---

[9] À ce sujet, le Président Jacques Chirac emploiera en 1995 l'expression de « fracture sociale », soulignant combien cela pouvait avoir de conséquences négatives sur une société qui, depuis 1789 et l'abolition des privilèges, ambitionne la mobilité sociale et l'intégration de tous dans la cité.

[10] Un ouvrage collectif paru en 2005 illustre concrètement cette rupture de l'égalité par l'étude de l'académie de Bordeaux. À la date où fut menée cette étude, 10 % des collèges de cette académie regroupaient 40% des élèves issus de l'immigration, et ses auteurs constataient que ces établissements jouissaient d'un niveau global plus faible et un climat moins serein que les autres. Ils en concluaient à une « double stigmatisation », arguant qu'« au-delà des résultats scolaires, le

Le sentiment de non intégration ou d'inégalité dans l'une des institutions fondamentales de la République s'accompagne souvent du sentiment de stigmatisation de tout un quartier sur différents thèmes, tels donc que la concentration d'élèves en situation de difficultés ou d'échec scolaires, mais aussi le taux de chômage, notamment chez les jeunes[11], ou encore le faible niveau de revenu. Lorsque tout un quartier concentre de tels éléments, il est logique que ses habitants croient peu en une société qui leur offre des perspectives d'épanouissement. Or c'est pourtant cela qui est recherché depuis l'établissement de la démocratie, avec le soutien de l'État providence. Progressivement, des catégories de population se sentent laissées de côté par les institutions de l'État, donc à la marge de la société organisée par cet État. L'on réunit alors les éléments pouvant conduire au processus de « désaffiliation sociale »[12] . C'est ce processus qui devient flagrant lors d'événements tels que ceux de la fin de l'année 2005, consécutifs au décès dans un transformateur électrique de deux adolescents cherchant à éviter la police. À la suite de cet accident, il y eut une « révolte des banlieues » inédite dans son ampleur, conduisant le gouvernement à déclarer l'état d'urgence, mesure pour le moins exceptionnelle. Des actes habituels de délinquance sont brusquement devenus massifs et se sont présentés dans une logique d'affrontement avec la force publique, de défi à la République. Certes il y a eu des atteintes à des biens privés, tels que voitures ou commerces, mais il y a eu aussi de massives dégradations de biens publics, éléments du service des transports publics, gymnases, crèches, écoles... Le fait de détruire ce qui est censé conduire à l'intégration dans la cité souligne que ceux qui détruisent ne reconnaissent plus ces éléments comme intégrateurs. Certes, la violence et la délinquance ne peuvent être réduites à une exclusion politique, mais l'élément de la dégradation d'instruments d'intégration dans la cité est emblématique.

L'exclusion revêt donc une nouvelle forme. Elle ne se limite plus à la pauvreté. Elle est plus largement insécurité ou absence de perspectives, absence de reconnaissance dans la cité. Pour autant il reste des problèmes de

school mix affecte à la fois les aspirations des élèves, leurs comportements, et plus globalement la qualité de leur expérience scolaire. Se mettent en place, dans la classe ou l'établissement, des normes de groupe qui s'ancrent dans la réalité vécue : quand près de la moitié des élèves sont en retard scolaire, cela tend à être perçu comme « normal » ». G. Felouzis, F. Liot et J. Perrotton, *L'appartheid scolaire : Enquête sur la ségrégation ethnique dans les collèges*, Paris, Seuil, 2005.

[11] Les données de l'Institut National de la Statistique et des Études économiques permettent de constater que les quartiers concernés au premier chef par les événements d'octobre et novembre 2005 sont des zones à fort taux de chômage pour les 15-24 ans : Ce taux atteint les 41,1% dans le quartier de la Grande Borne à Grigny, alors qu'il n'est « que » de 27,1% dans la commune, 54,4% à la Reynerie et Bellefontaine, à Toulouse, contre 28,6% dans la commune, 31,7% à l'Ousse des Bois à Pau, contre 17 % dans la commune, etc.

[12] Robert Castel.

pauvreté. Et paradoxalement aussi des problèmes de pauvreté chez les travailleurs. La crise du logement, entre autres, exacerbe cela. C'est bien un risque en la matière que court celui qui a un travail précaire et rencontre un « accident de la vie ». Il suffit d'un divorce parfois pour rompre le délicat équilibre d'un budget familial et conduire à l'absence de logis, et cette exclusion économique devient exclusion ultime, car le SDF est réellement à la marge de toute société. L'absence d'adresse et de boîte aux lettres complique l'assistance et la réinsertion, et la non domiciliation conduit enfin à l'impossibilité de figurer sur les listes électorales. L'on se retrouve donc avec une catégorie de citoyens qui n'a plus les moyens d'exercer sa citoyenneté, et ce sans autre crime que sa pauvreté.

L'exclusion sociale emporte donc facilement l'exclusion politique, et, du fait de l'association des notions de démocratie et d'État providence, la crise du second conduit naturellement à en conclure à des lacunes de la première. C'est donc aussi à la démocratie que l'on reproche de ne pouvoir maintenir la mobilité sociale souhaitable. Pourtant, en tant que régime politique, elle n'est que mécanismes permettant de mettre en place la politique que les citoyens ont par leurs votes manifesté vouloir, et en tant qu'état social, elle n'est qu'une constatation. L'État social démocratique n'est que le résultat de concessions d'un pouvoir autoritaire ou de l'organisation d'un pouvoir démocratique. Dans ce dernier cas, l'ordre social démocratique relève finalement des choix des citoyens. Il est alors paradoxal que ces derniers soient amenés à critiquer la démocratie comme un corps qui leur serait extérieur.

Ils la critiquent en fait bien plutôt comme un corps qui leur échapperait. Dans ce régime politique, en effet, les citoyens peuvent choisir d'orienter les décisions et choix politiques pour demander que le pouvoir en place s'attelle à la relance de l'ascenseur social, mais il s'avère que nous sommes aujourd'hui face à une crise de l'État providence qui dépasse très largement le cadre de telle ou telle orientation économique, de tel ou tel choix politique. Elle rejaillit donc directement sur les institutions et le régime démocratique car elle va de pair avec un sentiment de ne pas être entendu ou compris par le pouvoir politique. Le citoyen qui se sent ainsi en insécurité ne reconnaît donc plus le pouvoir politique comme émanant de lui et le représentant efficacement.

## B) De la contestation politique comme moyen de contestation sociale

La non reconnaissance du citoyen dans le pouvoir nuit directement à la démocratie. Pour être actif, le citoyen doit être motivé, sentir la puissance de son vote, la portée de son action dans la cité. Lorsque ce n'est pas le cas, il peut être conduit à remettre en cause les mécanismes de la démocratie qui, à son sens, rendent son vote partiellement inefficace. Ainsi des modalités électorales sont parfois contestées[13], ou des mécanismes absents de la Constitution sont parfois réclamés[14]. Une réflexion sur les institutions de la démocratie est toujours saine, mais lorsque de telles revendications accompagnent un sentiment massif chez les citoyens d'inefficacité de la démocratie, alors cela présente un danger pour le régime. D'autant que la perte de confiance des citoyens en les institutions s'accompagne généralement d'un désintérêt de ces mécanismes et conduit à de forts taux d'abstention : les citoyens n'ayant plus confiance en la démocratie ne vont plus en user. Or la démocratie n'est rien sans les citoyens. Plus ceux-ci s'abstiennent, moins le régime a de légitimité.

Certains considèrent à tort que l'abstention est malgré tout un signe de bonne santé de l'état social démocratique, jugeant les individus satisfaits de leur sort puisqu'ils n'estiment pas nécessaire de s'exprimer, mais c'est encore confondre démocratie et État providence, ou démocratie et « non dictature », ou encore vote et protestation. La démocratie n'est pas seulement une garantie de droits et libertés dans l'État. C'est fondamentalement aussi un mode de gouvernement et l'opportunité de décision, ou, à tout le moins, d'orientation par le peuple des grands choix de société. Ceci implique, si l'on tient à ce régime, le devoir de participer – fût-ce simplement par le vote - au gouvernement de son État. La non participation à la prise de décision par le citoyen sous prétexte que les décisions qui sont prises en son nom lui conviendraient s'apparente plus au « doux despotisme » craint par Tocqueville[15] qu'à une démocratie telle que nous la concevons et l'idéalisons aujourd'hui. Pour que ce régime soit vivant et durable, la participation active du citoyen est indispensable.

Certes, l'on ne peut rêver une abstention nulle sur le long terme d'une démocratie. L'on ne peut penser que tous les individus auront à cœur d'être

---

[13] Le débat sur les modes de scrutin, avec appel à des systèmes mixtes faisant plus de place à « la proportionnelle » est l'illustration emblématique de la contestation de modalités électorales.

[14] D'aucuns regrettent ainsi l'impossibilité pour le citoyen français de saisir directement le Conseil constitutionnel, ou encore de laisser la population avoir l'initiative d'un référendum. Le droit vient d'évoluer en la matière, grâce à la loi constitutionnelle du 23 juillet 2008.

[15] *De la Démocratie en Amérique*, Volume II, Quatrième partie, Chapitre VI, « Quelle espèce de despotisme les nations démocratiques ont à craindre ». Tocqueville craint que l'amour de l'égalité qui anime les peuples démocratiques et la disparition progressive du lien social autre que la citoyenneté ne conduise à amenuiser également cette citoyenneté. : « Au-dessus [des citoyens] s'élève un pouvoir immense et tutélaire, qui se charge seul d'assurer leur jouissance et de veiller sur leur sort. Il est absolu, détaillé, régulier, prévoyant et doux. (...) En vain chargerez-vous ces mêmes citoyens, que vous avez rendus si dépendants du pouvoir central, de choisir de temps à autre les représentants de ce pouvoir ; cet usage si important, mais si court et si rare, de leur libre arbitre n'empêchera pas qu'ils ne perdent peu à peu la faculté de penser, de sentir et d'agir par eux-mêmes, et qu'ils ne tombent ainsi graduellement au-dessous du niveau de l'humanité. J'ajoute qu'ils deviendront bientôt incapables d'exercer le grand et unique privilège qui leur reste (...) ».

parfaits dans leur dimension de citoyens. Cette perfection serait quelque peu idéale chez les hommes. L'on conviendra avec Rousseau qu'un régime si parfait que la démocratie ne peut réellement être pleinement réalisé que par un peuple de dieux.

Toutefois, lorsque l'abstention prend une trop grande ampleur, l'on ne peut se limiter à critiquer la nature humaine et une réflexion plus globale sur la pratique de la démocratie et son contexte social s'impose. Il est intéressant de constater que si l'abstention a toujours existé, ce n'est que depuis les années 1980 qu'elle commence à prendre une dimension réellement préoccupante en Europe[16]. Or cette date correspond également aux premières manifestations importantes d'une crise sociale aujourd'hui non encore résolue, et principalement due à des difficultés dans le domaine de l'emploi et, de fait, la sécurité économique et sociale des individus. Mis à part dans les pays ou régions ayant adopté un système de vote obligatoire[17], l'augmentation progressive de l'abstention est un fait général, tous scrutins confondus. Certes, elle reste plus élevée dans certains scrutins que dans d'autres[18]. Ainsi est-elle moins forte lors les élections clefs pour la détermination de la politique générale de l'État[19] ou pour les scrutins de grande proximité tels que les élections municipales, et atteint-elle ses sommets dès lors que le scrutin concerne une institution dont la politique est moins perceptible par les citoyens, notamment lorsqu'ils en connaissent mal les compétences et attributions. Quoi qu'il en soit, cette abstention devient préoccupante tant par les taux globaux

[16] La situation est plus grave encore et plus ancienne aux États-Unis.

[17] L'on citera entre autres l'Autriche (dans les quatre länder que sont le Vorarlberg, le Tyrol, la Carinthie et la Styrie), la Belgique, la Grèce, le Lichtenstein, le Luxembourg, la Suisse (canton de Schaffhouse). Le système du vote obligatoire se retrouve aussi hors de l'Europe et notamment en Turquie, ou encore dans certains pays d'Amérique latine, comme l'Argentine, le Brésil, le Costa Rica ou l'Équateur. Enfin certains pays sont revenus de ce système. Les Pays Bas l'ont abrogé en 1970, et en Australie, il fait l'objet de telles critiques que son maintien se fait de moins en moins certain.

[18] Pour les élections européennes, notamment, l'abstention est très élevée dans tous les États n'ayant pas rendu le vote obligatoire. Ceci est valable même dans les pays où, sans avoir institué l'obligation du vote, une forte culture de la participation électorale permet de conserver une participation satisfaisante lors des élections nationales. Ainsi au Danemark l'abstention ne tourne-t-elle qu'entre 10 et 20% pour les élections législatives, mais atteint les 50% aux élections européennes. Dès la première édition de ces élections l'abstention moyenne européenne était de 37% (39.3% en France), elle a aujourd'hui atteint les 54.3% (57.2% en France).

[19] Dans la plupart des pays européens, ce sont les élections législatives qui sont considérées comme étant les plus cruciales et qui connaissent un taux d'abstention inférieur aux autres scrutins. En France, compte tenu de la nature particulière du régime constitutionnel qui n'est ni tout à fait parlementaire ni tout à fait présidentiel, l'élection décisive, qui connaît donc le plus bas taux d'abstention, est l'élection présidentielle.

qu'elle atteint[20] que par le mouvement ascendant qui la caractérise ces dernières années[21].

Ces premières observations conduisent à penser que le citoyen tend aujourd'hui à se déplacer surtout s'il peut percevoir clairement l'enjeu et l'efficacité de son vote. Ou éventuellement le danger de son abstention[22]. Et le fait que cette abstention soit toujours plus forte tend à montrer que les citoyens croient chaque jour un peu moins que la politique peut changer concrètement les choses dans leur quotidien, et notamment leur offrir plus de garanties s'ils estiment précaire ou potentiellement menacée leur situation économico-sociale.

L'on constate donc dans cette crise de confiance envers l'élection et la politique l'échec de la démocratie sur son double aspect de régime politique d'une part et d'état social d'autre part. Si l'on cherche en effet à dresser le profil sociologique de l'abstention, il apparaît que cette dernière est d'autant plus fréquente que le citoyen se sent – ou est – moins intégré en raison notamment de difficultés en matière d'emploi, d'un bas niveau de revenu, d'un bas niveau de qualification.

Il faut certes veiller à ne pas déduire de ces observations une règle générale, à peine de sombrer dans la déformation caricaturale de la situation. Tous les exclus ne sont pas abstentionnistes, et tous les abstentionnistes ne sont pas exclus. Il semble néanmoins de plus en plus évident que l'abstention ne relève pas systématiquement d'un simple désintérêt des droits de citoyens, mais également, dans une mesure toujours plus importante, du fait que ceux qui perçoivent une exclusion – pour eux ou pour autrui, mus ici par une solidarité paradoxalement souvent revendiquée comme citoyenne – s'excluent d'eux-mêmes du système politique.

À moins qu'ils ne prétendent exclure les autres, par disqualification du système qui perd de sa crédibilité à mesure qu'il rassemble de moins en moins à chaque scrutin. Dans ce cas, l'abstention ne constitue plus un geste passif traduisant un simple désintérêt de l'élection voire une résignation, mais bien un

---

[20] Au Royaume-Uni, les élections législatives sont incontestablement le scrutin le plus important, or l'abstention y a dépassé les 60% en 2001.

[21] En France, lors des premières élections législatives de la Cinquième République, en 1958, l'abstention s'élevait à environ 22%. Lors du scrutin de 2008 elle s'était envolée à environ 40%. Même le référendum, pourtant scrutin particulier offrant une occasion exceptionnelle au citoyen de se prononcer directement sur un point, ne motive plus la participation escomptée. Une nette rupture est visible au tournant des années 1970. Auparavant, elle était toujours inférieure à 25%, atteignant même rarement les 10%, mais depuis 1972 elle a toujours dépassé les 30 %, atteignant presque les 70 % lors de la consultation sur le quinquennat en 2000.

[22] Ainsi les élections présidentielles de 2007 ont-elles constitué une exception dans l'abstention toujours grandissante. Mais ceci est vraisemblablement en grande partie dû au choc du premier tour de l'élection de 2002. Les scrutins ultérieurs, que ce soient les législatives de 2007 ou les municipales de 2008 ont confirmé que cela n'était qu'une exception dans la tendance ascendante de l'abstention.

geste actif exprimant une contestation. Il ne s'agit plus alors d'un refus de s'investir mais d'un refus de collaborer à un système jugé corrompu ou inefficace. Ce mode de protestation, s'il permet un effet de plus en plus spectaculaire, présente l'inconvénient majeur de revêtir peu de lisibilité quant à ses motifs. Comment savoir si l'abstention est majoritairement motivée par un rejet global des institutions, ou plutôt par une demande plus modérée de changement, comme l'évolution des modes de scrutins ou de l'organisation des partis politiques ?

En ce sens, il est un mode de protestation plus adapté[23], mais de pratique pourtant infiniment plus limitée[24] : le vote blanc. Encore assimilé au vote nul dans de nombreux pays, au rang desquels la France ne fait pas exception[25], ce mode d'expression est pourtant le moyen par excellence de signifier son attachement aux mécanismes de la démocratie tout en critiquant l'offre politique du moment. Il souffre néanmoins de sa non-reconnaissance en tant qu'expression du citoyen, ce qui semble conduire à ce que l'abstention lui soit régulièrement préférée. Il est logique pourtant, l'essence du vote étant d'appeler le peuple à se prononcer sur une proposition ou un ou plusieurs candidats, de ne pas organiser le choix du non-choix. Si le non-choix devait prendre une part trop importante dans les résultats du scrutin, cela amoindrirait

---

[23] L'on observe que l'abstention est moindre, et le vote blanc plus élevé pour les présidentielles que pour les régionales par exemple. Le vote blanc serait ainsi un message politique qui serait considéré comme plus efficace lorsqu'il concerne un enjeu national plutôt que local.

[24] Depuis 1981, le taux de bulletins blancs ou nuls ne dépasse que rarement les 5% des votes. C'était le cas lors du second tour de l'élection présidentielle de 1995 (5,15%) et 2002 (5.39%), des élections législatives de 1993 (5,27% au premier tour, 9,65% au second) et au second tour de celles de 1997 (6,31%). Enfin il convient de noter qu'à l'occasion de deux référendums ce taux de 5 % a été également dépassé, et là de manière plus spectaculaire. Les votes blanc ou nuls représentaient 11,82 % des suffrages pour le référendum de 1988 relatif à la Nouvelle-Calédonie, et 16,18% lors du référendum de 2000 relatif au quinquennat, consultation qui avait aussi battu des records d'abstention avec une participation à peine supérieure à 30 % des électeurs..

[25] Depuis 1852, la position du droit français n'a pas évolué en la matière. L'article L66 du code électoral place à égalité les bulletins blancs et « ceux ne contenant pas une désignation suffisante, ou dans lesquels les votants se sont fait connaître, les bulletins trouvés dans l'urne sans enveloppe ou dans des enveloppes non réglementaires, les bulletins écrits sur papier de couleur, les bulletins ou enveloppes portant des signes intérieurs ou extérieurs de reconnaissance, les bulletins ou enveloppes portant mentions injurieuses pour les candidats ou pour des tiers », et précise que tous ces bulletins « n'entrent pas en compte dans le résultat du dépouillement » . Ils sont simplement « annexés au procès-verbal ». Pourtant, dès 1880, alors que la Troisième République réfléchissait à instaurer en France l'obligation du vote, deux propositions de loi sont venues demander la reconnaissance du vote blanc. Il faudra cependant attendre près d'un siècle pour que de telles suggestions reviennent à l'ordre du jour. Depuis 1980, 16 textes parlementaires ont eu notamment pour objet la reconnaissance du vote blanc en dehors de toute institution du vote obligatoire.

encore la légitimité des résultats déjà bien entamée par l'abstention[26].

Pourtant, si le vote blanc peut mettre en évidence des dysfonctionnements, il est peu probable qu'il les crée. Ce n'est pas ce bulletin muet qui devrait embarrasser la démocratie mais bien ce qui pourrait motiver une détermination massive pour ce non-choix lors de scrutins. La reconnaissance du vote blanc ne ferait pas naître de nouveaux problèmes en ce qui concerne le rapport de l'électeur à la participation au vote, elle ne ferait que les rendre plus visibles et mesurables.

En réalité, la reconnaissance ou non du vote blanc répond aux exigences qu'un pays se fait de sa démocratie. Le reconnaître est certainement aller au bout de la logique des droits du citoyen, quitte à courir un peu plus le risque d'autodafé inhérent à l'essence du régime. Ne pas le reconnaître est au contraire insister un peu plus sur la dimension des devoirs du citoyen, lui demandant de collaborer à la démocratie, soit par un choix, même effectué négativement, soit par sa propre mobilisation si l'offre politique proposée ne le satisfait pas, devenant acteur de la politique plutôt que se complaisant dans une démarche de consommateur qui se bornerait à réitérer à chaque élection qu'aucun choix ne lui correspond.

Il reste que même sans reconnaître valeur de suffrage exprimé aux bulletins blancs, la démocratie gagnerait probablement en crédibilité si elle reconnaissait la part réelle de légitimité d'un élu qui, élu à tant de % des voix n'est certainement pas, compte tenu de l'abstention et des votes blancs et nuls, plébiscité par le même pourcentage de citoyens. Les médias commencent à communiquer à ce sujet, et les citoyens en prennent peu à peu la mesure, tout comme les pouvoirs publics saisissent mieux l'urgence de la situation. Cela emporte que l'abstention et les votes blancs et nuls comme manifestation de protestation sont des comportements qui commencent à souligner efficacement la double crise de la démocratie, tant dans sa dimension sociale que politique. Ceci se fait néanmoins en aggravant la dimension politique de la crise.

Par ailleurs, même en déposant un bulletin valable dans l'urne le citoyen peut fragiliser l'organisation de la démocratie représentative. Est de plus en plus manifeste un autre comportement électoral dénaturant la logique du scrutin comme participation à la détermination du gouvernement du peuple. Il s'agit du vote-sanction ou du vote protestataire, que l'on retrouve tant dans la

[26] En l'occurrence, le vote blanc reste très minoritaire dans les pays l'ayant reconnu comme expression à part entière du citoyen, à savoir principalement la Suède, mais également le Pérou, où la loi électorale prévoit en son article 365 que « Le Jury national des Affaires électorales déclare la nullité totale des élections » notamment dans le cas où «  les votes nuls ou blancs, ensemble ou séparément, sont supérieurs aux deux tiers du résultat des bulletins valides. ». La Colombie comptabilise également les votes blancs dans la mesure où elle les assimile à des suffrages exprimés – et non des nuls. Ils entrent ainsi notamment dans le calcul du quotient électoral pour les scrutins de liste.

recherche d'alternance de certains électeurs, qui, déçus des forces en place ont tendance à systématiquement plébisciter l'opposition, que dans la tentation de faire appel aux partis situés aux bords les plus extrêmes de l'échiquier politique, ou encore de se déterminer en faveur d'un parti ou candidat qui milite sur quelques thèmes ponctuels mais ne revendique aucun programme de politique générale.

Ici, le vote est valablement exprimé, mais est détourné de son objet, de sa finalité. Il n'est plus utilisé en vue de désigner le titulaire d'un poste ou de répondre à une consultation, mais en vue de sanctionner – mais parfois soutenir – l'exécutif en place. Chaque élection devient un peu plus l'occasion non pas de dire « oui » à un projet mais de dire « non » à un bilan. Certes, une telle expression de rejet doit évidement avoir droit de cité en démocratie, mais ce ne doit pas être d'une ampleur telle que ce soit au détriment du vote-désignation, élément tout aussi indispensable au régime.

Le vote protestataire ayant toujours été plus important à l'occasion de crises économiques, politiques ou sociales[27], il est particulièrement perceptible ces dernières années, prenant même parfois, dans une certaine mesure, le relais de l'abstention ou du vote blanc ou nul. Ainsi les citoyens ont-ils pu avoir l'impression de voir se retourner contre eux leur abstention – associée à une part de leur vote protestataire – lors de l'élection présidentielle de 2002. Les scrutins suivants ont alors connu une mobilisation plus estimable, mais cette participation supplémentaire s'est pour l'essentiel reportée en vote protestataire. La « vague rose » des élections régionales de 2004 doit en effet beaucoup au mécontentement à l'encontre du pouvoir en place au niveau national, de même que la victoire du « non » au référendum du 29 mai 2005, s'il revêt tout de même une bonne part d'opposition au projet présenté, revêt tout aussi certainement une grande part de contestations diffuses : contestation de l'Europe ou du projet européen, tant dans sa dimension politique que dans le contexte social actuel qui lui est imputé, mais aussi de la prétention des pouvoirs publics de faire adopter ce texte, de la politique généralement conduite en France ces dernières années, etc.

Force est de constater que ce comportement électoral dénature profondément la signification du vote, prenant chaque scrutin pour une occasion de manifester un sentiment au lieu de se déterminer sur le choix ou la question proposés. La grande difficulté qui en résulte pour la démocratie est

[27] Ainsi le boulangisme à la fin du XIX^e^ siècle a-t-il bénéficié des faveurs d'une protestation globale contre le régime parlementaire de l'époque, considéré comme impuissant et corrompu ; de même que l'entre deux guerres a vu l'inefficacité de la République rongée par l'instabilité ministérielle profiter aux partis extrêmes de l'échiquier politique, ou encore que le poujadisme a pu être considéré comme une protestation contre le système de concentration économique maintenu par les pouvoirs publics de l'époque.

que les citoyens qui eux-mêmes dénaturent ainsi le vote, par définition, ne reconnaissent plus la réelle autorité des résultats du scrutin. Lorsqu'ils ont « voté contre », ils assument rarement qu'ils se sont en même temps déterminés « pour » la position adverse ou alternative à celle qu'ils ont voulu sanctionner[28].

Ils ne comprennent pas non plus que les institutions de l'État ne se rangent pas à la dénaturation de ce vote. Ainsi, s'il est vrai que le général de Gaulle avait lui-même dénaturé le référendum en faisant peser le poids de sa personne dans la balance du vote, un référendum se soldant par la victoire du non n'implique pas plus la démission des responsables politiques que la survenue d'une cohabitation à l'occasion d'élections législatives ne l'exigerait. Procédé de démocratie directe, ce ne saurait être pour autant un moyen de restaurer une forme de mandat impératif. Pourtant, ceux qui ont revendiqué le choix du non au dernier référendum comme une sanction à l'égard de l'exécutif ont estimé qu'il y avait lacunes de la démocratie dans le fait que cet exécutif n'ait pas été contraint de démissionner.

La démocratie française actuelle, dans la crise qu'elle traverse, assiste finalement à un dévoiement de ses mécanismes à fins de contestation. Cela est efficace dans la mesure où la démocratie, fondement tant politique que social de notre société, en vient à être jugée insuffisamment efficiente ; cela impose la recherche des sources profondes de la crise et la volonté de leur règlement. Mais cela est cependant d'une efficacité fort limitée du fait du manque de lisibilité du message qui se limite irrémédiablement à l'expression d'une contestation et ne peut prendre la forme de demandes constructives.

Afin de préserver la démocratie, tout en acceptant son évolution, il devient alors urgent de rendre leur vraie place à ses mécanismes traditionnels, en les complétant éventuellement par de nouveaux, afin de limiter la crise de confiance du politique pendant que l'on s'efforce de remédier à ses racines sociales.

---

[28] Une solution à ce problème pourrait être la mise en place de possibilités de vote négatif ou pondéré. Certes, cela compliquerait considérablement le scrutin, mais permettrait au citoyen de distinguer clairement la protestation du choix électoral lors du vote. Il s'agirait de permettre au citoyen, à côté de sa possibilité de désigner le candidat qu'il estime le plus apte à occuper un siège, de désigner aussi celui qu'il désire le moins voir élu. Il faudrait donc tenir le décompte des votes « pour » et des votes « contre » pour calculer le résultat électoral. Et un candidat moyennement plébiscité mais fortement contesté pourrait ainsi se trouver écarté. Dans une optique moins révolutionnaire, il pourrait être simplement envisagé d'élargir la possibilité qui existe aujourd'hui en France, au niveau municipal dans les communes de moins de 3500 habitants, de rayer des noms sur les listes et de procéder à un panachage.

## II - LA DÉMOCRATIE SANS CESSE À CONSOLIDER SUR UN CONTRAT SOCIAL SANS CESSE À ENTRETENIR

Pour restaurer la confiance du citoyen dans le politique, l'on peut certes attendre une adaptation du corps politique afin de mieux répondre aux attentes des électeurs, mais cela ne saurait suffire. Il faudrait peut-être aussi envisager de faire évoluer certains mécanismes d'expression du citoyen afin qu'il retrouve le sentiment de la puissance et, partant, de l'importance de son vote (A). Mais l'action d'un citoyen ne saurait être limitée au vote, au fait d'aller exprimer son avis lorsqu'il y est invité. Fondamentalement, être citoyen signifie prendre part à la vie de la cité, et ce dans les règles de la démocratie. Sur ce dernier point, de grands progrès restent à faire qui relèvent de la responsabilité des citoyens bien plus que d'une organisation étatique (B).

### A) Redonner du pouvoir au peuple

Suivant la logique de ce que celui qui s'abstient est avant tout celui qui ne reconnaît que peu de puissance au vote, pour redynamiser la démocratie il importe tout d'abord de redonner sa pleine signification à ce dernier. D'aucuns suggéreraient que le rendre obligatoire réglerait globalement le problème de l'abstention[29], mais cela pourrait cependant emporter du même coup une forme de consécration de la perte de valeur de cet acte de la vie démocratique qui ne saurait plus se montrer fondamental par lui-même. Par ailleurs, cette obligation porterait atteinte au volontarisme de la démarche de participation électorale à laquelle la culture de la démocratie française paraît très attachée. Si en France l'inscription sur les listes électorales est théoriquement obligatoire[30], il n'est pas pour autant dans notre tradition politique de contraindre l'électeur à être actif[31].

Ce dernier point est capital pour ne pas persévérer plus longuement dans la quête de l'instauration de l'obligation en droit électoral français. L'observation de la pratique dans les États où cette obligation a cours montre que l'assiduité électorale résulte moins de la crainte d'une sanction que de l'imprégnation culturelle de l'importance de la participation aux scrutins. Rendre le vote obligatoire dans un État où l'assiduité électorale n'est pas ancrée, où même l'abstention tend à devenir une manifestation politique

[29] En ce sens, depuis 2002, pas moins de sept propositions de lois ont été déposées par des députés de toute tendance politique visant à instaurer l'obligation du vote.

[30] La seule sanction encourue est l'impossibilité de prendre part aux scrutins.

[31] Exception faite des grands électeurs à l'occasion des élections sénatoriales. Mais même ici l'obligation reste très symbolique étant donné que la sanction encourue est une amende ne s'élevant guère qu'à 4,75 euros.

revendiquée, risquerait, au moins dans un premier temps, d'engendrer une contre-productive résistance contestataire. Si elle pourrait fort bien être endiguée par des sanctions suffisamment importantes, cela serait immanquablement interprété comme une forme de recul des droits du citoyen qui constituent les fondements de notre régime, échouant ainsi à résorber la crise de la démocratie. Il est même avéré que cette obligation puisse contribuer à l'aggravation de la crise politique de la démocratie en ce que les partis politiques pourraient se reposer sur cette obligation pour ne plus se préoccuper de motiver les électeurs lors de campagnes électorales[32].

Enfin, il convient de relever que l'instauration du vote obligatoire ne pourrait qu'empêcher la manifestation par l'abstention de la crise politique sans résoudre cette crise en elle-même. Rien n'empêche en effet l'électeur contraint de prendre part au scrutin qu'il aurait préféré ignorer de déposer dans l'urne un bulletin blanc ou nul. L'embarras d'une légitimité toujours décroissante des élus et des résultats électoraux ne s'en trouverait donc pas nécessairement changé. Certes, dans les pays ayant instauré le vote obligatoire, l'expérience montre que le nombre de participations gagnées dépasse l'augmentation de bulletins blancs ou nuls, ainsi il subsiste malgré tout un gain de suffrages exprimés, toutefois, si ces derniers se portent massivement sur des suffrages protestataires, cela peut encore conduire à des résultats électoraux ayant peu de légitimité[33], ou encore à des résultats électoraux d'une grande instabilité par la mise en place à chaque scrutin d'une alternance systématique, ou encore d'une « cohabitation » délicate, compliquant la détermination ou la mise en place d'une politique efficace, aggravant ici encore la crise politique.

Il a été constaté d'ailleurs qu'un tel vote protestataire tend à prendre de l'ampleur ces dernières années, en l'absence même de toute obligation électorale. En ce sens, la crise politique peut en elle-même avoir un effet positif sur l'abstention. Si dans ses débuts elle peut se traduire par un abandon des urnes de la part de ceux qui s'estiment de leur côté « abandonnés de la politique », elle peut dans un second temps être l'occasion de réveil citoyen. Il est indéniable que des événements sociaux aussi importants qu'ont pu l'être la mobilisation contre le contrat de première embauche au printemps 2006, ou encore, dans un tout autre registre, les émeutes urbaines de la fin de l'année 2005 ont pu inciter les citoyens à vouloir faire entendre leur voix en retrouvant le chemin des urnes.

---

[32] En raison de cela précisément, l'Australie envisage de plus en plus sérieusement de revenir sur cette obligation du vote.

[33] L'électeur, rappelons-le, reconnaît peu de légitimité à l'élu qui a obtenu des suffrages « contre son adversaire » et non des suffrages réellement « pour lui-même ». Par ailleurs, même en l'absence de vote contestataire, l'électeur contraint de se prononcer et votant par défaut non pas pour le meilleur candidat mais pour celui qui lui paraît le moins mauvais, se reconnaît souvent mal en réel électeur de ce candidat.

Cette remobilisation s'accompagne cependant d'une forte demande de modification des modalités de scrutins, afin de sortir de la conviction qu'un choix politique un tant soit peu minoritaire sera nécessairement étouffé au profit des partis traditionnels de gouvernement. En la matière, le souhait de l'instauration de plus de proportionnelle dans chaque scrutin où cela est possible revient en force ces dernières années. D'autant plus que ce mode de scrutin est largement plus répandu dans les autres pays d'Europe que la France. Utilisé de façon très variable d'un État à l'autre[34] il ne suffit pas en lui-même à endiguer une crise politique, étant donné que ces autres pays connaissent aussi parfois une crise de même nature, néanmoins, dans un contexte donné, il est probable qu'il puisse contribuer à restaurer la confiance du citoyen en son vote puisque par nature il caricature moins l'expression politique de la nation que le fait nécessairement un suffrage au scrutin majoritaire.

Le scrutin majoritaire présente en effet l'avantage bien connu d'assurer plus aisément efficacité et stabilité à la majorité politique détenant le pouvoir, mais ceci est au prix d'une distorsion plus grande entre volonté populaire et résultats électoraux que ne le ferait un scrutin proportionnel. Il condamne certains partis représentant pourtant une part non négligeable de la population à la marginalisation dans l'exercice du pouvoir, et renforce le système de partis de gouvernement. Or en ces temps de crise politique, ce système des partis et notamment le comportement des partis traditionnels de gouvernement est de plus en plus décrié. Est invoqué le fait que les partis minoritaires ne pouvant accéder à l'exercice du pouvoir du fait du mode de scrutin, les électeurs qu'ils représentent ne sont guère pris en compte dans leur préoccupations et revendications. Cela est de grande conséquence sur la perte de confiance du citoyen en la politique qu'il trouve toujours plus déconnectée de ses réalités personnelles.

Bien que certains candidats à l'élection présidentielle de 2007 aient axé des points forts de leur campagne sur l'intérêt de l'intégration de plus de proportionnelle dans les scrutins français[35], bien qu'une telle suggestion revienne régulièrement dans les propositions de loi déposées par les parlementaires, une telle réforme ne semble toujours pas d'actualité. Pour

---

[34] Dans la plupart des autres pays européens, le scrutin proportionnel est la référence pour les élections législatives. L'on citera à titre d'illustration la Belgique, pionnière en matière de ce scrutin qu'elle a adopté dès 1880, qui y insère même la possibilité aux électeurs de classer les candidats par ordre de préférence sur la liste du parti sur lequel ils ont choisi de porter leurs suffrages. Mais tous les États européens n'ont pas adopté un scrutin avec une seule représentation proportionnelle. Ainsi par exemple l'Allemagne a plutôt fait le choix d'un scrutin mixte introduisant une dose conséquente de répartition proportionnelle. La moitié des représentants y est élue par un scrutin uninominal à un tour, l'autre étant choisie au scrutin proportionnel.

[35] Pour l'instant limité aux élections régionales.

restaurer la confiance du citoyen dans la politique et lui permettre de faire entendre sa voix, l'accent est pour le moment plutôt mis sur un autre mécanisme de la démocratie considérablement développé ces dernières années qu'est la démocratie dite participative.

L'un des travers que Tocqueville déjà en son temps imputait à la démocratie était le risque de mobilisation du pouvoir par une élite et une tendance permanente à la dégénérescence du système en oligarchie. Un des moyens d'y remédier est de plus intimement associer le citoyen à la prise de décision, et ceci ne passe pas uniquement par le vote. Les institutions politiques ou administratives peuvent être aménagées de manière à ce que des citoyens, groupes ou associations, représentants de collectivités ou communautés diverses, puissent prendre part au processus de prise de décision – sans naturellement se voir conférer le pouvoir de décision final – et éventuellement au contrôle de son exécution.

Ce n'est certes pas une idée récente, et l'on retrouve des « conférences de citoyens » poursuivant ce but dès les années 1970 dans les pays anglo-saxons, et la France de son côté en a développé de nombreuses concrétisations par le biais également de telles conférences, mais aussi d'enquêtes publiques[36], référendums consultatifs ou décisionnels[37] locaux, ou encore les débats organisés par la Commission nationale du débat public[38]. Cette démocratie participative peut même intervenir dans une certaine mesure au niveau national par la place qui est faite aux associations dans la politique de la ville, de la santé, ou encore de la formation et de l'emploi.

Dans la pratique de ces divers mécanismes, le degré d'investissement et les possibilités organisées de participation des citoyens varient énormément, mais cette démocratie participative n'en contribue pas moins efficacement, même si de façon peu visible et généralement localement très limitée, à restaurer la confiance en la politique. D'une part le citoyen peut y saisir une opportunité supplémentaire de faire entendre sa voix, tout en pouvant souvent exposer ses motifs, se sentant ainsi moins muet ; d'autre part il peut mieux comprendre les raisons de tel ou tel choix politique, surtout si ce choix va à l'encontre du sien, car à l'occasion de tels débats auront pu être exposés l'ensemble des tenants et aboutissants de la question en cause, ainsi que les

---

[36] La loi du 12 juillet 1983 relative à la démocratisation des enquêtes publiques et à la protection de l'environnement. (Loi Bouchardeau), leur fixe le but de recueillir les appréciations, suggestions et contre-propositions du public au nom de la protection de l'environnement.

[37] Dernier né institutionnalisé des modes de démocratie participative, le référendum consultatif local a été créé par la révision constitutionnelle du 28 mars 2003. Il élargit l'éventail des collectivités concernées par une telle consultation (le référendum consultatif local ne concernait que les communes) et surtout y insère un pouvoir de décision des citoyens liant l'exécutif ayant organisé le scrutin.

[38] Autorité administrative indépendante créée par la loi du 2 février 1995 (loi Barnier).

paramètres et exigences à prendre en compte dans la décision finale. La démocratie participative est en ce sens très pédagogique. Le choix politique qui en résultera, même contraire au souhait d'un électeur pourra finalement lui sembler plus légitime car l'on peut considérer avec Bernard Manin que « la source de la légitimité n'est pas la volonté déjà déterminée des individus, mais son processus de formation : la délibération.(...) On doit donc récuser la conclusion fondamentale de Rousseau, de Sieyès ou de Rawls : la décision légitime n'est pas la *volonté* de tous, mais celle qui résulte de la *délibération* de tous ; c'est le *processus de formation* des volontés qui confère sa légitimité au résultat, non les volontés déjà formées. Un tel principe est à la fois individualiste et démocratique. (...) La loi est le *résultat de la délibération générale* et non pas *l'expression de la volonté générale* »[39].

Cette dimension permettant que par l'association du citoyen l'on perçoive mieux ses désirs politiques d'une part et qu'il perçoive mieux les exigences en présence d'autre part est d'une réelle utilité pour la restauration de la crédibilité des institutions démocratiques. Au point que certaines collectivités souhaitent y recourir non pas seulement pour des thèmes ponctuels et isolés mais aussi de manière régulière, pour le cœur de leur action politique qu'est la détermination du budget. Encore méconnu en France, le budget préparé sur un mode participatif est pratiqué dans plus de deux cents villes à travers le monde depuis une vingtaine d'années. L'exemple emblématique est celui de Porto Alegre, pionnier en la matière[40], qui a mis en place depuis 1989 un double système de consultation géographique et thématique[41] pour associer la population à l'élaboration du budget. Bien évidemment, la population ne se substitue pas à l'administration municipale dans la préparation du budget, et

---

[39] Bernard Manin « Volonté générale ou délibération : esquisse d'une théorie de la délibération politique », *Le Débat*, janvier 1985.

[40] L'expérience de Porto Alegre a inspiré d'autres municipalités dans le monde entier, mais a également été source d'inspiration dans la législation nationale du Brésil qui désormais, dans sa loi du 10 juillet 2001, pose l'obligation pour toutes les villes de plus de 20 000 habitants de pratiquer une gestion participative et populaire.

[41] Une consultation géographique, en premier lieu appelle la population à venir par quartier - la ville a été divisée en 16 secteurs géographiques pour ces débats budgétaires participatifs - exprimer ses besoins et priorités en matière par exemple d'habitat, d'éducation, ou de santé. Une consultation thématique en second lieu fait intervenir des groupements tels que syndicats, entrepreneurs, étudiants, ou encore mouvements communautaires. Lors de ces deux vagues de consultations, la municipalité expose toute information nécessaire relative aux exigences légales et conditions financières afin de permettre des débats les plus constructifs possibles. Les délégués de chaque quartier comme de chaque secteur thématique viennent ensuite débattre entre eux et avec l'équipe municipale pour affiner encore la préparation participative du budget. Il est alors procédé à la définition d'un projet d'investissement prioritaire partant des besoins de base (aménagements relatifs à l'eau, le bitume, la collecte des ordures, etc.) puis élargi sur les projets politiques en matière d'école, éducation, santé, logements, etc. C'est sur la base de ce projet que la municipalité élaborera ensuite le budget.

n'intervient en réalité que pour débattre des priorités et l'opportunité de tel ou tel investissement. Cela a toutefois l'intérêt de rompre avec l'idée que la politique serait hors la société. Les « partis de gouvernement » ne peuvent plus être considérés comme étant les seuls à pouvoir déterminer ce que souhaite la population ; les citoyens, entre deux élections[42], se voient présenter l'opportunité de s'exprimer eux-mêmes sur certains points. Il s'agit alors d'une forme de contrôle social exercé sur la politique, tant sur la façon dont elle est exercée que sur la détermination du rôle attendu des pouvoirs publics. En établissant en effet leurs priorités budgétaires, les citoyens exposent clairement si leurs attentes tendent plus vers l'État minimal ou l'État providence accru.

Toutefois, il importe de bien prendre en compte que cette participation, si elle est ouverte à tous, n'est pas organisée de la même manière que des élections ou un référendum, et si elle est une forme démocratique d'expression, n'est pas la forme démocratique de décision en la matière. Ne serait-ce que parce que la base de l'élaboration d'un budget participatif repose sur les délibérations d'assemblées. Pour y faire clairement entendre sa voix, il est alors plus facile d'être bon orateur, de bien connaître son sujet, de ne pas être par trop minoritaire, et ce d'autant plus que les tenants d'une position adverse, qui ne serait pas nécessairement majoritaire dans la population peuvent venir nombreux lors de telles assemblées afin de « fausser » l'expression de l'opinion publique. Enfin, ces débats ne sauraient être organisés avec la même lourdeur indispensable aux garanties en matière de pluralisme ou de secret du vote que lors d'une campagne électorale ou une élection. Il est souvent invoqué que la procédure participative instaurée à Porto Alegre permettrait à la municipalité d'être moins soumise aux groupes de pression puisqu'elle invite l'ensemble de la communauté citoyenne au débat, mais cela ne fait en réalité que déplacer le problème. D'autant plus que les citoyens ne sont pas seuls invités aux débats participatifs. Des représentations diverses peuvent également y intervenir, pouvant ainsi augmenter artificiellement le poids d'une minorité. Ces représentations ont d'ailleurs mieux saisi que les citoyens l'intérêt que leur offrait cette procédure, et si leur participation est rapidement devenue assidue et régulière, celle des citoyens reste toujours assez faible. Ainsi, pendant les cinq premières années de l'expérience à Porto Alegre, à peine un peu plus de 8 % de la population avait pris part aux réunions relatives au budget participatif. Aujourd'hui cette participation se situe autour de 3% seulement.

---

[42] Le citoyen peut se sentir moins dépouillé de sa souveraineté entre deux opérations de consultation électorale, et même si les formes de démocratie participative ne lui donnent que rarement un pouvoir décisionnel, il en est, par ce biais, moins éloigné de la liberté démocratique au sens rousseauiste du terme.

En France, le concept de budget participatif a été repris par quelques municipalités[43], selon des modalités différentes[44] le plus souvent pour la seule partie investissement du budget, mais certaines, telle la ville de Grigny, songent sérieusement à étendre l'expérience à la section fonctionnement de leur budget compte tenu du succès de l'opération. Ce succès est certes relatif, car cette procédure participative emporte encore moins de participation de la population qu'à Porto Alegre. Elle attire en général moins de 1% du corps social, 2 à 3% dans les cas les plus favorables. Pour autant, cela répond efficacement à la demande de la population qui est réellement intéressée à ce type de participation, tant il est vrai que la participation aux assemblées, conseils et comités les plus divers, demeurera toujours le fait d'une faible minorité du corps social. Déduire de cela que le budget participatif serait un luxe inutile, ou à tout le moins beaucoup d'efforts – et d'organisation – pour peu de résultat serait par trop hâtif. Si peu de citoyens s'impliquent dans cette participation, il n'en reste pas moins que ceci est une opération de débat public auquel peuvent s'intéresser une part plus considérable de citoyens. Quand bien même ces derniers continueraient à ne s'impliquer qu'en faible nombre, le mécanisme a pour effet de rassurer quant à la démocratie. Bien que la réalité soit plus complexe, par le simple fait de savoir qu'il peut s'exprimer s'il le souhaite, le citoyen a nécessairement moins le sentiment que la réalité du pouvoir soit confisquée par une classe politique qui lui serait extérieure. En ce sens, la procédure participative a également le grand mérite de contribuer à plus de transparence.

La transparence peut naturellement être également renforcée indépendamment des formes organisées de démocratie participative. C'est un instrument précieux pour restaurer la crédibilité de la pratique de notre démocratie, car par plus de lisibilité de la détermination des politiques et de l'action publique, elle renforce la confiance des citoyens envers les élus, et la restauration de cette confiance devrait permettre de relancer la responsabilité citoyenne. Des cas de corruption sont en effet de plus en plus connus du grand public qui tend à prendre ces exceptions pour la généralité, ayant peu de

---

43 L'on pourra citer notamment la ville de Saint-Denis, qui associe donc les administrés qui le souhaitent à la préparation du budget depuis 2001, La Courneuve depuis 2004 ou Clermont-Ferrand depuis 2005.

44 Certaines communes ont débuté par l'envoi d'un questionnaire à tous leurs administrés, avant d'enchaîner l'année suivante avec des véritables réunions de quartier qui sont plus propices au débat. D'autres n'ont jamais eu recours à de tels questionnaires. Certaines communes ne consultent que les populations des quartiers, d'autres, comme la ville de Grigny, les quartiers, le conseil associatif et le conseil de jeunes. Enfin, certaines communes s'emploient à développer l'outil Internet pour augmenter encore l'éventail de citoyens s'investissant dans cette démarche de budget participatif, au moyen de questionnaires en ligne, forums, voire simple « boîte aux lettres » de la mairie.

moyens de s'assurer de la réalité des faits. Le manque de transparence cultive une société du soupçon, or Montesquieu soulignait déjà en son temps que le premier ressort de la démocratie est la vertu.

C'est sur une considération similaire que se sont bâties les démocraties scandinaves. Le choix de la démocratie a été dans ces États la résultante du constat de la faillibilité des gouvernants, des représentants, de l'administration. Ainsi en Suède, dès 1766, suite à une grave crise politique générée par de graves abus ayant conduit à l'épuisement des caisses de l'État, une loi sur la presse et la transparence est adoptée. Poussant la transparence à son plus haut degré[45], elle est toujours en vigueur, et est aujourd'hui considérée comme une véritable déclaration ou charte de droits du citoyen. Au-delà même, elle est revendiquée comme un élément important de la bonne santé de la démocratie suédoise. Les citoyens ayant plus confiance dans la politique mise en œuvre en ce qu'ils peuvent plus facilement avoir une vision claire des réalisations de l'administration et du comportement des élus, en accomplissent d'autant plus volontiers leurs obligations citoyennes, à savoir notamment le vote, ou encore le paiement de l'impôt. Ce dernier point est loin d'être anodin, car un bon taux de recouvrement de l'impôt signifie une bonne acceptation de la loi de finances par la population et est un très bon indicateur d'une démocratie efficace.

Cette transparence très poussée n'est pas non plus la panacée démocratique. Si elle permet un meilleur contrôle de l'activité de l'administration, la « menace » permanente du contrôle pousse parfois à la « dissimulation ou à la destruction de traces »[46]. Un leitmotiv de l'administration publique suédoise est « jamais par écrit lorsque c'est important ou problématique ». Il reste que cette transparence accrue est un moyen efficace de relancer l'efficacité de la démocratie. C'est notamment cette raison qui a poussé la France à revoir en 2001 la structure de sa loi de finance, par trop opaque dans sa forme ancienne pour être entendue par les citoyens. La loi organique relative aux lois de finances[47] est le fruit d'une initiative parlementaire dépassant les divergences partisanes ayant pour but de rendre à la fois plus lisible et plus efficace l'action publique. Certes, cette réforme reste

---

[45] Elle stipule notamment que tout citoyen ou contribuable, sans avoir à justifier sa demande, peut exiger la communication de n'importe quel document produit au sein de l'administration, y compris aujourd'hui ceux sur support magnétique ou numérique. L'information demandée doit être transmise rapidement, gratuitement et sous une forme facile à consulter. « Des notes de la scolarité du chef de Gouvernement aux débats parlementaires en passant par les sites d'Internet visités par les ministres ou leur courrier (inclus le courriel), tout est gratuitement accessible, à l'exception de ce qui relève de la correspondance privée, de la sûreté de l'État, ou de l'intégrité de la personne (dossier médical) » Marie-Laure Le Foulon, *Le rebond du modèle scandinave*, Lignes de repères, Paris, 2006, p. 56.

[46] *Idem*, p. 57.

[47] Loi dite « LOLF », adoptée le 1er août 2001.

encore perfectible et sa mise en place totale est encore trop récente pour qu'on puisse en faire un bilan définitif, mais il n'en demeure pas moins qu'elle est un grand progrès sur le plan de la transparence, au point que le *Projet Budgétaire International*[48] (IBP), a dans son index 2006[49], rangé la France parmi les six pays[50] les plus avancés en matière de transparence et de communication publique en matière de données budgétaires[51].

S'il reste – car il en restera toujours – des progrès à accomplir, le système français met donc en place une multitude de moyens permettant au citoyen de participer et s'informer sur la vie publique. Tout ceci devrait donc conduire à aider à la résorption de la crise de la démocratie. Il s'avère pourtant que ces moyens sont assez peu utilisés et surtout souvent assez mal compris. Il semble alors évident que la crise actuelle de la démocratie n'a pas de sources qu'institutionnelles mais provient aussi de la perte de repères des citoyens, et ce notamment du fait de la crise qui a pour premier effet de fragiliser le lien social.

## B) Redonner des repères civiques aux citoyens

La démocratie participative ou les progrès de la transparence ne doivent aucunement conduire à jeter la suspicion systématique sur la compétence ou la probité de tout détenteur d'un mandat électoral. La démocratie participative, en premier lieu, tend à l'établissement de priorités immédiates et locales, voire personnelles, et donne rarement lieu à un projet global à moyen et long terme. Elle ne peut donc se substituer au système plus général de la démocratie représentative, et ne peut tout au plus n'en être que le complément local ou ponctuel[52]. Surtout, le citoyen devrait être bien conscient de ce qui distingue ces deux modes démocratiques d'expression[53]. Enfin, en

---

48 « The International Budget Project » (IPB) est une organisation internationale créée en 1997 à Washington qui regroupe des organisations partageant un intérêt commun dans le renforcement de la capacité de la société civile à comprendre et influencer les processus des budgets de gouvernement par un meilleur accès à l'information budgétaire.

49 Open Budget Index 2006. http://www.openbudgetindex.org.

50 Parmi 59 étudiés, dont la Suède.

51 L'analyse a été effectuée sur la base de documents établis en 2005 dans chacun des pays par des experts locaux, et présentant entre autres l'accessibilité des documents budgétaires clé, la qualité d'information qu'ils fournissent, et le caractère opportun de leur distribution aux citoyens.

52 Elle doit être d'autant plus ponctuelle qu'elle est grandement victime de la versatilité de l'opinion publique. D'autant qu'il est plus facile d'emporter les foules sur une passion, des préjugés, voire une rumeur, que d'emporter des assemblées qui vont délibérer chacune leur tour avec nécessairement plus de recul sur le sujet concerné.

53 Et notamment le fait que la démocratie représentative présente bien plus de garanties pour les minorités que la démocratie directe. La représentation nationale permet non seulement

usant de la démocratie participative – et parfois même de la démocratie directe[54] – et des moyens que met à leur disposition la transparence, certains citoyens semblent déçus de ne pouvoir instaurer quelque forme de mandat impératif. Le résultat d'une élection ou un référendum n'emporte pourtant constitutionnellement aucune obligation de démission pour un élu[55] dont le mandat n'est pas à terme. Pas plus que des manifestations, mêmes massives et répétées ne peuvent prétendre constituer un mode constitutionnel de « rappel » d'un élu ou d'une équipe gouvernementale qui décevrait.

Cela mérite d'être rappelé, car il s'observe depuis quelques années un glissement vers une forme de « démocratie d'opinion »[56]. Il s'agit de mouvements de l'opinion qui entend infléchir le gouvernement sur tel ou tel point mais qui se manifeste essentiellement par de l'opposition, rarement par des propositions constructives. Avant tout « ensemble de rapports informels entre gouvernants et gouvernés fondé sur les tendances de l'opinion publique, la publicité et la discussion publique dans un espace public élargi »[57] elle n'est aucunement institutionnalisée ou démocratiquement organisée. Mode démocratique d'expression, notamment par la manifestation dont le droit ne doit pas être remis en cause, elle ne saurait être érigée en mode de gouvernement ou de contrôle du gouvernement.

Des événements tels que les émeutes urbaines de fin 2005 ou encore la mobilisation contre le Contrat de Première Embauche du printemps 2006 révèlent un fort potentiel contestataire dans le pays, sans que cela ne semble infléchir l'abstention lors des opérations électorales. Il est alors à relever que, de façon inquiétante pour la démocratie – tout au moins dans sa forme actuelle de démocratie représentative – une part de plus en plus considérable de la population semble accorder plus d'efficacité politique à des formes non conventionnelles qu'au vote. Or si la manifestation est un moyen démocratique d'expression, ce n'est aucunement un mode démocratique de gouvernement. Surtout lorsqu'elle s'accompagne de « piquets de grève ». Elle entre alors dans toute sa dimension de négation de la minorité. Par définition non institutionnalisée, elle ne fait que refléter la position immédiate de ceux qui

---

d'exprimer, mais aussi et surtout d'organiser la volonté générale et de concilier les choix politiques à faire avec les grands principes de notre démocratie, voire avec les intérêts des générations futures.

[54] Ainsi nombreux sont ceux qui ont manifesté leur étonnement, ou à tout le moins leur déception, de voir le Président Jacques Chirac ne pas démissionner suite au « non » au référendum du 29 mai 2005.

[55] Et ce malgré la pratique gaullienne de donner une forme plébiscitaire aux référendums.

[56] Hatem M'Rad, « La démocratie d'opinion, le dépassement de la démocratie représentative ? », *in* Rafaâ Ben Achour, Jean Gicquel et Slodoban Milacic (dir.), *La démocratie représentative devant un défi historique*, Bruylant, 2006, p. 130 et s.

[57] *Idem*, p. 117.

s'expriment le plus haut et ne fait guère cas d'intérêts plus globaux ou à plus long terme. Il faut réaffirmer au citoyen qu'il ne saurait exprimer sa souveraineté que dans les urnes, avec le protocole inhérent qui protège la sincère expression du vote, et non pas dans la rue.

Pour corriger ce travers actuel de la démocratie, peut-être serait-il pertinent de s'inspirer ici encore du modèle scandinave et de mieux organiser la négociation, afin qu'elle soit systématiquement un préalable et souvent une alternative à la manifestation. Mais cela passera nécessairement par diverses évolutions. De la part des pouvoirs publics d'une part qui consultent beaucoup mais ne négocient encore réellement que peu comparativement à la pratique dans les pays scandinaves, mais aussi de la part des citoyens qui pourraient beaucoup plus s'impliquer dans des structures les représentant, quand aujourd'hui ils tendent bien souvent plutôt à tout attendre du politique et déléguer le pouvoir jusqu'au jour où ils opposent un « non » systématique à toute réforme, dont tout projet tend de plus en plus à être assimilé, dans notre contexte de crise, à une régression sociale. Les choses s'organisent autrement dans les pays nordiques où la concertation se fait en quasi permanence. La majorité de la population active y est salariée, et environ 85% de ces salariés sont syndiqués. Par ce simple fait, l'on aboutit à une bonne collaboration entre le patronat et les syndicats, mais aussi et surtout entre les syndicats majoritaires et le gouvernement qui ne sont pas dans une logique de confrontation mais bien de coopération : le syndicalisme étant de masse, il représente nécessairement assez fidèlement les aspirations d'une part considérable des électeurs. Souvent d'ailleurs les membres du parti majoritaire sont inscrits également au syndicat majoritaire, ce qui renforce les potentialités de convergence de vues. Il en ressort que des négociations bien organisées permettent de mieux saisir les impératifs d'une réforme et de mieux accepter les sacrifices qui pourraient en résulter. Tout comme la transparence ou la démocratie participative, la négociation est une modalité impliquant le citoyen devant logiquement l'aider à mieux accepter la loi quand bien même elle n'irait pas dans le sens direct de ses intérêts personnels.

Et si la loi reste inacceptable il reste naturellement toujours la possibilité d'exprimer son désaccord et demander sa réforme. Par la manifestation, certes, mais aussi par une forme particulière de manifestation qu'est la désobéissance civile, ou plus exactement la désobéissance « civique ». Il est en effet actuellement un débat pour déterminer si la traduction correcte de la *civil disobedience* décrite par Henry David Thoreau qui a voulu théoriser cette notion – pourtant connue depuis l'Antiquité – dans son ouvrage *Resistance to civil governement* en 1849 doit se faire par le terme « civile » ou « civique ». En fait, la question dépasse bien largement les cadres de la traduction. Pour le philosophe Jean Marie Muller, il faut s'attacher au qualificatif de « civile » car il s'oppose avant tout à « militaire » d'une part et « criminel » d'autre part. En ce sens, la désobéissance civile doit être comprise comme action non violente et respectueuse des lois de la démocratie – à l'exclusion naturellement de la loi particulière qu'elle entend dénoncer. Mais une telle définition nous conduit bien plus à la notion d'objection de conscience[58] que la désobéissance « civique » telle que nous la concevons actuellement. Qualifiée de civique, la désobéissance peut prendre la dimension d'un acte accompli, certes en fonction de la conscience de son auteur, mais surtout dans l'intérêt supérieur de la cité[59]. Revendiquée comme civique, la désobéissance devient un acte citoyen. « Il ne s'agit pas seulement d'individus qui, en conscience objecteraient à l'autorité, mais de citoyens qui, dans une circonstance grave, recréent leur citoyenneté par une initiative publique de « désobéissance » à l'État »[60]. Désobéissance à une loi dans la soumission aux autres lois, respectueuse du principe démocratique, elle intervient comme demande de « correctif », pour provoquer un débat, faire entendre une voix de la minorité au sein de la majorité, et, si elle convainc, obtenir le changement ou l'aménagement de la loi.

Pour avoir une réelle efficacité, elle se doit donc d'être une pratique collective, mais aussi publique, responsable et assumée. Ses auteurs doivent connaître et pleinement accepter le principe de la sanction pour la désobéissance à la loi qu'ils effectuent. C'est à cette seule condition que la désobéissance est réellement civique. Sans cela, la désobéissance redevient justement incivique, simple contravention à l'ordre établi, fût-ce au nom d'un idéal louable dans l'esprit de notre démocratie protectrice des droits de l'homme. C'est enfin cette acceptation assumée et revendiquée de la sanction qui confère à la désobéissance civique cette force particulière d'acte ultime intervenant après épuisement des autres recours du dialogue et des actions légales.

Ceux qui désobéissent ainsi n'attaquent aucunement le concept de loi, ils le défendent bien plutôt contre une de ses réalisations particulières. Leur action est résolument civique, citoyenne, en ce qu'ils tentent de montrer qu'à leur sens la loi en cause – ou l'absence de loi – ne va pas dans le sens de la démocratie des droits de l'homme tel que le concept s'est progressivement

---

[58] Le concept théorisé par Henry David Thoreau relève d'ailleurs bien plus de l'objection de conscience que de la désobéissance civique, en ce que, tel l'acte de l'Antigone de Sophocle, il est projet personnel bien plus qu'appel à la mobilisation.

[59] « Laissons la désobéissance civile à l'individu qui s'oppose au nom de sa conscience individuelle, de principes personnels, à une loi, tel un témoin de Jéhovah face à l'armée ou à la transfusion sanguine. Et intéressons-nous au citoyen qui s'oppose au pouvoir ». José Bové et Gilles Luneau, *Pour la désobéissance civique*, Paris, 10-18, 2004, p. 191.

[60] Étienne Balibar, « Sur la désobéissance civique », *Le Monde*, 19 février 1997.

forgé en Occident[61]. Ici s'illustre alors une forme élargie de la citoyenneté, dépassant les simples formes de participation aux processus réguliers de détermination de la volonté et de désignation des représentants, pour correspondre au sens élargi de la démocratie, à savoir un gouvernement déterminé par le peuple, dans le cadre d'un État de droit, et intégrant le souci du respect de la minorité et un certain idéal des droits de l'homme tel qu'il résulte des différentes reconnaissances et déclarations intégrées par notre droit constitutionnel, voire encore celles auxquelles la nation a souscrit aux côtés d'autres pays poursuivant le même développement de leur démocratie.

De fait, s'il est finalement rare de rechercher la reconnaissance pure et simple d'un nouveau droit[62], les principales grandes opérations de désobéissance civique en France ont pour l'essentiel toujours visé à la réalisation plus concrète d'un droit reconnu mais n'ayant pas ou trop peu de dispositions y relatives pour être rendu opposable[63], ou encore de faire primer certains droits sur d'autres[64]. Parfois enfin, indépendamment de la reconnaissance d'un droit précisément revendiqué, la désobéissance civique s'affiche comme une simple profession d'un idéal de droits de l'homme, de la condition humaine[65].

La désobéissance civique peut s'avérer être une manifestation très efficace et peut conduire à obtenir une évolution du droit. Cela est d'autant plus vrai lorsqu'elle intervient pour de grandes causes. Ce succès conduit toutefois à dévoyer quelque peu cette forme d'expression qui tend à être trop facilement

---

[61] « En agissant ainsi, on s'adresse au sens de la justice de la majorité de la communauté, et on déclare que, selon son opinion mûrement réfléchie, les principes de la coopération sociale entre les êtres libres et égaux ne sont pas actuellement respectés. » John Rawls, *Théorie de la justice*, Paris, Seuil, 1987, p. 405.

[62] Ce fut le cas néanmoins en 1971 par exemple dans le cadre du « manifeste des 343 salopes » dans lequel 343 femmes déclaraient avoir avorté, en violation de la loi, s'exposant par cette revendication, à la répression pénale en vigueur en la matière à l'époque pour mieux dénoncer cette répression et obtenir la reconnaissance d'un certain droit à l'avortement.

[63] Ainsi les « faucheurs volontaires » invoquent-ils généralement dans leur action le principe de précaution, inscrit dans la charte de l'environnement, demandant que la loi l'applique à la matière des expérimentations sur les cultures d'organismes génétiquement modifiés en pleins champs. Ils invoquent aussi généralement le droit à la santé, inscrit dans le préambule de 1946 et la charte de l'environnement, souhaitant voir reconnu à ce dernier droit un contenu plus effectif.

[64] C'est dans cette optique que le Réseau Éducation Sans Frontière demande régulièrement l'infléchissement des lois actuelles pour faire primer le droit à l'instruction sur les règles organisant la présence d'étrangers sur le territoire, afin de permettre à certains enfants de finir leur scolarité entamée en France.

[65] C'est dans cette dernière catégorie que l'on peut inscrire l'appel de 121 écrivains, universitaires et artistes qui ont proclamé leur soutien à ceux refusant de prendre les armes contre le peuple algérien, ou encore, plus près de nous, l'appel publié le 12 janvier 1997 dans *Le monde* et *Libération* d'artistes et intellectuels pour l'aide et l'hébergement d'étrangers en situation irrégulière.

vue aujourd'hui comme une potentialité habituelle de « reconquête » du pouvoir législatif par ceux qui sont mécontents du travail de la représentation nationale. Ici encore surgit régulièrement l'espoir de trouver un instrument visant à donner à la démocratie des aspects plus directs, une alternative aux bureaux de vote, dans les potentialités d'expression du citoyen. Elle tend alors malheureusement à être invoquée de façon de plus en plus fréquente pour des thèmes les plus divers[66], et souvent dans un contexte dans lequel elle n'est pas l'action ultime[67].

Si des mouvements de désobéissance civique mûrement réfléchis peuvent être sains pour la démocratie, leur multiplication et surtout leur banalisation ne viennent plus conforter que la crise de la démocratie[68] et le malaise du citoyen insatisfait des moyens d'expression que le régime met aujourd'hui à sa disposition. Or, nous l'avons vu, même si des progrès peuvent toujours être faits, la démocratie actuelle offre des potentialités sous-exploitées d'expression du citoyen. Si ce dernier connaît actuellement une crise « d'identité » ou « d'expression », cela peut naturellement pour une part provenir des institutions et de l'usage qui en est fait, mais aussi du citoyen lui-même et de la crise actuelle de la « démocratie providentielle »[69]. Tocqueville avait dès en son temps exposé le risque principal auquel pourrait conduire la démocratie qu'est le développement de l'individualisme[70], montrant que la suppression des rangs et privilèges pour aboutir à l'égalité démocratique mène nécessairement à la disparition des corps intermédiaires, lesquels seraient la base du lien social. Avec le développement de l'État providence concomitant à celui de la démocratie, ce fait est aggravé car, recevant toujours plus de

[66] Avec « l'appel à la désobéissance civile pour une exception sans restriction », par exemple, visant à protéger les droits d'auteurs, lancé le 10 mars 2006, l'on se trouve dans une catégorie de lutte pour les droits bien différentes de celle pour la lutte pour le droit à l'avortement ou au logement, ou même le combat pour un encadrement de la culture des organismes génétiquement modifiés.

[67] Ainsi les mouvements de « casseurs de pubs » dénoncent une situation qui ne leur convient pas, mais ne peuvent prétendre avoir épuisé les ressources du dialogue et des actions légales pour intervenir dans la réglementation des affichages publicitaires.

[68] La désobéissance civique ne saurait que rester exceptionnelle dans une démocratie représentative efficace. Surtout lorsque, se voulant État de droit, un tel régime se dote d'institutions telle qu'une cour constitutionnelle qui est un premier contrôle devant être efficace sur l'action du législateur en termes de protection des grands principes de la démocratie et des droits de l'homme.

[69] L'expression est de Dominique Schnapper. L'on se rapportera notamment à son essai éponyme publié en 2002 aux éditions Gallimard.

[70] Il définissait cet individualisme comme menace pour la société, y voyant « un sentiment réfléchi et paisible qui dispose chaque citoyen à s'isoler de la masse de ses semblables et à se retirer à l'écart avec sa famille et avec ses amis ; de telle sorte que, après s'être ainsi créé une petite société à son usage, il abandonne volontiers la grande société à elle-même » (*De la démocratie en Amérique*, II, quatrième partie, chapitre VI).

garanties et de droits en tant que membre de la société, le citoyen perd progressivement de vue ses obligations en tant que membre de la cité pour de plus en plus ne se voir qu'en individu créancier de droits[71]. Cet individualisme s'accompagne alors facilement d'une baisse de l'implication dans la fonction de citoyen et la recherche d'un certain césarisme, pourvu qu'il fût social[72].

Le risque de dérive de l'État providence est en effet une diminution progressive des liens sociaux traditionnels, tels que la corporation, l'attache locale, voire la famille, pour se reposer toujours plus sur la solidarité nationale. Au point d'ancrer de plus en plus solidement l'idée que c'est à l'État de pourvoir à tous les secours, de garantir, d'intervenir dans tous les domaines de la vie. La demande d'intervention de l'État est toujours plus forte, au point que la citoyenneté en viendrait presque à se définir par la prétention de droits à une certaine prospérité matérielle et la recherche du bonheur privé[73], s'accompagnant d'une diminution de l'implication personnelle[74] laissant à l'État la charge de toutes les obligations de solidarité. Il s'en est présenté une illustration extrême lorsque tout naturellement c'est à l'État qu'il fut reproché de n'avoir su s'organiser pour s'assurer que les personnes âgées s'hydrataient suffisamment pendant la forte canicule de 2003.

Force est de constater ici que la diminution de responsabilités sociales conduit à la perte progressive de sens des responsabilités citoyennes et conséquemment à la perte du sens de la citoyenneté. L'individu en vient à supplanter le citoyen au point que ses revendications sont de plus en plus justifiées par une appartenance particulière[75], par le fait de « relever » de telle ou telle minorité, et non plus par son caractère de citoyen. Or la démocratie

---

[71] Tocqueville avait voulu imaginer ce triomphe de l'individualisme : « Je vois une foule innombrable d'hommes semblables et égaux qui tournent sans repos sur eux-mêmes pour se procurer des petits et vulgaires plaisirs, dont ils emplissent leur âme. Chacun d'eux, retiré à l'écart, est comme étranger à la destinée de tous les autres : ses enfants et ses amis forment pour lui toute l'espèce humaine ; quant au demeurant de ses concitoyens, il est à côté d'eux mais il ne les voit pas, il ne les touche et ne les sent point ; il n'existe qu'en lui-même et pour lui seul, et s'il lui reste encore une famille, on peut dire du moins qu'il n'a plus de patrie » (*Ibidem*).

[72] « Au-dessus de [ces individus isolés] s'élève un pouvoir immense et tutélaire qui se charge seul d'assurer leur jouissance et de veiller sur leur sort. Il est absolu, détaillé, régulier, prévoyant et doux. Il ressemblerait à la puissance paternelle si, comme elle, il avait pour objet de préparer les hommes à l'âge viril, mais il ne cherche au contraire qu'à les fixer irrévocablement dans l'enfance (...) Il pourvoit à leur sécurité, prévoit et assure leurs besoins, facilite leurs plaisirs, conduit leurs principales affaires, dirige leur industrie, règle leurs successions, divise leurs héritages, que ne peut-il leur ôter entièrement le trouble de penser et la peine de vivre ? » (*Ibidem*).

[73] De tels objectifs sont d'ailleurs inscrits dans la déclaration d'indépendance américaine, texte considéré comme d'importance fondatrice dans la démocratie de ce pays.

[74] Et ce jusque dans le paiement de l'impôt.

[75] L'individu va revendiquer une appartenance à une catégorie par exemple sexuelle, religieuse, ou encore raciale.

s'accommode mal de la recherche d'intérêts toujours plus particuliers si cela ne s'accompagne pas au moins tout autant de la préoccupation de l'intérêt général. Ce dernier ne peut définitivement être, cela est su au moins depuis les écrits de Jean-Jacques Rousseau, la somme des intérêts particuliers.

Une telle dérive de la citoyenneté réduite à une sollicitation permanente de l'État appelle un pouvoir fort, centralisé, ce qui s'accorde paradoxalement bien mal avec les revendications en faveur d'une démocratie plus directe ou plus « continue »[76] qui s'élèvent aujourd'hui. Cela s'explique par le fait que la crise de la démocratie trouve ses racines dans la crise sociale. Le développement concomitant de la démocratie et de l'État providence ayant conduit à ce que, l'individualisme aidant, les « acquis sociaux » soient considérés comme de véritables droits politiques, les attributs plus classiques du citoyen ne répondent plus à la demande de ce dernier qui, parallèlement à la demande d'un pouvoir fort veut pouvoir à l'occasion protester, notamment en faveur de ses « acquis sociaux » en ces temps de crise. Or la démocratie offre pour l'essentiel des potentialités d'expression du citoyen, là où ce dernier tend bien plus à rechercher des potentialités d'expression de l'individu.

Il apparaît donc que l'une des sources majeures de la crise actuelle de notre régime ne soit en réalité qu'une confusion sur son sens et sa finalité. Vouloir réduire la démocratie à l'épanouissement de l'individu serait une erreur[77]. Si l'avènement de l'État social peut être analysé comme une réponse de la démocratie à la question sociale, il ne doit pas être interprété comme la finalité ou l'avenir de la démocratie. L'on ne doit confondre ce régime avec l'État providence ni le limiter à une garantie sociale, occultant les réalités du gouvernement et de l'administration qui doivent émaner du citoyen et être déterminés par lui et non pas être contrôlés seulement *in fine* en dehors de toute institution constitutionnelle. Il convient donc de rappeler au citoyen que si la démocratie repose sur un contrat social, le citoyen, en tant que partie au contrat, se doit aussi de participer à l'entretenir. Il ne peut se contenter d'attendre de l'État, il doit aussi s'investir en se remémorant que l'État dans une démocratie n'est rien sans les citoyens.

Si le seul retour vers une citoyenneté plus conforme aux exigences de la démocratie représentative ne saurait constituer à lui seul la solution à la double crise de la société et de la démocratie, il est probable qu'il y contribuerait grandement car constituerait une refonte du lien social, la défaillance duquel étant cause tant de l'un que de l'autre des aspects de cette double crise. « Une des marques de la crise morale que nous traversons est la

[76] Dominique Rousseau.

[77] Plus généralement, « la défense des droits de l'homme, si nécessaire soit-elle, ne peut prétendre absorber toutes les autres dimensions de la démocratie ». Pierre Mazeaud, Vœux du Président du Conseil constitutionnel au Président de la République, 3 janvier 2007.

perte de repères, perte de références, perte de lisibilité de l'action publique, extrémisme, repli identitaire (...), perte d'intelligibilité et d'effectivité de la règle de droit, perte d'estime de soi, délitement des civilités et du sentiment d'appartenance, déficit d'autorité à tous les niveaux de l'édifice social. Cette crise tient plus à notre état d'esprit général qu'à des données objectives », affirmait en janvier 2006 le Président du Conseil constitutionnel[78], concluant que ce qu'il faut avant tout restaurer, « ce n'est pas la crédibilité de nos institutions, mais celles des pratiques politiques, qu'elles soient le fait des hommes qui exercent les responsabilités ou de ceux qui y aspirent ». L'on ajouterait volontiers ici que le citoyen également doit assumer sa part. La démocratie n'est pas quelque chose qu'il reçoit en dû mais qu'il a le devoir d'entretenir, de cultiver. Pour sortir de la crise, il est indispensable de changer les pratiques démocratiques, afin que ce régime repose plus solidement sur sa base citoyenne, et que le gouvernement et les élus de leur côté en prennent aussi conscience, en associant par exemple plus intimement les citoyens aux réformes. L'État ne peut être au cœur de la révolution sociale, il ne peut en être que l'instrument, et celle-ci ne se fera pas sans les citoyens.

---

[78] Vœux au Président de la République, 3 janvier 2006.

# Rapport de synthèse

par Diane de Bellescize,
professeur à l'Université du Havre

Le thème de ce colloque nous invite et nous incite a priori au pessimisme ; nous sommes environnés par les crises, et nous voilà aujourd'hui immergés dans l'analyse de ce phénomène.

Une note d'optimisme cependant : en adoptant une méthode de raisonnement connue de tous sous le vocable de syllogisme, l'on pourrait affirmer que

« Toutes les communications de ce colloque portent sur les crises.
Or il n'y a pas eu de communication sur l'Université
Donc, l'Université n'est pas en crise ».

Que vive l'Université et que vivent le GREDFIC et son directeur, qui depuis douze ans organise avec maestria les rencontres de l'École du Havre - la sixième aujourd'hui - où s'expriment des orateurs dont l'éloquence et dont la qualité ne se démentent pas d'année en année. N'oublions pas Delphine Levée sans laquelle le GREDFIC affronterait une crise existentielle.

Un premier constat s'impose : deux aspects majeurs des crises ont été évoqués. D'une part la crise du Politique au sens grec du terme : Politeia, qui vient du mot « polis », la cité ; la façon dont la cité est gouvernée. En élargissant ce thème, l'on pourrait évoquer la crise générale des institutions : crise du régime, crise de la justice, crise de l'enseignement. D'autre part les crises sociales qui se sont multipliées ces dernières années, dont les aspects les plus récents et médiatisés ont été la crise des banlieues et celle du CPE[1]. Deux catégories de crises en réalité fortement imbriquées, comme en témoigne la communication de madame Lhériau « Crise sociale et crise de la démocratie ».

Sont particulièrement concernés trois droits fondamentaux inscrits au frontispice de nos mairies : Liberté – liberté de l'enseignement, liberté d'expression ; Égalité – égalité ou inégalité des Français et des étrangers devant la loi et la justice, égalité ou inégalité devant le système éducatif ; Fraternité, une fraternité de plus en plus battue en brèche par l'individualisme, encore qu'elle ressurgisse à certaines occasions (mobilisation en faveur des sans-papiers).

---

[1] CPE : Contrat première embauche institué par l'article 8 de la loi du 31 mars 2006 pour l'égalité des chances, article abrogé par la loi du 21 avril 2006.

Deuxième constat : les réponses apportées à ces crises, les solutions proposées passent la plupart du temps par la médiation du droit, qu'il s'agisse du recours au législateur ou du recours au juge ; elles sont contingentes, souvent contradictoires et généralement controversées.

En toile de fond, la dialectique subtile entre le Singulier – ici synonyme d'individu, de sujet de droit – le Particulier qui de nos jours peut être assimilé à la loi telle qu'elle s'applique dans un pays déterminé, au droit national – et l'Universel, identifié à la présence du droit européen ou du droit international, voire à la mondialisation, terme assez peu présent dans l'ensemble des communications. La compréhension de ces crises se situe dans cette relation entre le Singulier, le Particulier et l'Universel.

À l'analyse de la crise politique (A) et des crises sociales (B) (I) font écho les réponses apportées dont la plupart passent par la médiation du droit : recours à la loi (A) et recours au juge (B) (II)

## I – CRISE POLITIQUE (POLITEIA) ET CRISES SOCIALES

### A) La crise des Institutions ou crise du « Politeia »

Les institutions ne remplissent plus leurs fonctions. Aussi, l'une des causes communes aux crises réside-t-elle dans l'inadéquation du système politique avec l'attente des citoyens, d'où une réaction de repli individualiste ou communautariste. Nous vivons en effet, comme le remarque le Conseiller d'État Thierry Tuot, « dans une société où la personne est la seule réalité, aux dépens de toute catégorie autrefois englobante, classe, parti, nation, Europe, génération… ». Le Singulier l'emporte sur le Particulier et l'Universel.

**Crise du système politique**

Selon le Professeur Bouveresse, l'absence de crédibilité du système politique trouve sa source, d'une part dans le décalage entre une classe politique élitiste et/ou technocratique totalement déconnectée des besoins des citoyens de base, dans la constitution d'une oligarchie hors d'atteinte, qui ne connaît pas les problèmes du peuple ; elle tient au discours de cette oligarchie « déclinologue », discours de la nécessité et de la fatalité : « on ne peut rien faire »; d'autre part, elle trouve sa source dans la constitution d'une Europe qui engendre « une désappropriation de la citoyenneté », point de vue souverainiste partagé par le Professeur Lebreton. Le gouvernement européen est ni plus ni moins qu'un gouvernement oligarchique « régi par les lois du marché et de l'argent devenu Dieu », et qui n'apporte aucune réponse à l'attente du peuple (Pr. Bouveresse). L'oligarchie a étranglé la démocratie. La cité n'existe plus. Or, peut-il y avoir des citoyens sans cité ?

La crise de la Justice et celle de l'enseignement ne sont que des épiphénomènes de la crise du Politeia.

**Crise de la Justice**

Alors que viennent immédiatement à l'esprit les critiques traditionnelles – engorgement de la justice, lenteur et inefficacité du système – le professeur Bouloc présente un tableau inattendu et original des aspects de cette crise, à travers une description pointilliste et humoristique, si bien que les auditeurs en arriveraient pratiquement à la conclusion d'une absence de crise si l'orateur n'avait finalement proposé des remèdes.

**Crise de l'enseignement**

Le Recteur Debène en souligne les multiples causes ; inadéquation entre l'offre et la demande, rigidité du système, sectorisation géographique à laquelle échappent ceux qui savent – les enfants d'enseignants ou les enfants de milieux privilégiés – d'où des inégalités croissantes, des collèges ghettos etc. M. Fabien Bottini, ajoute une note de pessimisme ; dans un article intitulé « Le Gouvernement damne le pion », il constate que la substitution des assistants d'éducation aux Maîtres d'Internat - Surveillants d'Externat se fait au détriment de l'intérêt des étudiants les plus défavorisés

Conséquences de tels dysfonctionnements, l'inefficacité du système éducatif : l'absence de maîtrise des fondamentaux (lecture, écriture, calcul) et l'échec : chaque année 150.000 jeunes sortent du système éducatif sans qualification et ne trouvent pas de débouchés ; les violences scolaires et les dérives communautaires. Le recteur Debène souligne combien cette crise d'une institution fondamentale dans notre pays est une crise sociale.

## B) Les crises sociales

La question sociale, qui a marqué de son empreinte les années 2005-2006, a relégué au second plan la question des droits fondamentaux, comme le remarque le Professeur Lebreton.

L'explosion des banlieues, les grèves à l'Université, les violences à l'école et dans la rue constituent les symptômes visibles de cette crise de société. Les causes en sont multiples : crise économique entraînant le chômage ; ascenseur social bloqué ; immigration non maîtrisée.

Conséquence inquiétante : la crise identitaire marquée par le repli identitaire sur l'individu, voire la communauté, et la méfiance à la fois vis-à-vis des étrangers et vis-à-vis de l'Europe.

Vis-à-vis de l'étranger, un raidissement visible apparaît, dans une France pourtant considérée comme un pays d'accueil ; l'étranger devient le bouc émissaire accusé de tous les maux, comme le regrette Nicolas Guillet qui dénonce les clichés s'attachant à la figure de l'étranger : « Quand la crise

sociale s'enkyste, l'étranger fait figure de bouc émissaire : accusé de ruiner la sécurité sociale par les allocations familiales ou l'aide médicale d'État, par son refus prétendu de s'intégrer, accusé de polygamie, de tuer le mouton sur le balcon ou dans la baignoire, « le bruit et l'odeur », l'assimilation entre l'étranger et le délinquant... bref, autant de clichés colportés du zinc du café aux réunions familiales, des assemblées générales de copropriétaires en meeting électoral, du journal télévisé des grandes et petites chaînes aux centres villes et même aux campagnes où, bien souvent, ne vit pas un seul étranger ».
-Vis-à-vis de l'Europe : la méfiance prend la forme d'un rejet à l'égard de cette Europe envahissante accusée d'être partiellement responsable de la crise sociale, rejet traduit par le « non » au référendum du 29 mai 2005 ; une méfiance dont le Conseil d'État s'est fait l'écho dans un arrêt d'Assemblée du 11 décembre 2006, commenté par le Professeur Lebreton.

La crise politique et sociale, la plus visible et la plus médiatisée pendant la période 2005-2006, ne doit pas occulter l'existence d'autres crises. Le Professeur Catherine Puigelier s'interroge sur la crise de l'expression et sur le droit en crise par l'expression, source éventuelle de malentendus et de zones d'ombre. Mais de ce côté-là, la liberté, semble-t-il, s'impose, même si l'autocensure apporte parfois un bémol à l'expression de cette liberté.

## II – LES RÉPONSES AUX CRISES : LA MÉDIATION DU DROIT

La plupart des orateurs, et cela est frappant, évoquent des réponses aux crises qui passent par la médiation du droit, qu'il s'agisse du recours à la loi entendue au sens le plus large (constitution, loi ou texte réglementaire), ou du recours au juge.

### A) Le recours à la loi

1°) Le recours à la loi stricto sensu
On veut tout faire trancher par la loi, remarque le Professeur Bouloc. Votées dans l'urgence, les lois apparaissent souvent inadéquates, voire contradictoires, et ne répondent pas forcément aux demandes des citoyens.
Soit en effet le législateur est sollicité par les citoyens ou par un groupe de pression ; à ce propos, l'on ne peut que constater l'émergence récente du concept relativement nouveau d'un droit opposable à l'État : droit à l'éducation, droit à l'égalité des chances, droit au travail, droit au logement ; soit le législateur devance les revendications des citoyens en cherchant à résoudre un problème social. Paradoxe : ses réponses peuvent à leur tour engendrer des crises ; ainsi les lois sur le CNE et le CPE sont à la fois une

réponse au problème du chômage et une cause de l'explosion sociale du printemps 2006.

Les intervenants ont en général insisté sur le fait que la loi ne résout pas tous les problèmes. Dans le domaine social, elle propose bien souvent des solutions controversées.

- Premier exemple : Le CNE et le CPE, des réponses qui semblent en contradiction avec les normes internationales et ne respectent pas le droit des travailleurs (M. Michel Bruno).
- Deuxième exemple : l'explosion des banlieues en 2005, qui a incité le gouvernement à mettre en œuvre le régime controversé de l'état d'urgence institué par la loi de 1955. L'État d'urgence est-il un état acceptable et une réponse adéquate à la crise sociale actuelle ? Le Professeur Lebreton estime qu'il est sans doute contraire à la Constitution de 1958 et s'interroge sur l'éventualité de l'abrogation de ce régime d'exception. Il n'empêche : le Conseil d'État en a validé l'application faite en 2005.
-Troisième exemple : les discriminations positives qui ne sont d'ailleurs pas toujours le fait de la loi (voir le cas de l'IEP de Paris) cherchent à corriger les inégalités en faveur des plus faibles ou des plus démunis. M. Édouard Dubout souligne l'ambivalence du concept de discrimination positive : elle reste avant tout une discrimination, positive pour les uns et négative pour les autres - ainsi de la parité en matière électorale ou des voies de recrutement séparées – et son caractère contingent ; jugée discriminatoire dans un certain système égalitaire, elle ne le sera plus dans un autre. Qui plus est, sa mise en œuvre engendre des difficultés certaines. Comment choisir des critères de juste différenciation, comment établir les mérites et les besoins de chacun ? La réponse risque d'être empreinte de subjectivité.
- Quatrième exemple : le droit des étrangers.

Il a été profondément modifié en 2005-2006. De nombreuses lois ont été votées ces dernières années, de la loi Sarkozy du 26 novembre 2003 qui devait régler la « question sensible »[2] de l'immigration à la loi du 14 novembre 2006 sur le contrôle de validité des mariages en passant par la loi du 24 juillet 2006 relative à l'immigration et à l'intégration, sans parler d'autres textes comme la circulaire du 21 février 2006, par laquelle le ministre de l'Intérieur demandait que les interpellations d'étrangers puissent avoir lieu aux guichets de la préfecture, au domicile ou dans les logements, foyers et centres d'hébergement, dans les hôpitaux, circulaire suspendue par le Conseil d'État le 15 février 2007 et jugée contraire à l'article 5 de la Convention européenne des droits de l'homme par la Cour de cassation ( arrêt du 6 février 2007). Or ces textes n'ont en rien résolu le problème de l'immigration, comme le montre Nicolas Guillet.

---

[2] Expression de D. Lochak.

À l'heure où le Gouvernement adopte une politique d'immigration choisie en renforçant la lutte contre l'immigration subie, l'on assiste même à un élan de solidarité en faveur des étrangers sans-papiers, ceci à l'encontre les lois existantes.

- Cinquième exemple : les objectifs fixés par la loi en matière scolaire.

Ces objectifs pleins de bonnes intentions s'avèrent souvent irréalistes. L'exemple cité par le Recteur Debène de la loi d'orientation et de programmation sur l'avenir de l'école de 2005, dite loi Fillon, atteste de l'écart entre l'objectif affiché et la réalité. La loi Fillon réaffirme en effet les ambitions de la loi d'orientation de 1989, dite loi Jospin, objectifs non atteints (80% d'une classe d'âge au niveau du baccalauréat et 100% au niveau CAP, BEP) en y ajoutant un objectif pour l'enseignement supérieur : 50% d'une classe d'âge à bac plus deux, « l'objectif de l'école étant la réussite de tous les élèves », disposition jugée « manifestement dépourvue de toute portée normative » par le Conseil constitutionnel ! Au-delà de l'objectif affiché, le législateur devrait se préoccuper des moyens de l'atteindre, conclut le Recteur Debène.

En bref, le législateur ne résout pas tous les problèmes. Le Professeur Bouloc va jusqu'à conclure sa communication sur « la crise de la Justice » par un constat pessimiste : certaines réformes créent plus de problèmes qu'elles n'en résolvent.

2°) L'influence des dispositions constitutionnelles

À première vue, les révisions constitutionnelles n'apportent pas beaucoup plus de solutions satisfaisantes. Deux exemples étayent ce constat : celui de la Nouvelle-Calédonie et celui de la révision d'ensemble de la Constitution envisagée dans la perspective d'un passage à la VIème République.

Concernant la Nouvelle-Calédonie, M. Antonino Troianiello évoque la révision constitutionnelle très controversée du 23 février 2007 qui gèle le corps électoral pour les consultations sur l'accession à la souveraineté et pour les élections au Congrès et aux Assemblées de Provinces, révision qui vise à briser la jurisprudence du Conseil constitutionnel. Sous prétexte de paix civile, la Constitution de la République se trouve bien malmenée.

Quant au passage à la VIème République, à quoi sert de changer de numéro s'il s'agit de conserver un régime parlementaire corrigé, rééquilibrant certes les pouvoirs en faveur du Parlement, mais d'un Parlement vidé de son pouvoir puisque toutes les décisions se prennent à Bruxelles (on reconnaît ici la voix du Professeur Bouveresse).

## B) Le recours au juge

Tout d'abord, il s'agit d'un recours qui présente à bien des égards des aspects paradoxaux. Ensuite les réponses du juge sont souvent contingentes.

1°) Les aspects paradoxaux

Paradoxalement, alors que la crise de l'institution judiciaire est pointée du doigt, le recours au juge est de plus en plus fréquent ; le conseiller d'État Thierry Tuot note que « le recours au juge est devenu la seule médiation sociale en laquelle avoir confiance vis-à-vis de l'État ».

Le juge est de plus en plus fréquemment sollicité dans l'urgence, et l'on exige de lui une réponse immédiate, un constat dressé par Thierry Tuot : « la rapidité devient de plus en plus souvent non le moyen d'une meilleure justice, mais la seule fin poursuivie. Le recours devant le juge devient plus important que le jugement », d'où la perte de sens de ce recours ; « peu importe le sens pourvu qu'on ait l'action ». Le requérant devient *l'Homme pressé* du célèbre roman de Paul Morand, reflet d'une société pressée et qui ne trouve plus de sens que dans une solution immédiate. Résultat, les procédures d'urgence (référés) connaissent un succès croissant. Entre autres exemples, l'utilisation des trois grands référés issus de la loi du 30 juin 2000 par les victimes de la paralysie des universités en mars et avril 2006, évoquée par le Professeur Lebreton.

Dans le même temps, le recours au juge dans l'urgence, plutôt qu'à l'action collective ou à l'action violente est un signe de démocratie. Ainsi dans l'affaire des caricatures de Mahomet, les assemblées musulmanes n'ont pas eu recours à l'action violente, mais se sont tournées vers le juge.

2°) Les réponses du juge contingentes

Elles peuvent varier dans un même domaine d'un juge à l'autre. Les divergences entre les réponses des différents juges à l'occasion de la crise du CPE, soulignées par Michel Bruno, en sont une parfaite illustration.

Elles peuvent également varier, voire se contredire selon qu'un juge interne ou un juge européen se prononce (arrêt Arcelor).

Ce colloque intitulé « Crises sociales et droits fondamentaux de la personne humaine en 2005 et 2006 » a finalement mis l'accent sur les crises plus que sur la question des droits fondamentaux de la personne humaine. Le Professeur Lebreton s'interroge d'ailleurs en conclusion de sa communication (« Le droit administratif face aux crises de la société française ») sur le respect des droits fondamentaux de la personne humaine face au malaise social latent. L'évolution du droit administratif en 2005 et 2006 laisse sa réponse en suspens, ce qui pourrait déjà en soi constituer une réponse.

Pour conclure, si l'on retient l'hypothèse selon laquelle « le droit est l'expression d'une société et de sa conscience collective », il y a bien des chances pour que les crises ne trouvent pas leur solution dans la médiation du droit. Faut-il pour autant affirmer avec le Professeur Bouveresse que si l'on veut faire bouger les sociétés, on ne le fera pas avec le droit, mais peut-être plus avec la politique ? Ce constat pessimiste demande à être nuancé.

## Table des matières

**L'HARMATTAN, ITALIA**
Via Degli Artisti 15 ; 10124 Torino

**L'HARMATTAN HONGRIE**
Könyvesbolt ; Kossuth L. u. 14-16
1053 Budapest

**L'HARMATTAN BURKINA FASO**
Rue 15.167 Route du Pô Patte d'oie
12 BP 226
Ouagadougou 12
(00226) 76 59 79 86

**ESPACE L'HARMATTAN KINSHASA**
Faculté des Sciences Sociales,
Politiques et Administratives
BP243, KIN XI ; Université de Kinshasa

**L'HARMATTAN GUINÉE**
Almamya Rue KA 028
En face du restaurant le cèdre
OKB agency BP 3470 Conakry
(00224) 60 20 85 08
harmattanguinee@yahoo.fr

**L'HARMATTAN CÔTE D'IVOIRE**
M. Etien N'dah Ahmon
Résidence Karl / cité des arts
Abidjan-Cocody 03 BP 1588 Abidjan 03
(00225) 05 77 87 31

**L'HARMATTAN MAURITANIE**
Espace El Kettab du livre francophone
N° 472 avenue Palais des Congrès
BP 316 Nouakchott
(00222) 63 25 980

**L'HARMATTAN CAMEROUN**
BP 11486
(00237) 458 67 00
(00237) 976 61 66
harmattancam@yahoo.fr

18005 - janvier 2011
Achevé d'imprimer par
1livre.com
du rêve à la réalité !

Made in United States
Orlando, FL
04 November 2026

90202670R00157